Sunny Graff
Mit mir nicht!

Of

Sunny Graff

Mit mir nicht!

Selbstbehauptung und Selbstverteidigung im Alltag

Aus dem amerikanischen Englisch
von Constance Ohms

Fraule Circles April 04

- 99% Einstellung + Entschlossenheit
- auf Gefühle vertrauen
- aufmerksam sein, misstrauisch, schreie, renne, kämpfe
- passive Reaktion auf Grenzüberschreitung ist
  fatal
- Bedrohung → Atme → Wut sammeln (auch als
  mentale Übung)
- Täter haben Bedrohung lange geplant!

Orlanda Frauenverlag

Kapitel 22 wurde entnommen aus: Schlagfertige Frauen, Denise Caignon/Gail Groves (Hg.), Berlin: Orlanda Frauenverlag, 1991

Wir danken allen Inserentinnen, die mit ihren Anzeigen zur Finanzierung dieses Buches beigetragen haben.

Die Deutsche Bibliothek – CIP-Einheitsaufnahme:
Graff, Sunny:
Mit mir nicht! Selbstbehauptung und Selbstverteidigung im Alltag / Sunny Graff [Aus dem amerikan. Engl. von Constanze Ohms]. – 1. Aufl., 1.-4. Tsd.
Berlin : Orlanda Frauenverl. 1995
ISBN 3-929823-26-8

2. Auflage, 5.-8. Tsd. 1997
© 1995 Orlanda Frauenverlag GmbH, Berlin

Umschlaggestaltung: Angela Fischer
Überarbeitung: Ika Hügel
Endredaktion: Ekpenyong Ani
Fotosatz: Steinhardt, Berlin. Druck: Fuldaer Verlagsanstalt

Inhalt

Vorwort 11

Kapitel 1
Selbstverteidigung und Gewaltprävention 13

Was ist Selbstverteidigung? 13
Die allgegenwärtige Gewalt gegen Frauen und Mädchen 14
Rassismus und andere Formen der Unterdrückung 15
Traditionelle Ansätze zur Vorbeugung sexistischer Gewalt 16
Vorbeugung gegen Gewalt – ein feministischer Ansatz 17

Kapitel 2
**Mythen und Fakten über sexistische Gewalt
und Selbstverteidigung** 22

Vergewaltigung neu definieren 22
Mythen und Fakten über Vergewaltigung 23
Falsche Vorstellungen von Selbstverteidigung 31
Statistische Fakten zur Selbstverteidigung 35
Selbstverteidigungsstrategien 38

Kapitel 3
Erste Schritte zur Selbstverteidigung 40

Gewalt erkennen und definieren 40
Unseren Gefühlen und Intuitionen trauen 44
Warnsignale wahrnehmen 46

Kapitel 4
Verinnerlichte Hindernisse 49

Rollenerwartungen 49
Die Angst, verletzt zu werden 51
Die Angst, den Angreifer zu verletzen 52
Die Angst vor der eigenen Wut 55
Gesetzliche Hindernisse 56
Negative Phantasien 57

Kapitel 5
Das gesellschaftliche Frauenbild überwinden:
Wir werden unsere eigenen Vorbilder 58

Frauen in den Medien 58
Eigene Vorbilder schaffen 61

Kapitel 6
Angriffssituationen 65

Die Test-Phase 65
Belästigung als Opfertraining 67
Belästigung konfrontieren: Die Angst der Frauen 68

Kapitel 7
Unsere Grenzen 70

Unser persönlicher Raum 70
Unser Abstand 75
Unsere Grenzen bei Freunden und Bekannten wahren 81

Kapitel 8
Selbstverteidigungstechniken in der Phase vor einem Angriff 82

Aufmerksamkeit und Planung 82
Die Situation und sich selbst unter Kontrolle halten 84
Körpersprache 87
Unsere Wut als Waffe 93

Kapitel 9
Techniken zur Abwehr sexueller Belästigungen 94

Aggressives, passives und sich behauptendes Verhalten 94
Selbstbehauptendes Verhalten einsetzen 95
Sprache, Ton und Ausdruck 96
Den Mann öffentlich verantwortlich machen 102
Was wir vermeiden sollten 104
Definiere deinen Erfolg selbst 107
Konfrontationstechniken üben 109

Kapitel 10
Konfrontationsbeispiele 111

Belästigung durch Unbekannte 111
Belästigung in öffentlichen Verkehrsmitteln 113
Exhibitionisten 116
Der 'nette' Belästiger 117
Konfrontation am Arbeitsplatz 122
Sexuelle Belästigung an Universitäten und Ausbildungsstätten 126
Sexistische Bilder und Pornographie 127

Kapitel 11
**Die Konfrontation von rassistischer, antisemitischer und
rechtsradikaler Gewalt** 131

Konfrontationstechniken gegen rassistische, antisemitische
und rechtsradikale Belästigung und Gewalt 133
Strategien für weiße Fauen, um bei rassistischen,
antisemitischen und rechtsradikalen Vorfällen einzugreifen 137

Kapitel 12
**Wenn du kämpfen mußt: Selbstverteidigungstrategien
in einer körperlichen Angriffssituation** 141

Sofortiger Widerstand 141
Die Vorbereitung auf eine körperliche Konfrontation:
Den Angreifer einschätzen 144
Entschlossenheit ist entscheidend 147
Die Schwachpunkte des Angreifers 149
Wenn du nicht weglaufen kannst 153
Verbaler Widerstand und Verhandlungen mit dem Angreifer 155
Nach einer Vergewaltigung oder einem Angriff 157
Suche dir Unterstützung 158

Kapitel 13
Waffen 160

Wenn der Angreifer bewaffnet ist 160
Wenn wir selbst eine Waffe haben 167

Kapitel 14
Mehrere Angreifer 173

Der Unterschied zwischen sexistischer und rassistischer Gewalt 173
Abwehrstrategien gegen mehrere Angreifer 174
Gruppenvergewaltigungen 176
Verteidigungsstrategien bei Gruppenvergewaltigungen 178

Kapitel 15
Gemeinsame Verteidigung 181

Kapitel 16
Gewalt in Beziehungen 187

Das Märchen vom unbekannten Täter 187
Gewalt in Beziehungen 189
Selbstverteidigungsstrategien in Mißhandlungsbeziehungen 192

Kapitel 17
Vergewaltigung durch Freunde und Bekannte 197

Selbstverteidigungsstrategien bei Vergewaltigungen
durch Freunde oder während einer Verabredung 201

Kapitel 18
Vorbeugung, Vorsichtsmaßnahmen und
Sicherheitsüberlegungen zu Hause 205

Ein sicheres Zuhause 205
Obszöne Anrufe 210

Kapitel 19
Frauen unterwegs: Autos und Fahrräder 215

Sicherheit im Auto 215
Selbstverteidigung für Beifahrerinnen 219
Fahrräder 221

Kapitel 20
Sicherheit rundum: Hinweise und Selbstverteidigungsstrategien
für besondere Situationen 222

Kapitel 21
Wie Männer auf Frauen reagieren, die sich verteidigen 236

Kapitel 22
Hinweise für die Auswahl eines Selbstverteidgungskurses 242

Anmerkungen 250
Die Autorin 257
Frauenselbstverteidigungskurse 258

Vorwort

Seit über zwanzig Jahren unterrichte ich Frauen und Mädchen in den Vereinigten Staaten und Europa in Selbstverteidigung und beschäftige mich mit der Frage, wie Gewalt gegen Frauen zu verhindern ist. Viele Jahre war ich in der Rolle des Opfers und litt unter sexistischer Gewalt, lediglich gewappnet mit meiner Angst und der Hoffnung zu überleben. Ich habe meine Entscheidung zu lernen, mich selbst zu verteidigen, nie bereut.

Es ist nicht einfach, aus der Opferrolle auszubrechen, aber es lohnt sich. Durch Selbstverteidigung wurde mir bewußt, in welchem Ausmaß mein Leben von Angst und Unfreiheit geprägt war.
Wenn ich in diesem Buch Frauen als 'Opfer' bezeiche, dann nur, um zu verdeutlichen, daß wir für die Gewalt, die Männer gegen uns richten, nicht verantwortlich sind. Der Begriff 'Opfer' wird generell mit Hilflosigkeit und Passivität assoziiert, Eigenschaften, die wir überwinden wollen, um zu Überlebenden und Verteidigerinnen zu werden. Wenn wir uns selbst verteidigen können, haben wir viel eher die Möglichkeit, unsere Ängste wahrzunehmen und mit ihnen umzugehen, statt uns bewußt oder unbewußt von der Bedrohung durch Gewalt kontrollieren zu lassen. Selbstverteidigung gibt unserem Leben eine neue Qualität.

Die in diesem Buch vermittelten Informationen über die Form und das Ausmaß sexistischer und rassistischer Gewalt sollen Frauen und Mädchen dabei helfen, potentiell gefährliche Situationen schon von Anfang an zu erkennen und aufzulösen, um das Risiko eines körperlichen Angriffs erheblich zu verringern. Somit ist dies nicht in erster Linie ein Handbuch für körperliche Verteidigungstechniken. Diese werden vornehmlich in Kapitel zwölf beschrieben.

In diesem Buch haben sehr viele Frauen und Mädchen, die entweder meine Selbstverteidigungskurse besucht oder eine Ausbildung zur Selbstverteidigungslehrerin bei mir gemacht haben, ihre Ängste und Sorgen, ihre Wut, ihre Heiterkeit und ihre Trauer mit mir geteilt. Es war mehr als beeindruckend zu beobachten, wie sie allmählich die

Opferrolle ablegten und sich zu selbstbewußten und handlungsfähigen
Frauen entwickelten. Jede Frau, die ich unterrichte, fordert mich auf
ihre Weise heraus, und ich habe von jeder etwas gelernt. An dieser
Stelle möchte ich mich bei den Frauen und Trainerinnen des Vereins
Frauen in Bewegung und der *Frauenselbstverteidigungs- und Kampf-
kunstschule* für ihre Unterstützung bedanken.

Um das Persönlichkeitsrecht der Betroffenen zu schützen, habe ich
alle Namen geändert. Zunächst hatte ich auch auf die Nennung der
Hautfarbe, der sexuellen Orientierung, der Herkunft oder der körperlichen Fähigkeiten bei der Beschreibung des Angreifers und der Ver-
teidigerin verzichtet. Ich wollte damit einerseits eine diskriminierende rassistische Stereotypisierung vermeiden, und andererseits war
es mir wichtig, daß sich die Leserin den Angreifer als einen weißen,
männlichen Durchschnittsbürger vorstellt. Doch das Unterschlagen
bestimmter Eigenschaften oder Lebensweisen ist keine zufrieden-
stellende Lösung. Das Verschweigen unserer Unterschiede bedeutet,
die feststehenden Normen einer unterdrückenden Gesellschaft zu
stützen. Es ist allerdings keine Alternative, detailliert Merkmale auf-
zuführen, die gar nichts mit der Beschreibung einer Situation zu tun
haben (z.B. eine weiße, nicht behinderte, christlich sozialisierte deutsche Lesbe). Es ist wichtig, daß wir uns die Verteidigerinnen so vorstellen, wie wir alle sind: starke Frauen jeder Hautfarbe, Religion,
sexueller Orientierung, Altersstufe und Körpergröße, Frauen, die aus
verschiedenen kulturellen Zusammenhängen kommen und unterschiedliche Fähigkeiten besitzen. In dieser Unterschiedlichkeit sollten
alle Frauen, die ihre Erfahrungen mit mir geteilt haben, als Vorbilder
dienen, und dazu gehörten viele körperlich oder geistig beeinträchtigte Frauen, Jüdinnen, Lesben, alte Frauen und Schwarze Frauen.

So wie es nicht *den richtigen* Weg gibt, die Opferrolle aufzugeben, so
gibt es auch nicht *die richtige* Strategie für eine Angriffssituation. Ich
will Frauen und Mädchen ermutigen, an sich und ihre Fähigkeiten zu
glauben, um voneinander zu lernen und um unsere gemeinsame
Stärke zu entdecken. Mit diesem Buch will ich Frauen lebensrettende
Informationen geben, lebenswichtige Techniken lehren und Fertigkeiten fördern, die notwendig sind, um unseren Schutz und unser
Überleben zu gewährleisten.

Selbstverteidigung und Gewaltprävention

Was ist Selbstverteidigung?

Viele Leute haben falsche Vorstellungen über Selbstverteidigung und glauben, wir müßten Expertinnen in einer Kampfkunst sein oder zumindest gut boxen oder ringen können, um Angreifer abzuwehren und um uns zu schützen. Selbstverteidigung ist aber zu neunundneunzig Prozent eine Sache der Einstellung und der Entschlossenheit.

Jede Frau und jedes Mädchen kann lernen, sich selbst zu verteidigen. Der natürliche Instinkt des Selbstschutzes, der jedes Tier dazu bringt, sich mit Zähnen und Klauen zu verteidigen, wenn es bedroht wird, ist vor allem bei Frauen kaum noch vorhanden. Unsere Sozialisation hat uns diesen lebenswichtigen Instinkt systematisch aberzogen. Selbstverteidigung bedeutet, in jeder von uns den Selbsterhaltungstrieb und damit unseren Lebenswillen wieder zu wecken.

Kern der Selbstverteidigung ist der Wille, für uns und unsere Rechte einzustehen. Rassistische und sexistische Belästigung und Gewalt sollen Frauen erniedrigen, demütigen und einschränken. Sich selbst zu verteidigen heißt, diesen Opferstatus nicht länger stillschweigend hinzunehmen. Wir lernen, Respekt einzufordern und unsere Rechte in jeder Situation zu verteidigen.

Um uns wehren zu können, müssen wir über die Formen und das Ausmaß der Gewalt gegen Frauen informiert sein, aufmerksam unsere Umgebung beobachten, eine entsprechende Verteidigung planen, uns möglicher gefährlicher Situationen bewußt sein, unseren Gefühlen vertrauen und an uns glauben.

Selbstverteidigung zu lernen bedeutet auch, Verhaltenweisen zu *verlernen*, die uns beigebracht wurden, wie z.B. Passivität und Hilflosigkeit, und diese durch selbstbewußtes Handeln und vor allem Selbstachtung zu ersetzen.

Selbstverteidigung ist eine individuelle Strategie, die Frauen und Mädchen erlernen können, um Gewalt etwas entgegenzusetzen. Gewalt gegen Frauen ist aber kein individuelles Problem, denn individuelle Lösungen können nur einige davor bewahren, Opfer von Gewalt zu werden. Um Gewalt zu verhindern, sind gemeinsames Handeln und gegenseitige Unterstützung notwendig.

Die allgegenwärtige Gewalt gegen Frauen und Mädchen

Gewalt kennzeichnet die Realität von Frauen und Mädchen. Millionen Frauen werden in ihren eigenen Wohnungen vergewaltigt, mißhandelt und geschlagen. Schätzungen zufolge wird jedes dritte Mädchen sexuell mißbraucht und jede vierte Frau einmal in ihrem Leben vergewaltigt. Zwei Drittel aller berufstätigen Frauen werden an ihrem Arbeitsplatz sexuell belästigt. Auch wenn generell alle Frauen und Mädchen der sexuellen Gewalt ausgesetzt sind, gibt es Gruppen, die eher angegriffen werden als andere und die außerdem noch rassistische oder andere Formen von Gewalt und Diskriminierung erleben. Dazu gehören Schwarze Frauen, Jüdinnen, Migrantinnen, körperlich und geistig beeinträchtigte Frauen, ältere Frauen, arme Frauen und Lesben.

Auch wenn es einzelnen von uns gelingt, nicht angegriffen zu werden, so beeinträchtigt doch die allgegenwärtige Bedrohung durch Gewalt unsere Bewegungsfreiheit und unser seelisches Gleichgewicht. Permanente rassistische und sexuelle Belästigungen, Witze, Kommentare und Anmache auf der Straße erinnern uns täglich an unsere Verwundbarkeit. Solange es diese Bedrohung durch männliche Gewalt gibt, sind alle Frauen und Mädchen gefährdet und können ihr Leben nicht unbeschwert genießen.

Rassismus und andere Formen der Unterdrückung

Es ist unmöglich, die Funktionsweise eines Unterdrückungssystems zu analysieren, ohne Ähnlichkeiten mit anderen Unterdrückungsstrukturen wie beispielsweise Rassismus, Antisemitismus, Heterosexismus, Klassenunterdrückung und die Diskriminierung von alten und körperlich oder geistig behinderten Menschen zu berücksichtigen. Ebenso wie Vergewaltiger ein Klima der Angst verbreiten, das alle Frauen in ihrem Leben beeinträchtigt und so die Vorteile der Macht für alle Männer sichert, so terrorisieren Skinheads und Neonazis Schwarze Menschen/MigrantInnen und sichern dadurch für alle Weißen die Vorteile einer weißen rassistischen Herrschaft. Durch die schweigende Duldung vieler Frauen und Männer und die Komplizenschaft von PolitikerInnen mit RassistInnen wird ein Klima von Mißachtung und Haß geschaffen, dessen Auswirkungen rassistische Gewalttaten sind.

Ein wesentlicher Unterschied zwischen Sexismus und anderen Formen der Unterdrückung besteht darin, daß alle Frauen potentielle Opfer von sexistischer Gewalt sind, während bei Rassismus und Antisemitismus Frauen sehr wohl auch zu der unterdrückenden und herrschenden Gruppe gehören können. Offene rassistische Gewalt – Brandanschläge, Angriffe auf Menschen nicht-deutscher Herkunft und rassistisch motivierte Vergewaltigungen – wird zwar im allgemeinen von Männern ausgeübt, aber es gibt auch unter Frauen viele Rassistinnen und Antisemitinnen, die sich auf ihre Art und Weise an Einschüchterungstaktiken, Belästigungen und Unterdrückung beteiligen. Nicht-jüdische, weiße, heterosexuelle und nichtbehinderte Frauen benutzen oft ihre Privilegien, um andere Frauen und Männer zu diskriminieren. In einem Unterdrückungssystem können wir entweder zu den Opfern oder zu den TäterInnen gehören oder aber Verbündete der unterdrückten Gruppe sein. Die verschiedenen Rollen schließen sich nicht gegenseitig aus, eine weiße nicht-jüdische Frau kann Opfer sexistischer Gewalt sein und zugleich selbst rassistisch oder antisemitisch handeln. Eine weiße Frau, die ihren verinnerlichten Rassismus bekämpft und der rassistischen Gewalt Einhalt gebieten will, kann im Kampf für ethnische Gleichheit eine Verbündete sein. Auch ein Mann, der aktiv für die Rechte von Frauen kämpft, kann ein

Verbündeter im Kampf gegen Sexismus sein. Rassismus ist das Problem der Weißen und Sexismus das Problem der Männer. Die Verantwortung dafür, das Problem zu lösen, liegt nicht bei den Opfern, sondern bei denjenigen, die es hervorrufen.

Verbündete sind in der besonderen Situation, ihre Privilegien, die sie durch das Unterdrückungssystem erhalten haben, nutzen zu können, um für die Rechte der Unterdrückten einzustehen. Während z.B. ein/e AsylbewerberIn aus Angst vor Vergeltungsmaßnahmen über die Art und Weise, wie er/sie behandelt wird, schweigt, kann sich eine weiße deutsche Frau beschweren, ohne Gefahr zu laufen, eingesperrt oder ausgewiesen zu werden.

Ein Selbstverteidigungstraining kann uns ermutigen, für unsere Rechte einzustehen, Respekt und Freiheit für uns und andere Frauen einzufordern. Zwar geht es in diesem Buch im wesentlichen um sexistische Gewalt und Belästigung, doch können die Konfrontations- und Körpertechniken auch eingesetzt werden, um andere Formen von Unterdrückung zu bekämpfen. Gleichzeitig ist es dringend notwendig, daß Schwarze Frauen, jüdische Frauen, Lesben, behinderte Frauen und alte Frauen für sich selbst sprechen und Strategien entwickeln, die auf ihren eigenen Erfahrungen beruhen.

Traditionelle Ansätze zur Vorbeugung sexistischer Gewalt

Den meisten vorbeugenden Maßnahmen gegen Vergewaltigung liegt die einfache Gleichung OPFER + VERGEWALTIGER = VERGEWALTIGUNG zugrunde. Zwei typische Herangehensweisen zur Gewaltprävention haben sich darauf konzentriert, entweder das Opfer oder den Täter aus der Gleichung herauszunehmen. Der erste Ansatz beruht auf einer ganzen Palette von Vermeidungsstrategien, die im wesentlichen darum kreisen, daß Frauen sich nicht in Reichweite von Vergewaltigern aufhalten sollen. Uns wird geraten, zu Hause zu bleiben, unsere Türen und Fenster zu verriegeln, keine aufreizende Kleidung zu tragen, bestimmte Aktivitäten zu unterlassen und Gegenden zu meiden, wo die Gefahr, vergewaltigt zu werden, angeblich besonders groß ist.

Hier wird die gesamte Verantwortung den Frauen überlassen: Sie sollen sich erst gar nicht in eine Situation begeben, in der es zu einer Vergewaltigung kommen könnte. Vermeidungsstrategien sind individuelle 'Lösungen', die nichts an der Isolation und Hilflosigkeit von Frauen ändern. Sie beruhen auf der Annahme, der Vergewaltiger sei ein unbekannter Mann, dem wir nur aus dem Weg zu gehen brauchen. Wenn wir versagen, weil wir die aufgestellten Regeln nicht gewissenhaft befolgt haben, sind wir selbst daran schuld, wenn wir vergewaltigt werden. Das Vermeiden gefährlicher Situationen ist in keinem Fall eine akzeptable Vorbeugungsmaßnahme, denn sie nötigt uns, ein extrem eingeschränktes Leben zu führen. Da jede Frau potentiell ein Opfer ist, wird mit dieser Strategie gleichzeitig die allumfassende Kontrolle von Frauen gewährleistet. Wir brauchen dagegen Präventivmaßnahmen, die uns nicht zwingen, Freiheit gegen Sicherheit einzutauschen.

Bei der zweiten Vorbeugungsstrategie wird der Vergewaltiger durch gesetzliche Maßnahmen aus der Gleichung herausgenommen. Er wird festgenommen, strafrechtlich verfolgt und ins Gefängnis gebracht, um ihn von einer weiteren Vergewaltigung 'abzuhalten'. Der Nachteil dieser Vorgehensweise liegt darin, daß ein Mann erst eine Frau vergewaltigen muß, um als Vergewaltiger identifiziert zu werden. Erst dann kann er juristisch verfolgt werden. Selbst wenn alle bekannten und potentiellen Vergewaltiger für immer hinter Gitter kämen, wären Frauen und Mädchen nicht sicherer. Es gäbe immer wieder Vergewaltiger, die bereitwillig die frei gewordene Stelle in der Gleichung einnehmen würden.

Bis zu Beginn der siebziger Jahre waren dies die in der Gewaltdiskussion üblichen und einzigen Ansätze. Mit der neuen Frauenbewegung wurde begonnen, neue Vorbeugungskonzepte zu entwickeln, wie z.B. das Erkennen von Gewaltmustern.

Vorbeugung gegen Gewalt – ein feministischer Ansatz

Das Ziel vorbeugender Maßnahmen sollte darin liegen, das Ausmaß der bedrohlicher Situationen, aber auch unsere Verwundbarkeit abzubauen.

Zwei Fragen sollen uns hierbei als Ausgangspunkte dienen: Welche
gesellschaftlichen Faktoren machen Frauen zu Opfern, und was
macht Männer zu Vergewaltigern?

Eine treffende Analogie findet sich in den Bekämpfungsmethoden,
die früher gegen die Krankheit Malaria eingesetzt wurden. Diese
lebensbedrohliche Krankheit wird vor allem von einer Mückenart
übertragen. Zunächst wurden zwei Präventionsmethoden entwickelt.
Die erste konzentrierte sich darauf, die möglichen Opfer von den
Stechmücken fernzuhalten. Die zweite sollte die Stechmücken aus
der Gleichung OPFER + STECHMÜCKE = MALARIA entfernen. Die
erste Vorgehensweise war ein ausgeklügeltes System von Vermeidungsstrategien: Den Menschen wurde nahegelegt, zu Hause zu bleiben und alle Türen und Fenster zu schließen, um die Mücken draußen
zu lassen. Trug eine Frau einen kurzen Rock, so war sie selbst daran
schuld, gestochen zu werden. Man empfahl den Menschen, bestimmte Aktivitäten zu unterlassen und bestimmte Gegenden zu meiden.
Nachts auf der Veranda zu sitzen galt für die Stechmücke als 'Einladung'. Ein Spaziergang im Park war schon eine 'Herausforderung
des Schicksals'.

Die zweite Vorgehensweise bestand darin, die Stechmücken zu ver-
nichten. Sie wurden erschlagen oder mit Spray bekämpft. Überall tote
Mücken, aber der Krankheit war nicht beizukommen. Egal wie viele
Stechmücken getötet wurden, es gab immer wieder neue, die ihren
Platz einnahmen.

Schließlich ging ein schlauer Mensch, wahrscheinlich eine Frau,
ganz anders an das Problem heran. Anstatt die Stechmücken zu
erschlagen oder ihnen aus den Weg zu gehen, stellte sie die wesentliche Frage: »Unter welchen Bedingungen brüten und gedeihen die
Mücken (Moskitos)?« Moskitos brauchen ein warmes und feuchtes
Klima, um sich zu reproduzieren. Die naheliegende Lösung des Problems war also die Trockenlegung der Sümpfe.[1]

Übertragen wir dieses Beispiel nun auf sexistische Gewalt, so ist
unser Sumpf das Patriarchat. Das Patriarchat ist ein System, das sich
auf männliche Herrschaft und weibliche Abhängigkeit gründet.

Männliche Herrschaft ist das Rückgrat jeder gesellschaftlichen Institution, sei es die Kirche, das politische System, die Rechtsprechung, die Ehe, das Erziehungssystem oder die Familie. Frauen werden in diesem System in die Position der machtlosen, abhängigen und verletzbaren Opfer gedrängt. Zur Aufrechterhaltung dieser gesellschaftlichen 'Rollenverteilung' müssen immer wieder alle möglichen Formen von Gewalt eingesetzt werden. Männern wird der aggressive Umgang mit Gewalt als integrativer Teil ihrer Rolle vermittelt. Somit ist Gewalt eine der Säulen der patriarchalen Gesellschaft, die darin gleichzeitig wächst und gedeiht. Diesen Sumpf trocken zu legen hieße, die gesellschaftlichen Bedingungen radikal zu verändern und weiße, männliche Herrschaft durch ein System sozialer Gerechtigkeit zu ersetzen, das auf dem Respekt gegenüber allen Menschen basiert.

Die Abhängigkeit von Frauen

Vergewaltigung ist mehr als nur eine Straftat. Auf einer politischen Ebene hat die Tat die Funktion, Frauen in ihrer untergeordneten Position zu halten. Die politische Funktion wird aus den Motiven des einzelnen Vergewaltigers, der sich dieser Dimension seiner Tat nicht bewußt ist, generell nicht deutlich.

Die Privilegien, die Männer genießen – bessere Arbeitsplätze, die auch höher bezahlt werden, bessere Bildungs- und Karrierechancen, um nur einige zu nennen –, werden auf Kosten von Frauen gesichert und aufrechterhalten. Viele Männer verhalten sich Frauen gegenüber nie physisch gewalttätig, würden aber niemals einsehen, daß sie von Vergewaltigungen, die sie nicht selbst verüben, profitieren.

Allein die potentielle Gewalttätigkeit von Männern hält Frauen in Schach und macht sie zu potentiellen Opfern. Unser Wissen um die Tatsache, daß manche Männer tatsächlich körperliche Gewalt gegen Frauen ausüben und daß in dieser Gesellschaft gegenüber sexistischer Gewalt relative Gleichgültigkeit herrscht, erschwert es uns, für unsere Rechte zu kämpfen.

Die Lösung des Problems sexistischer Gewalt läge eigentlich auf der Hand: Männer müßten Frauen einfach immer und überall respektieren, aber ohne einen Anreiz für sich, ohne Aussicht auf Verbesserung ihrer Lebensqualität werden Männer ihr Verhalten nicht ändern. Es scheint eine universelle Regel zu sein, daß jene, die Unterdrückung erfahren, sich selbst für ihre Rechte und ihre Freiheit einsetzen müssen. Wir müssen also selbst die Initiative ergreifen.

Als Frauen können wir unsere Abhängigkeit von Männern (die uns angeblich beschützen sollen) nur aufgeben, wenn wir alternative Institutionen entwickeln, die unsere Unabhängigkeit fördern. Leider sind solche Einrichtungen immer noch die Ausnahme. Auch wenn einige Frauen unabhängiger geworden sind, hat sich für uns als Gruppe doch wenig geändert: Die Abhängigkeit der Frauen von der politischen Repräsentation durch Männer, von deren ökonomischer Unterstützung, ihrem Schutz und ihrer Anerkennung sowie patriarchal strukturierter Erziehung und Arbeit bleibt weiterhin ein Stützpfeiler dieser Gesellschaft.

Die Sozialisation von Frauen

In der Regel werden Frauen und Mädchen zu perfekten Opfern sozialisiert.[2] Die herrschende weiße, männliche und christliche Kultur erwartet von Frauen und Mädchen, nett, höflich, schön, zart, freundlich, dünn, schwach, aufopfernd und passiv zu sein. Uns wird beigebracht, die Gefühle und Bedürfnisse der anderen (besonders die der Männer) über unsere eigenen zu stellen. Statt unsere körperlichen Stärken und Fertigkeiten zu entwickeln, verbrauchen wir unermeßliche Energien für den aussichtslosen Kampf gegen unsere Körper, um z.B. unnatürlich dünn zu bleiben.

Wenn wir uns allerdings das Ausmaß der Gewalt, die gegen uns gerichtet wird, vor Augen führen, so sind Fähigkeiten wie körperliches und geistiges Durchsetzungsvermögen dringend notwendig, um zu überleben. Mit Hilfe einer bewußten Erziehung von Mädchen zu aktiven, unabhängigen und starken Persönlichkeiten (unterstützt durch Sportprogramme, Selbstverteidigungskurse und Selbstbehauptungstrainings) können wir die erlernte Passivität durch Selbstbewußtsein, Stärke und Selbstvertrauen ersetzen.

Die Isolation von Frauen

Ein weiterer Grund für die Verletzbarkeit von Frauen liegt in der Isolation. In unserer Angst sind wir isoliert, unorganisiert und unfähig, die weiße männliche Herrschaft herauszufordern und für unsere Rechte einzustehen. Obwohl jede Frau von Gewalt betroffen ist, versuchen viele von uns, sich nur durch individuelle Strategien zu schützen – beispielsweise durch Sicherheitsschlösser und Tränengas.

Auch Gewalt innerhalb der Familien isoliert Frauen und Mädchen. Mißhandelte Frauen sind in ihren eigenen vier Wänden gefangen. Mädchen schweigen über ihren erlebten Mißbrauch, weil ihnen nicht geglaubt wird. Wir schließen unsere Ohren und Herzen, weil wir uns der grausamen Realität nicht stellen wollen. Die Trennung von Frauen aufgrund der Hautfarbe, des Alters, der kulturellen Herkunft, der sexuellen Orientierung, der Größe, der unterschiedlichen körperlichen Fähigkeiten schafft Barrieren, die uns voneinander isoliert halten und uns daran hindern, gemeinsam zu kämpfen.

Mythen und Fakten über sexistische Gewalt und Selbstverteidigung

Vergewaltigung neu definieren

Eine erste Aufgabe der frühen feministischen Bewegung gegen Gewalt in den siebziger Jahren war es, Vergewaltigung nicht länger als 'sexuelles' Verbrechen zu betrachten, sondern aus der Perspektive des Opfers heraus neu zu definieren. Eine Vergewaltigung hat nichts mit Sex zu tun, sondern stellt eine unmittelbare Form der Machtausübung und Kontrolle dar. Der Angreifer benutzt seine Macht, um Frauen gegen ihren Willen zu sexuellen Handlungen zu zwingen. Er beraubt sie ihrer Unabhängigkeit, ihrer körperlichen Unversehrtheit und ihres freien Willens. Der Vergewaltiger versucht, sein Opfer zu demütigen und zu erniedrigen, er greift nicht nur ihren Körper an, sondern auch ihre Seele. Gesellschaftlich gesehen, übt der Vergewaltiger Macht und Kontrolle über alle Frauen aus, denn er schafft ein Klima der Angst, in dem Frauen nicht sicher sind und sich nicht frei bewegen können.

Die neue Definition von Vergewaltigung machte auch andere Formen sexistischer Gewalt als solche sichtbar: u.a. Mißhandlungen innerhalb von Beziehungen, Inzest, sexuellen Mißbrauch von Mädchen, Vergewaltigung bei Verabredungen, sexuelle Belästigungen am Arbeitsplatz, Anmache auf der Straße, Gewalt gegen körperlich beeinträchtigte und alte Frauen, Mißbrauch von Frauen und Mädchen durch Therapeuten, Ärzte und Geistliche, sexuellen Mißbrauch von geistig behinderten Frauen, Pornographie, erzwungene Prostitution, Sextourismus, heterosexistische Gewalt gegen Lesben und Vergewaltigung als Kriegstaktik.

Mythen und Fakten über Vergewaltigung

Auch nach mehr als zwei frauenbewegten Jahrzehnten herrschen immer noch Fehlinformationen und sexistische Einstellungen vor, wenn Vergewaltigung in den Medien thematisiert wird.
Betrachten wir einmal folgende typische Filmszene:

Ein obdachloser, psychisch kranker Schwarzer Ex-Häftling mit einer Narbe im Gesicht, der von einer sehr dominanten Mutter erzogen wurde, dreht bei Vollmond durch und fühlt sich durch unkontrollierbare Kräfte gezwungen, eine blonde Frau mit großen Brüsten, Minirock und Pfennigabsätzen, die nachts durch ein dunkles Parkhaus geht oder sich bei geöffnetem Fenster ohne Vorhänge auszieht, anzufallen.

Was ist an diesem Bild falsch?

1. *Der Vergewaltiger ist Schwarz, und das Opfer ist weiß.*

Die Mehrheit aller Vergewaltigungen findet zwischen Personen der gleichen Hautfarbe statt. Gewalt zwischen Menschen unterschiedlicher Hautfarbe – vor allem in Form rassistischer und/oder sexistischer Gewalt – wird, wenn überhaupt, dann vor allem von weißen Männern an Schwarzen Frauen verübt. Vereinzelte Fälle, in denen Schwarze Männer weiße Frauen vergewaltigt haben, werden von den Medien hochgespielt, um rassistische Vorurteile zu verstärken. Hautfarbe und Nationalität werden nur dann in den Presseberichten hervorgehoben, wenn der Angreifer Schwarz oder nicht deutscher Herkunft ist. Ist der Angreifer ein weißer Deutscher, wird dies nicht erwähnt. Diese Darstellungsweise fördert rassistische Diskriminierung und festigt den Status quo weißer, männlicher Herrschaft.

Oft wird die Verletzbarkeit weißer Frauen durch die Brutalität Schwarzer Männer betont, um rassistische Vorurteile zu bestätigen und zu verstärken. In den USA benutzte der Ku-Klux-Klan jahrelang diese Strategie mit dem Ergebnis, daß Hunderte von Schwarzen Männern verprügelt, ins Gefängnis gebracht und gelyncht wurden. Weiße Männer nehmen dann die Rolle des 'Beschützers' tugendhafter weißer

Frauen ein. Durch die Darstellungsweise von Schwarzen Männern als die 'Bösen' und weißen Männern als die 'Guten' werden Schwarze Menschen und alle Frauen kontrolliert und in Angst und Schrecken gehalten.[1]

2. Der Vergewaltiger ist ein Unbekannter

Auch wenn Vergewaltigungen durch einen dem Opfer unbekannten Täter nicht typisch sind, werden sie in den Medien immer wieder so dargestellt. Mädchen und Frauen wird auf diese Weise Angst vor Fremden suggeriert, und sie konzentrieren dann ihre Energie darauf, Ausweichmanöver zu ersinnen und den Kontakt mit unbekannten Männern zu meiden.

Den größten Anteil an sexistischer Gewalt haben jedoch Männer, die wir kennen: unsere Väter, unsere Freunde, Familienmitglieder oder Männer aus unserem Bekanntenkreis. Frauen wird durch diese bewußte Fehlinformation suggeriert, sie könnten nur von einem Fremden vergewaltigt werden. Diese Tatsache, kombiniert mit einer mangelnden Fähigkeit, sich selbst zu verteidigen, zwingt Frauen, die sich schützen wollen, in die Abhängigkeit von Männern, deren Gewalt sie gleichzeitig ausgeliefert sind.

Wir lernen nicht, wie wir uns gegen unseren Vater wehren können, der nachts, während die anderen schlafen, in unser Bett kriecht; wir sind nicht darauf vorbereitet, uns gegen Männer zu wehren, die wir kennen und denen wir vertrauen. Angriffe von Freunden oder Familienmitgliedern sind für Frauen und Mädchen besonders verheerend: Wir können uns nicht einmal mehr unter 'Freunden' oder in der Familie sicher fühlen und wissen nicht, wem wir trauen können. Ist der Angreifer ein Freund oder Bekannter, können Frauen weder auf Unterstützung noch Sympathie hoffen, sondern werden noch dafür verantwortlich gemacht, ihn 'angemacht' oder seine Zudringlichkeiten nicht ausreichend abgewehrt zu haben.

3. *Der Vergewaltiger ist sozial auffällig, geistesgestört, obdachlos, drogensüchtig oder ein Verbrecher*

Entgegen der durch die Medien verbreiteten Meinung sind sexuell gewalttätige Männer weder grundsätzlich aus 'schlechten Verhältnissen' noch 'psychisch krank' oder ehemalige Sträflinge mit narbigen Gesichtern. Da – wenn überhaupt – nur dem Opfer unbekannte Vergewaltiger strafrechtlich verfolgt werden und von diesen nur ein Bruchteil letztlich verurteilt wird, lebt die überragende Mehrheit der Männer, die Frauen und Mädchen sexuell angreifen, mit uns. Auf jeden geistesgestörten oder verurteilten Vergewaltiger kommen Tausende 'normale' Väter, Vorgesetzte, Ehemänner, Therapeuten, Nachbarn und Freunde, die sich Frauen gegenüber herabsetzend, einschüchternd, mißbrauchend und gewalttätig verhalten.

Die Darstellung von Vergewaltigern als 'krank', 'abnormal', drogensüchtig' oder 'betrunken' macht es anderen Männern leichter, jede Verantwortung von sich zu weisen und sich von ihrem eigenen frauenfeindlichen und gewalttätigen Verhalten zu distanzieren. Drogen und Alkohol sind keineswegs Ursachen für die Gewalt von Männern; die Neigung zu gewalttätigem Verhalten ist unabhängig davon, ob jemand nüchtern, 'stoned' oder betrunken ist. Verschiedene Untersuchungen zeigen, daß männliche Aggression als 'normal' gilt: Viele 'normale' Männer würden eine Frau zu sexuellem Verkehr zwingen, wenn sie sicher sein könnten, nicht gefaßt zu werden. Bart und O'Brien bemerken dazu, daß es falsch sei, Vergewaltiger als 'krank' zu bezeichnen, solange wir nicht gewillt seien, die überwiegende Mehrheit der männlichen Bevölkerung auch so zu bezeichnen.[2]

4. *Der Vergewaltiger wurde von einer dominanten Mutter erzogen*

Keine Frau erzieht ihr Kind zu einem Vergewaltiger. Selbst wenn eine Mutter sich bemüht, ihr Kind zu einem guten Menschen zu erziehen, der andere und besonders Frauen respektiert, so wächst ein Junge doch in einer heterosexistischen, rassistischen, patriarchalen Kultur auf, in der Frauen verachtet werden und Gewalt gegen sie heruntergespielt wird. Der Mutter die Schuld zu geben ist nur eine weiterer

Versuch, uns Frauen die Verantwortung für unsere eigene Unterdrückung zu geben.

5. *Der Vergewaltiger wird plötzlich von einem unkontrollierbaren*
   sexuellen Verlangen befallen

Vergewaltigung ist ein Ausdruck von Gewalt, nicht von Sexualität
oder sexuellem Begehren. Während normalerweise bei sexuellen
Aktivitäten vorauszusetzen ist, daß alles mit der Einwilligung der
Beteiligten geschieht, gibt es bei gewalttätigen Situationen einen Täter
und ein Opfer. Der Penis wird dabei als Waffe gegen eine Frau eingesetzt. Auch eine Kastration hindert Männer nicht daran, Frauen anzugreifen und sie zu vergewaltigen, oft mit noch brutaleren Mitteln,
indem sie z.B. Gegenstände verwenden und ihre Opfer damit quälen.

Vergewaltiger sind nicht sexuell 'ausgehungert', die meisten haben
sogar regelmäßige sexuelle Kontakte. Vergewaltigung und andere Formen sexueller Gewalt sind Ausdruck von Haß, Herrschaft und Kon-
trollbedürfnis.[3]

Männer, die Frauen angreifen, sind nicht von unkontrollierbaren
Mächten besessen. Eine Vergewaltigung ist kein spontaner Akt.
Männer *planen* ihren Angriff im voraus. Vergewaltiger malen sich die
genaue Ausführung der Gewalttat aus.[4] Sie suchen sich Orte für
einen Angriff oder die Verschleppung des Opfers so aus, daß sie die
besten Kontrollmöglichkeiten haben. Die Angriffssituation wird so
gestaltet, daß sich die Frau nicht oder kaum wehren kann und Hilfe
durch andere ausgeschlossen ist. Selbst der eigene Fluchtweg des
Täters kann im voraus geplant sein. Manche Täter wollen die Vergewaltigung auf Video aufnehmen – dafür ist sorgfältige Planung notwendig. Zur Planung gehört auch die Auswahl des Opfers: Der Vergewaltiger versucht, das Vertrauen der Frau zu gewinnen und 'testet' sie
daraufhin, ob sie sich wehrt.

Der angebliche 'unkontrollierbare männliche Sexualtrieb' ist schlichtweg eine Entschuldigung, um Männer aus ihrer Verantwortung für
ihre Handlungen zu entlassen.

6. *Das Opfer ist jung, dünn, blond, hat große Brüste, trägt einen Minirock und hochhackige Schuhe. Sie läuft nachts durch ein Parkhaus oder zieht sich vor einem geöffneten Fenster aus.*

Das Opfer entspricht dem gängigen Schönheitsideal weißer Männer. Die Frau wird zum Sexualobjekt stilisiert, die Gewalt gegen sie wird in Erotik uminterpretiert und als erwünschenswert und akzeptabel dargestellt. Durch diese Interpretation von Vergewaltigung als normale Reaktion auf einen sexuellen Reiz wird Männern die Verantwortung für ihre Gewalttaten abgenommen. Obwohl Frauen und Mädchen jeden Alters, jeder Größe und jeder Hautfarbe Ziel sexueller Angriffe sind, wird die Gewalt von Männern entschuldigt, indem den Opfern von Vergewaltigungen unterstellt wird, sie hätten dies durch ihre Kleidung oder ihr Auftreten herausgefordert.

Auch wenn einige Frauen sich auf eine bestimmte Art kleiden, mit der sie bewußt die Aufmerksamkeit von Männern auf sich lenken *wollen*, also eine bestimmte Anerkennung von Männern *wünschen*, darf dieses Verhalten niemals als Rechtfertigung für einen gewalttätigen Übergriff dienen. Es ist sicher unachtsam, die Haustür offenstehen zu lassen oder die Vorhänge nicht zuzuziehen – es besteht aber kein Grund zu der Annahme, daß eine Frau damit signalisiert, daß sie es *wünscht*, gewalttätig angegriffen zu werden.
Verhaltensweisen, die für Männer selbstverständlich sind – z.B. alleine nachts im Park spazierenzugehen, das Auto im Parkhaus abzustellen, durch die Wälder zu laufen, mit Freunden auszugehen, alleine zu leben oder zu trampen –, dienen bei Frauen als Rechtfertigung dafür, uns anzugreifen, da wir die vorgeschriebenen Grenzen der weiblichen Rolle überschritten haben.

7. *Es werden nur 'schlechte' Frauen vergewaltigt oder solche, die einfach Pech gehabt haben*

Die Aufteilung in 'gute' und 'schlechte' Frauen ist ein weiterer Versuch der Männer, den Angreifer von der Verantwortung für die Gewalt zu entlasten. Prinzipiell kann jede Frau vergewaltigt werden. Bestimmte Faktoren, beispielsweise Hautfarbe, Einkommen, Alter

und 'Behinderung', erhöhen das Risiko. Rassismus und andere Formen der Diskriminierung halten außerdem Schwarze und ausländische Frauen, Lesben, dicke, ältere und körperlich oder geistig
beeinträchtigte Frauen davon ab, bei der Polizei Anzeige zu erstatten.
Man glaubt ihnen nicht, das Verbrechen wird oft nicht ernst genommen, und die Täter werden deshalb weder verfolgt noch bestraft.
Opfer sollen für die ihnen angetane Gewalt verantwortlich gemacht
werden. Die noch immer vorherrschenden Vorstellungen über die
Schuld bzw. Eigenverantwortung des Opfers werden in folgenden
Aussagen deutlich:

Tatbestand: Gewalt in Beziehungen
Kommentar: »Es macht ihr Spaß, denn sie bleibt ja bei ihm.«
Tatbestand: Inzest
Kommentar: »Das Mädchen hat sich kokett verhalten, und außerdem ist die Mut-
              ter schuld, weil sie ihre Tochter nicht ausreichend geschützt hat.«
Tatbestand: Sexuelle Sklaverei
Kommentar: »Arme Frauen entscheiden sich, durch Prostitution gutes Geld zu
              verdienen.« -
Tatbestand: Vergewaltigung bei einer Verabredung
Kommentar: »Tja, sie hat ihn auf ein Getränk zu sich in die Wohnung gebeten,
              und außerdem hat er ihr viel spendiert.«
Tatbestand: Vergewaltigung in der Ehe
Kommentar: »Du kannst nicht stehlen, was dir sowieso gehört.«

Verinnerlichte Schuldgefühle des Opfers

Viele Frauen haben diese Schuldzuweisungen verinnerlicht. Da eine
Vielzahl der vergewaltigten Frauen an die vorherrschende Stereotypisierung glaubt, fühlen sich die Opfer nicht nur mißbraucht und verletzt, sondern auch schuldig – besonders dann, wenn sie den Angreifer kennen. Die 'Schande' und die Stigmatisierung, die mit einer
Vergewaltigung einhergehen, lassen sie ihr Leid häufig schweigend
ertragen. Der Vergewaltiger geht nur ein geringes Risiko ein, nament-
lich genannt zu werden, ein noch geringeres, angezeigt zu werden,
und ein verschwindend geringes, bestraft zu werden.

Die meisten Frauen neigen dazu, sich von dem Schrecken, den ein
sexueller Angriff bei ihnen auslöst, zu distanzieren und die Schuld
beim Opfer zu suchen. Auf diese Weise suggerieren wir uns Sicherheit, weil wir uns selbst nie so verhalten hätten. Auch eine Frau, die
einen Angriff erlebt hat, sucht den Fehler eher bei sich selbst, anstatt
ihre Wut direkt gegen den Angreifer zu richten. Mit diesen Schuldzuweisungen versucht sie sich zu schützen, denn wenn es ihr gelingt,
den Fehler bei sich selbst zu entdecken, kann sie ihr eigenes Verhalten
ändern und eine zweite Vergewaltigung vermeiden. So erhält sie das
Gefühl zurück, Kontrolle über ihr Leben zu haben.
Hierzu einige Beispiele:

*Ein Schwarzes deutsches Mädchen wurde vom siebten bis zu ihrem
sechzehnten Lebensjahr von ihrem acht Jahre älteren Cousin sexuell
mißbraucht. Sie fühlt sich für diese 'Beziehung' verantwortlich. Ihre
verwitwete Mutter mußte hart arbeiten, um ihre sechs Kinder zu
ernähren, und hatte weder Zeit noch Energie für liebevolle Zuwendungen. Der Cousin war der einzige Mensch in ihrem Leben, der dem
Mädchen Aufmerksamkeit schenkte. »Er sagte immer, daß es 'falsch'
sei, was er tun würde, aber ich liebte ihn und ermutigte ihn, denn ich
wollte, daß es weiterging.« Mit neunzehn Jahren ist sie drogenabhän-
gig und selbstmordgefährdet. Sie fühlt sich immer noch für die
'Liebesaffäre' mit ihrem Cousin verantwortlich und ist nicht in der
Lage, dies als sexuelle Ausbeutung zu erkennen.*

*Eine weiße deutsche Sozialarbeiterin in einem Jugendhaus beschrieb,
wie ein Teenager ihr zwischen die Beine griff, während sie auf der Lei-
ter stand und für ein Fest die Dekoration aufhing. Sie sagte nichts,
fühlte sich aber gedemütigt und beschämt.*

*Eine siebzehnjährige Kurdin, die in Deutschland lebt, beschreibt ihr
Entsetzen, als sie im Alter von vierzehn Jahren von einem Schulkame-
raden angegriffen und vergewaltigt wurde. Sie war naiv, schüchtern
und vertrauensselig. Als er sie vergewaltigte, hatte sie einen Schock
und war zu keiner Regung fähig. Sie dachte, er sei ein Freund. Obwohl
sie schon seit Jahren in Therapie ist, hat sie immer noch Alpträume
und ist selbstmordgefährdet. Sie leidet darunter, sich nicht gewehrt zu
haben.*

Eine zweiundreißigjährige weiße deutsche Frau, die körperbehindert ist, wurde von ihrem Freund fünf Jahre lang schwer geschlagen, gewürgt, vergewaltigt und ständig bedroht. Sie fühlt sich für seine Taten verantwortlich. In den Jahren, in denen sie mit ihm zusammenlebte, und in den drei Jahren nach ihrer Trennung sucht sie nach einer Erklärung: Sie mußte irgend etwas falsch gemacht haben, denn schließlich hatte er nicht ohne Grund so gewalttätig reagiert. Obwohl sie die Stadt und die Arbeitsstelle wechseln mußte, um seinen Drohungen zu entgehen (er drohte ihr, das andere Knie zu zerschmettern, so daß sie überhaupt nicht mehr laufen könne), schämt sie sich und fühlt sich schuldig. Beim letzten gewalttätigen Vorfall hatte er sie brutal geschlagen und so lange gewürgt, bis sie keinen Widerstand mehr leisten konnte. Danach vergewaltigte er sie. Während eines Selbstverteidigungskurses machte sie sich zum ersten Mal klar, daß die Gewalt sein und nicht ihr Problem war. »Jetzt«, so sagte sie, »kann ich das, was er getan hat, als Vergewaltigung bezeichnen.«

Ein zwölfjähriges weißes deutsches Mädchen aus gutsituierten Verhältnissen wurde von ihrem Vater fünf Jahre lang sexuell mißbraucht. Sie brach ihr Schweigen und erzählte es ihrer Klassenlehrerin. Ihre Mutter war entsetzt und niedergeschmettert über das Geschehen, glaubte aber ihrer Tochter und unternahm rechtliche Schritte. Der Vater wurde strafrechtlich verfolgt und kam ins Gefängnis. Nach der Scheidung und der Verurteilung des Vaters änderte sich das Leben der Familie drastisch.

Die Tochter fühlte sich für den Zusammenbruch der Familie und die daraus folgenden finanziellen Schwierigkeiten allein verantwortlich und wurde schwer depressiv. Die Mutter wurde zur Zielscheibe öffentlicher Schuldzuweisungen und Verurteilungen durch Freunde und Familie, weil sie es versäumt hatte, ihre Tochter zu schützen. Gerade im Fall von Inzest wird die Schuld und die Wut auf die Mutter gerichtet, so daß die Handlungen des Täters völlig aus dem Blickfeld geraten. Die Gewalt des Vaters wurde als gegeben hingenommen und löste nicht im geringsten solche Reaktionen aus wie die gegenüber der Mutter.

Eine sechsundvierzigjährige weiße deutsche Jüdin, die als Sekretärin arbeitet, wurde von ihrem Vorgesetzen sexuell belästigt. Sie änderte

daraufhin ihre Kleidung und Frisur, weil sie glaubte, seine Aufmerk-
samkeit ungewollt 'provoziert' zu haben. Diese Strategie führte zu
keinem Erfolg. Die Belästigungen nahmen zu, bis sie schließlich kün-
digte. Sie schämte sich, und niemand erfuhr den eigentlichen Grund
ihrer Kündigung.

Die Beispiele zeigen deutlich, wie perfekt das System von Unterdrückung funktioniert: Dem Opfer wird eingeredet, für die Gewalt
des Angreifers verantwortlich zu sein. Wir sind mit diesen Vorstellungen aufgewachsen und haben sie verinnerlicht.

Da Schuldzuweisungen an die Opfer sexistischer Gewalt so allgegen-
wärtig sind, ist es schwierig, wirklich zu begreifen, daß die Tatsache,
daß wir Frauen sind, der alleinige Grund dafür sein kann, daß wir
angegriffen werden. Im System sexistischer Gewalt gehören wir zur
Gruppe der Opfer, genauso wie Schwarze oder Menschen nicht-deutscher Herkunft im System rassistischer Gewalt zur Gruppe der Opfer
gehören.

Mit unserem Schweigen, unserer Scham und den falschen Schuldge-
fühlen erlauben wir dem vergewaltigenden Klassenkameraden, dem
sexuell belästigenden Vorgesetzten, dem sexuell ausbeutenden Vater
oder dem gewalttätigen Ehemann, ihr Verhalten fortzusetzen und
Frauen zu Opfern zu machen. Wir müssen endlich aufhören, die Verantwortung nur bei uns zu suchen und unsere Wut und unseren
Schmerz zu unterdrücken. Wir müssen lernen, unsere Wut nicht mehr
gegen uns selbst, sondern gegen den Angreifer zu richten.

Falsche Vorstellungen von Selbstverteidigung

Die meisten Ratschläge zur Selbstverteidigung stützen sich auf die
falsche Auffassung, Vergewaltigung sei ein *Sexual*verbrechen. Da
Frauen häufig falsche oder mißverständliche Informationen zu Selbstverteidigung erhalten, ist es für sie sehr schwierig zu entscheiden, wie
sie sich schützen und wehren können.

Fehlinformation Nr. 1: Die Polizei kennt sich mit Selbstverteidigung am besten aus.

Die Polizei hat sich bisher am allerwenigsten mit der Sicherheit von Frauen befaßt – erstaunlicherweise, da das ja zu ihren Aufgaben gehören sollte. Erst die mühselige Überzeugungsarbeit der Frauenbewegung hat dazu geführt, daß Gewalt gegen Frauen und Mädchen von der Polizei ernst genommen wurde. Erst mit viel Druck von seiten der Frauen wurden Anzeigen gegen Täter, die dem Opfer vorher bekannt waren, aufgenommen, gegen prügelnde Ehemänner oder Väter, die ihre Töchter sexuell mißbrauchten.

Gegenwärtig kann eine vergewaltigte Frau immer noch nicht damit rechnen, daß sie bei der Polizei auf Verständnis und Respekt stößt. Wenn es allerdings darum geht, Selbstverteidigungstips zu geben, sind die Beamten schnell dabei, sich als Experten auszugeben und den Frauen zu raten, sich einem gewalttätigen Angreifer kampflos auszuliefern.

Alle Untersuchungen zum Thema Selbstverteidigung bei sexuellen Angriffen haben gezeigt, daß passives Verhalten die Wahrscheinlichkeit, vergewaltigt zu werden, erhöht, während die überragende Mehrheit der Frauen, die sich wehren, eine Vergewaltigung verhindern kann.[5] Die Polizei rät den Frauen jedoch weiterhin, sich nicht auf »aussichtslose Aggressivität, die gefährlich werden könne«, einzulassen, sondern »notfalls passiv alles über sich ergehen [zu] lassen.«[6]

Von der Polizei wird auch des öfteren behauptet, daß es auf die Frage, ob sich Frauen gegen eine Vergewaltigung wehren sollten, keine eindeutige Antwort gäbe: »Es gibt Täter, die sich durch eine entschlossene Gegenwehr abschrecken lassen und das Weite suchen, andererseits gibt es Täter, die durch Gegenwehr zu besonderer Brutalität stimuliert werden und ihre Opfer dann eher umbringen.«[7] Oder wie die Kriminalpolizei in Bayern Frauen rät: »Während das Schreien den einen Mann in die Flucht treibt, hält der andere seinem Opfer den Mund zu – vielleicht bis zum Ersticken.«[8]

Bei solchen Ratschlägen stellt sich natürlich die Frage, welche realistischen Verteidigungsstrategien Frauen überhaupt entwickeln können. Die darin enthaltenen Botschaften verstärken nur die Angst und Hilflosigkeit der Frauen.

Dies gilt auch für den folgenden Punkt:

Fehlinformation Nr. 2: Wenn eine Frau sich wehrt, steigert sie die sexuelle Erregung des Vergewaltigers.
Ein Vergewaltiger sucht sich ein Opfer, das er beherrschen und kontrollieren will. Die Angst und Hilflosigkeit der Frau sind Teil seiner Absicht, womit wieder deutlich wird, daß Vergewaltigung kein sexueller Akt ist. Wenn eine Frau sich also wehrt, dem Angreifer die Augen aussticht, die Finger bricht, den Adamsapfel zerquetscht oder das Knie zerschmettert, ist das genausowenig ein sexuelles Vorspiel, das die Erregung des Täters steigert.
Bart und O'Brien bemerken dazu, daß kein einziger Vergewaltiger ein passives Opfer fallen lassen würde, um sich nach einer Karate-Frau umzusehen, die ihn 'sexuell stimuliert'.[9]

Fehlinformation Nr. 3: Wenn wir uns verteidigen, ist die Wahrscheinlichkeit groß, verletzt zu werden.
Die physischen und seelischen Verletzungen einer Vergewaltigung sind wesentlich schlimmer als die kleineren Verletzungen, die wir riskieren, wenn wir uns zur Wehr setzen. Es ist wahrscheinlich, daß wir durch unseren Widerstand Prellungen und Kratzer davontragen oder ziemlich 'rauh' behandelt werden. Die Wahrscheinlichkeit, vergewaltigt zu werden, wird durch unseren Widerstand aber erheblich verringert.[10]

Fehlinformation Nr. 4: »Lieber vergewaltigt als tot.«
Diesen Satz hören wir am häufigsten von Männern – als ob 'Vergewaltigung' oder 'Tod' die einzigen Alternativen seien. Unsinnigerweise wird dabei angenommen, der Angreifer würde eine Frau nicht töten, wenn sie die Vergewaltigung über sich ergehen läßt. Statistiken beweisen, daß bei einer Verbindung von Vergewaltigung und Mord die Frauen erst *nach* der Vergewaltigung getötet wurden.
Im übrigen kann 'Vergewaltigung' sehr wohl auch 'Tod' bedeuten, wenn nämlich der Täter HIV-positiv ist.
Es ist immer die bessere Alternative, sich zu wehren, als vergewaltigt zu werden. Wäre ein Mann davon bedroht, vergewaltigt zu werden, würde er niemals auf die Idee kommen, sich zu 'entspannen' und die Vergewaltigung über sich ergehen zu lassen.

Fehlinformation Nr. 5: Frauen müssen jahrelang Karate, Taekwondo oder andere Kampfkunstarten trainieren, um sich wehren zu können.
Es bedarf weder außerordentlicher Fähigkeiten noch eines außergewöhnlichen Trainings, um sich gegen sexuelle Angriffe von Männern wehren zu können. Es ist viel wichtiger, daß Frauen richtig informiert sind. Die meisten Kampfkunstlehrer wissen wenig über sexuelle Angriffe und die Lebensrealität von Frauen. Sie haben die hier beschriebenen Fehlinformationen selbst verinnerlicht und untergraben häufig die Stärken und Fähigkeiten von Frauen. Auch wenn uns das Training ein besseres Körpergefühl verschafft, ist Kampfkunst allein kein Ersatz für einen feministischen Selbstverteidigungskurs, in dem Frauen lernen, Gewaltsituationen schon im frühsten Stadium zu erkennen und zu beenden.
Forschungen zur Selbstverteidigung haben gezeigt, daß die Chancen, eine Vergewaltigung zu verhindern, steigen, wenn Frauen sich körperlich zur Wehr setzen, unabhängig davon, ob sie körperlich fit sind oder eine Kampfkunst erlernt haben.[11]

Fehlinformation Nr. 6: Frauen können eine Vergewaltigung vermeiden, indem sie gefährliche Orte (z. B. dunkle Straßen oder leere Parkhäuser) meiden, nachts zu Hause bleiben und nicht trampen.
Bei diesem Punkt müssen wir uns klarmachen, daß es nicht die angeblich gefährlichen Orte oder Aktivitäten sind, die uns bedrohen, angreifen, mißbrauchen oder umbringen. Noch nie wurde ein Mädchen von einer dunklen Straße vergewaltigt. Es sind Männer, die uns vergewaltigen und töten. Die oben genannte Behauptung vermittelt die Botschaft, daß wir Gewalt herausfordern und sie auch verdienen, wenn wir es wagen, uns als freie Menschen zu bewegen.

Fehlinformation Nr. 7: Wenn eine Frau sich absichtlich unattraktiv macht, kann sie einen Angriff verhindern.
Diese Vorstellung beruht wieder auf der Annahme, sexistische Gewalt sei sexuell motiviert. Um den Angreifer 'abzutörnen', soll eine Frau erbrechen, in der Nase bohren, in die Hose machen, 'verrückt' spielen, eine Arie singen, bellen oder ihm erzählen, sie sei Jungfrau, habe ihre Tage, eine Geschlechtskrankheit oder AIDS.
Die empfohlenen Verhaltensweisen werden aber einen Angreifer, der sein Opfer mit Gewalt erniedrigen und demütigen will, kaum

abschrecken. Wir vergeuden damit wertvolle Zeit und Energie, die wir für unsere Verteidigung nutzen könnten.

Fehlinformation Nr. 8: Wenn wir uns wehren, wird der Angreifer wütend, und wir machen die Situation noch gefährlicher, als sie es bereits ist.
Männer, die Frauen angreifen, sind bereits wütend und suchen sich ein Opfer, an dem sie ihre angestaute Wut, ihre Frustrationen und ihren Haß auslassen können. Unsere Gegenwehr macht die Situation nicht gefährlicher. Nichts, was wir für unsere Verteidigung tun, kann das verschlimmern, was der Täter für uns vorgesehen hat: Vergewaltigung, Folter und möglicherweise Tod. Wie alle wissenschaftlichen Ergebnisse bestätigen, besteht kein Zusammenhang zwischen dem Widerstand des Opfers und der wachsenden Aggressivität des Angreifers. Wenn wir uns wehren, haben wir nichts zu verlieren, sondern vielmehr eine gute Chance, sowohl einer Vergewaltigung als auch dem Tod zu entkommen.

Fehlinformation Nr. 9: Frauen sollten sich auf den Schutz von Männern verlassen.
Männlicher Schutz ist in diesem Kontext vergleichbar mit dem 'Schutz', den die Mafia kleineren Unternehmen bietet. Entweder bezahlen die Geschäftsinhaber 'Schutzgelder', oder ihre Geschäfte werden ausgeraubt, geplündert und in Brand gesteckt. In ähnlicher Weise wird von Frauen erwartet, daß sie sich zur Beschwichtigung ihrer Väter, Ehemänner, Brüder, Freunde u.a. der vorgeschriebenen und eingeschränkten Rolle als Tochter, Ehefrau oder Mutter anpassen, um so vor der Gewalt anderer Männer geschützt zu werden. Aber wer schützt Frauen vor der Gewalt ihrer 'Beschützer'?

Statistische Fakten zur Selbstverteidigung

In den Vereinigten Staaten wurde in den letzten zwei Jahrzehnten eine beträchtliche Anzahl von Untersuchungen über die Wirksamkeit von Selbstverteidigung durchgeführt. In Deutschland ist erst vor kurzem (1993) die erste Studie zu diesem Thema veröffentlicht worden.

Die *Queen's Bench Foundation* in San Francisco interviewte 1976 68
Frauen, die vergewaltigt worden waren, und 40 Frauen, die ihre Vergewaltigung verhindert hatten.[12] Sie stellte fest, daß Frauen, die ihre
Vergewaltigung verhindert hatten, mehr verbale und körperliche Strategien eingesetzt hatten, mißtrauischer, unhöflicher und wütender
gewesen waren als die Frauen, die vergewaltigt wurden. Frauen, die
ihre Vergewaltigung verhindern wollten, setzten sich sofort zur Wehr
und waren absolut dazu entschlossen, sich nicht vergewaltigen zu
lassen, koste es, was es wolle.

Jeanie McIntyre befragte 1980 im Rahmen eines Forschungsprojekts,
das von dem *National Institute of Mental Health* gefördert worden
war, 192 Frauen, die vergewaltigt wurden, und 128 Frauen, die ihre
Vergewaltigung verhindert hatten.[13] Sie stellte fest, daß Frauen, die
aggressiv reagierten, indem sie schrien, wegrannten, den Mann
beschimpften und sich körperlich zur Wehr gesetzt hatten, die
Wahrscheinlichkeit verringerten, vergewaltigt zu werden. Je früher eine Frau aggressiv wurde, desto größer ihre Chancen zu entkommen. Zögerliches und abwartendes Verhalten in der Hoffnung
auf eine 'bessere Chance' erhöhte das Risiko einer Vergewaltigung.

Pauline Bart und Patricia O'Brien interviewten 1985 94 Frauen,
von denen 51 ihre Vergewaltigung verhindert hatten und 43 Frauen
vergewaltigt worden waren.[14] Auch sie stellten fest, daß die Wahrscheinlichkeit, einer Vergewaltigung zu entgehen, um so größer
war, je mehr Strategien Frauen zu ihrer Verteidigung einsetzten. In
68 Prozent der Fälle führte körperliche Gegenwehr, in 62 Prozent
Schreien zum Abbruch der Vergewaltigung. Wegrennen war
ebenso eine äußerst erfolgreiche Strategie, wurde jedoch seltener
eingesetzt. 81 Prozent der Frauen, die weggerannt waren, entka-
men einer Vergewaltigung. Die Mehrzahl der Frauen hatte eher
passive Strategien eingesetzt, beispielsweise hatten sie versucht,
mit dem Vergewaltiger zu reden, was allerdings nicht besonders
wirksam war. Nur 54 Prozent der Frauen, die den Vergewaltiger
mit Worten zurückhalten wollten, konnten entkommen. Bittendes
und flehendes Verhalten erhöhte sogar die Wahrscheinlichkeit
einer Vergewaltigung. Wenn das Opfer schlief, der Angriff in einer

Wohnung stattfand, eine Waffe benutzt oder die Frau von mehreren
Männern angegriffen wurde, verschlechterten sich die Chancen der
Frau. Frauen waren erfolgreicher, wenn der Angriff außerhalb einer
Wohnung stattfand oder andere Personen in die Situation eingriffen.
Frauen, die wütend wurden, konnten dem Angriff eher entkommen
als solche, die sich ängstlich zeigten. Die wütenden Frauen hatten die
Warnsignale früher erkannt und darauf sofort mit Schreien und Kämp-
fen reagiert. Sie hatten bereits subtile und direkte Anzeichen von
Bedrohung mißtrauisch betrachtet: »Er schaut mich so komisch an.«
»Er kommt mir zu nahe.« Frauen, die vergewaltigt worden waren,
hatten diese und andere Warnsignale nicht wahrgenommen oder ver-
drängt, bis sie schließlich körperlich angegriffen wurden. Frauen, die
eher Angst hatten, getötet als vergewaltigt zu werden, wurden in den
meisten Fällen vergewaltigt.

Die aktuellste und umfangreichste deutsche Studie über Selbstverteidigung wurde 1993 von der Kriminalhauptkommissarin Susanne Paul
durchgeführt. Sie untersuchte alle Berichte über vollzogene und versuchte Vergewaltigungen in Hannover in den Jahren 1991 und 1992,
um festzustellen, ob das Verhalten des Opfers die Folgen eines
Angriffs beeinflussen kann. Von den 286 Frauen, die angegriffen
worden waren, hatten 28 Prozent keinen Widerstand geleistet. 81,3
Prozent von ihnen wurden vergewaltigt. 72 Prozent der angegriffen
Frauen hatten sich gewehrt, wobei die Mehrheit dieser Frauen nur
geringen Widerstand geleistet hatte: Sie wehrten sich nur zögerlich
mit Händen, Füßen, einem Gegenstand, ihrer Stimme oder ihrem
ganzen Körper. Bereits in 68,4 Prozent der Fälle hielt geringer Widerstand den Täter von seinem Vorhaben ab.

Frauen, die sich aktiver gewehrt hatten, waren erfolgreicher: Von den
untersuchten Fällen hatten 24,5 Prozent der Frauen heftigen Widerstand geleistet, und 84,3 Prozent war es so gelungen, ihren Angreifer
in die Flucht zu schlagen.

43,6 Prozent der Übergriffe hatten im Wohnbereich stattgefunden,
40,1 Prozent an öffentlichen Orten (Straßen, Parks, usw.) und 11,4
Prozent in einem Fahrzeug. Von den Frauen, die sich entschlossen zur
Wehr gesetzt hatten, waren diejenigen, die an einem öffentlichen

Platz angegriffen worden waren, erfolgreicher (96,6 Prozent) als
Frauen, die man in Wohnungen angegriffen hatte (72 Prozent). Alle
Frauen, die in einem Fahrzeug angegriffen worden waren und sich
massiv zur Wehr gesetzt hatten, waren erfolgreich. Soweit dies zu
ermitteln war, hatte keine der Frauen, die sich erfolgreich wehrten,
eine Kampfkunstart angewendet. Allerdings belegen andere Studien,
daß Frauen, die an einem Selbstverteidigungkurs teilgenommen hatten,
eher in der Lage waren, eine Vergewaltigung zu verhindern, als
Frauen, die damit noch nicht in Berührung gekommen waren. Erstere
hatten gelernt, potentiell gefährliche Situationen früh zu erkennen
und von Anfang an zu beenden.

Bis heute hat jede dieser Studien den Mythos widerlegt, daß Frauen,
die sich wehren, schwer verletzt oder getötet werden. Es gibt keine
Garantie, daß durch passives Verhalten ein Opfer unverletzt bleibt.
Frauen, die sich verteidigten und dennoch ihre Vergewaltigung
nicht verhindern konnten, litten jedoch seltener unter Depressio-
nen, Schlaflosigkeit, Gewichtsverlust und sexuellen Problemen als
Frauen, die keinen Widerstand leisteten.

Selbstverteidigungsstrategien

Die Frauen in den oben genannten Studien haben ganz unterschiedliche Strategien angewendet, um eine Vergewaltigung zu verhindern.
Folgende Verhaltensweisen sind wichtig, wenn wir uns erfolgreich
gegen einen Angriff verteidigen wollen:

- aufmerksam sein
- mißtrauisch sein
- wütend reagieren, wenn unser Raum oder unsere Rechte verletzt
  werden
- sofort handeln
- laut und aggressiv sein
- schreien
- kämpfen
- wegrennen

Keine dieser Strategien ist ein Erfolgsrezept, aber je entschlossener unser Widerstand, desto größer die Wahrscheinlichkeit, damit Erfolg zu haben. Nicht jede Strategie mag in jeder Situation erfolgreich sein, aber alles ist besser als gar nichts zu tun.

Jede Frau und jedes Mädchen hat das Bedürfnis, sich gegen Unterdrückung und Gewalt zu wehren. Allerdings halten uns unsere Sozialisation, mangelnde Übung und verinnerlichte Angst davon ab, uns zu behaupten und zu verteidigen.

Eine Frau mittleren Alters wurde auf dem Parkplatz eines Supermarktes angegriffen, als sie die Lebensmittel in ihr Auto lud. Der Angreifer zwang sie, sich auf den Vordersitz zu setzen. Die Frau wußte zwar, daß der Mann an Augen und Genitalien leicht zu verletzen wäre, war aber im Zweifel, ob sie, wenn sie ihm die Augen ausdrückte, noch genügend Zeit hätte, aus dem Auto herauszukommen und wegzulaufen. Ohne Vertrauen in sich und ihre Stärken und in Selbstverteidigung unerfahren, konnte sie sich nicht körperlich zur Wehr setzen.

Wir haben nur dann eine 'Wahl' zwischen Verteidigung und Ohnmacht, wenn wir wissen, wie wir kämpfen können. Wir können nur dann 'wählen', sexistische, rassistische und homophobe Unterdrückung zu ignorieren oder nicht zu ignorieren, wenn wir wissen, wie wir ihr begegnen können. Wenn wir weder entsprechende Informationen noch über geeignete Mittel verfügen, Unterdrückung zu bekämpfen, stellen Unterwerfung, Erdulden oder Ignorieren keine bewußte 'Wahl' dar, sondern ergeben sich aus Mangel an Alternativen. Niemand will unterdrückt oder mißhandelt werden.

Keine von uns weiß im voraus, wie sie mit einer lebensbedrohlichen Situation umgehen wird. Wir handeln aus dem Gefühl heraus, daß unser Überlebenswille uns schon retten wird: Ob wir nun wegrennen, verhandeln, kämpfen, nicht kämpfen, schreien oder uns unterwerfen – jede Entscheidung, die eine Frau trifft, ist die richtige, und alles, was wir tun, um unser Leben zu retten, ist gerechtfertigt. Wir sollten uns niemals schuldig fühlen oder uns dafür schämen, was wir für unser Überleben getan haben – schließlich haben wir überlebt.

Erste Schritte zur Selbstverteidigung

Wir können nicht darauf 'hoffen', daß Männer uns nicht angreifen, und damit die Entscheidung über unser Leben gewalttätigen Männern überlassen. Eine Frau in meinem Kurs wurde von einem Mann vergewaltigt, der immer wieder mit einem Messer auf sie einstach, ihren Schädel mit einem Stein zerschmetterte und sie dann in dem Glauben, sie wäre tot, liegenließ. Der Mann wurde verurteilt und nach fünf Jahren wieder aus dem Gefängnis entlassen. Die Frau ist heute noch immer in Therapie. Sie fragt sich oft: »Warum ist das ausgerechnet mir passiert?« Realität ist aber, daß es jeder von uns passieren könnte. Solange unsere einzige Strategie darin besteht, zu hoffen, daß uns nichts passiert, bleiben wir solchen und ähnlichen Situationen ausgeliefert. Wir müssen erkennen, daß das Prinzip 'Hoffnung' keine angemessene Strategie gegen männliche Gewalt ist.

Gewalt erkennen und definieren

Wenn uns keine Handlungsmöglichkeiten in einer Angriffssituation zur Verfügung stehen, neigen wir dazu, die Situation nicht als Angriff wahrzunehmen. Wir reden uns ein, daß eigentlich gar nichts passiert sei, ertragen Erniedrigungen, Demütigungen und andere Formen von Gewalt und versuchen, uns davon zu überzeugen, daß es gar nicht so schlimm war. Eine der häufigsten Aussagen von Frauen in meinen Selbstverteidigungskursen lautet: »Eigentlich ist ja nichts passiert, aber ... « Dann erzählen die Frauen und Mädchen die grauenvollsten Geschichten über Angriffe auf ihre Autonomie und Würde. Wir verändern unsere Wahrnehmung der Realität, um besser mit ihr umgehen zu können.

Wenn wir die Belästigung und Gewalt von Männern nicht als solche definieren, sind wir nicht gezwungen, etwas dagegen zu unternehmen.

Eine fünfunddreißigjährige weiße deutsche Frau saß alleine in einem Zugabteil, als ein Mann hereinkam, sich ihr gegenüber hinsetzte und anfing zu lesen. Seinen Kopf versteckte er hinter einer Zeitung, während sein Penis aus der Hose hing. Sie schaute erst weg, dann wieder auf seinen Penis. Der Mann las ruhig weiter. Der Penis hing weiterhin aus der Hose. Sie redete sich ein, dies sei sicherlich ein bedauerlicher Irrtum. Vielleicht merkte er gar nicht, daß sein Penis aus der Hose hing. Sie fühlte sich erbärmlich. Sollte sie etwas sagen? Sollte sie es weiterhin ignorieren? Wenn sie etwas sagen würde, könnte es dem Mann peinlich sein. Sicherlich war es keine Absicht. Sollte sie etwa sagen: »Entschuldigen Sie bitte, vielleicht haben Sie es ja nicht bemerkt, aber Ihr Penis hängt aus der Hose«? Nein, sie wollte wirklich nicht, daß es für ihn peinlich würde. Oder für sie. Sie verließ fluchtartig das Abteil, ohne ein Wort zu sagen.

Als diese Frau die Geschichte in meinem Selbstverteidigungskurs erzählte, versuchte sie immer noch, sich selbst und uns davon zu überzeugen, daß der Penis des Mannes rein zufällig aus seiner Hose gehangen hatte.

In einer Straßenbahn fing ein Mann an, sich an Bein und Po einer vierzigjährigen weißen deutschen Frau zu reiben. Sie war erschrocken und ging einen Schritt nach vorne, um ihm Platz zu machen. Er rückte nach und rieb sich weiter an ihr. Sie versuchte sich einzureden, daß er ihr nur deshalb so nahe kam, weil die Straßenbahn so voll war. Es war ihr sehr peinlich, sie fühlte sich hilflos und wie versteinert. Sie redete sich wiederholt ein, daß es nur daran liege, daß die Straßenbahn so voll sei. Der Mann ejakulierte an ihrem Bein. Sie verließ die Straßenbahn, ohne ein Wort zu sagen. Wäre sein Sperma nicht an ihrem Bein heruntergelaufen, hätte sie sich weiterhin eingeredet, daß eigentlich nichts passiert sei.

Je weniger Handlungsmöglichkeiten wir haben, desto stärker wirkt sich der Verdrängungsmechanismus aus. Viele Frauen, die als Mädchen sexuell ausgebeutet wurden, können sich später nicht mehr daran

erinnern. Sie verdrängen das Erlebte und entwickeln in manchen
Fällen sogar multiple Persönlichkeiten, weil die Erfahrung so
schmerzvoll war.[1]

Neuere Untersuchungen zeigen, daß die Mehrheit der Frauen, die bei
einer Verabredung mit einem Mann von diesem gegen ihren Willen
zum Geschlechtsverkehr gezwungen wurden, selbst nicht von einer
Vergewaltigung sprachen.[2] Da sie den Angreifer kannten und gerne
mit ihm ausgegangen waren, konnten sie die erlebte Gewalt nicht als
solche definieren. Selbst bei solchen massiven Verletzungen sind
Frauen oft nicht in der Lage, das Verhalten der Männer klar und deutlich als Gewalt gegen sich zu definieren.

Der hauptsächliche Grund dafür, warum wir die Belästigung und
Gewalt von Männern nicht als solche definieren, ist der, daß wir
ansonsten gezwungen wären, etwas dagegen zu unternehmen.
Schauen wir uns einmal unser Verhalten genauer an, dann stellen wir
schnell fest, daß wir recht wenige Selbstbehauptungs- und Selbstverteidigungstechniken erlernt haben, um mit der Belästigung und den
Angriffen von Männern fertig zu werden. Weil es uns nicht möglich
ist, der Gewalt von Männern ein Ende zu bereiten, reden wir uns
lieber ein, es hätte kein unmittelbar bedrohender oder beleidigender
Angriff stattgefunden oder es mache uns nichts aus. Wir vergeuden
viel Energie und Zeit damit, die Realität zu verfälschen und zu verdrängen.

In unserer Sozialisation haben wir gelernt, uns nur über Männer zu
definieren. Wir ziehen uns nach den Vorstellungen von Männern an
und tragen enge, unbequeme Kleidung, die unsere Beweglichkeit
behindert, und Schuhe, die schlecht für die Füße und den Rücken
sind. Wir unterziehen uns allen möglichen Diäten, die unserem Körper nachhaltig schaden. Wir lassen Silikon in unsere Brüste implan-
tieren, obwohl es krebserregend ist, und verändern unsere Nase,
unsere Lippen und Wangen mittels plastischer Chirurgie oder lassen
uns das Fett an Hüfte und Bauch absaugen. Unser Selbstwertgefühl
ist sehr eng mit unserem Aussehen und damit mit der Bewunderung
von Männern verknüpft.

In Angriffssituationen steht uns unsere Sozialisation im Wege, weil wir selbst dann den Standpunkt des Mannes als wichtiger erachten als unseren eigenen und immer darauf bedacht sind, herauszufinden, was *er* will.

Eine ältere weiße deutsche Frau aus einem meiner Kurse erzählte: »An meinem Arbeitsplatz gibt es einen Mann, der immer alle Frauen im Büro umarmt und anfaßt. Er kommt immer so nett auf mich zu und legt seinen Arm um mich. Er meint das sicher nicht so. Er macht das mit allen Frauen. Weißt du, er ist wirklich sehr nett und faßt Frauen immer so an. Er ist halt so und denkt sich nichts dabei. Das ist halt seine Art, nett zu sein.« Als ich sie fragte, wie sie selbst sich dabei fühlte, wenn er sie anfaßte, war sie irritiert. Sie hatte diese Situation nie von ihrem Standpunkt aus betrachtet und nicht überlegt, was eigentlich ihre Bedürfnisse waren. »Ich mag es überhaupt nicht, wenn er mich anfaßt.« »Er ist so, wie er ist«, fügte sie hinzu, erneut sein Verhalten entschuldigend.

Es geht nicht nur darum, Gewalt entweder zu ignorieren, sie hinzunehmen oder auf sie zu reagieren. Vielmehr müssen wir unsere Rolle neu bestimmen und vom passiven Opfer zu aktiv handelnden Frauen werden. Wir müssen gegenüber den Menschen, die um uns herum sind, aufmerksam sein, unsere Wahrnehmung und unseren Verstand schärfen. Wen mag ich, und wem traue ich nicht? Immer wenn wir uns unbehaglich oder unwohl fühlen, können wir etwas tun, damit wir uns besser fühlen. Wir können den Ausgang unbehaglicher oder belästigender Situationen selbst bestimmen, aktiv werden und auf diese Weise unseren Bedürfnissen gerecht werden.

Es ist recht offensichtlich, daß Männer ihr belästigendes Verhalten verleugnen. Wenn sie damit konfrontiert werden, werden sie immer versuchen, die Verantwortung für das Geschehene an die jeweilige Frau abzugeben. Sie behaupten, sie sei verrückt, hysterisch, frigide, frustriert, lesbisch, feministisch, habe ihre Tage oder hasse Männer. Damit versuchen Männer ihr Gesicht zu wahren und Frauen in die altbekannte Opferolle zu drängen. Es ist eine Fortsetzung ihres gewalttätigen, mißachtenden Verhaltens.

Unseren Gefühlen und Intuitionen trauen

Manchmal reagieren wir in Anmach- oder Angriffssituationen nicht, weil wir Angst haben, unsere Gefühle könnten falsch sein. Aber unser Gefühl kann uns nicht täuschen, und das ist ganz unabhängig von den objektiven Umständen. Kein anderer Mensch kann dir sagen, wie du dich zu fühlen hast. Behandelt dich ein Mann auf eine Art, die dir nicht gefällt, laß dir von niemandem das Gegenteil einreden. Deine FreundInnen können dir immer nur sagen, wie *sie* sich fühlen. Deine Gefühle gehören dir, und niemand kann sie ändern oder verleugnen. Selten, wenn überhaupt, fragen wir uns – einmal abgesehen von allen Einflüssen der patriarchalen Kultur –, was wir eigentlich wollen. Es ist schon ein schwieriges Unterfangen, Frauen in meinen Kursen dazu zu bringen, sich die Frage: »Was will ich?« zu stellen. Das ist eine Erfahrung, die einiges in Bewegung setzt.

Ein fünfzehnjähriges Mädchen hat sich in einem meiner Kurse diese Frage zum ersten Mal gestellt und kam zu einer für sie überraschenden Antwort:

Am ersten Tag des Kurses redeten wir darüber, daß wir wieder mehr mit unseren Gefühlen in Berührung kommen müssen. Abends ging Petra, eine weiße deutsche Jugendliche, mit ihrem sogenannten Lieblingsonkel aus. Onkel Fritz hatte eine eigene Tochter gleichen Alters, die vor sechs Jahren gestorben war. Er hegte besondere Gefühle für Petra, die an die Stelle seiner Tochter getreten war. Petra fühlte sich immer verantwortlich, besonders nett zu Onkel Fritz zu sein, um ihn über den schrecklichen Verlust, den er erlitten hatte, hinwegzutrösten. Er küßte und umarmte sie, um ihr seine Liebe zu zeigen. Sie akzeptierte ihre Rolle als Ersatztochter, ohne darüber nachzudenken. Als sie am nächsten Tag wieder in den Selbstverteidigungskurs kam, erzählte sie, daß in ihr eine Art Damm gebrochen sei und all ihre angestauten Gefühle herausgesprudelt kamen, als sie sich fragte: »Was will ich?« Am ganzen Körper zitternd sagte sie: »Ich hasse es, wenn er mich anfaßt. Ich hasse es, wenn er mich küßt.«

All die Jahre hatte sie ihre eigenen Gefühle unterdrückt und seine 'Zuwendungen' widerstandslos ertragen. »Ich hatte nie die Möglichkeit, meine eigenen Gefühle auszudrücken. Die ganze Familie erzählte mir immer wieder, wie sehr doch der arme Mann leiden würde. Aber niemand hat mich jemals nach meinen Gefühlen gefragt. Nicht einmal ich selbst!«

Eine typische Situation:
Auf einer Party im Büro sitzt ein Kollege neben dir und legt seinen Arm auf deine Stuhllehne. Du fängst an, dich zu fragen: »Warum hat er seinen Arm dahin getan? ... Will er seinen Arm um mich legen? Will er nur nett sein, oder will er mehr? Oder ist es einfach nur bequemer für ihn?«

Wichtig ist, sich selbst zu fragen: »Was will ich?« Anstatt seinen Arm auf der Rückenlehne deines Stuhls weiterhin zu ertragen und dich zu fragen, was er wohl will und wie er sich fühlt, mußt du dich nach deinen eigenen Bedürfnissen fragen und ihm klar und deutlich sagen: »Nimm deinen Arm von meiner Lehne. Das ist mein Platz.«

Folgende oder ähnliche Situationen kennen auch viele Frauen:
Du gehst nachts von der S-Bahn-Station nach Hause. Du bemerkst einen Mann, der hinter dir geht und den du schon in der S-Bahn gesehen hast. Was geht dir durch den Kopf? Die meisten Frauen entscheiden sich im Zweifelsfall immer für die männliche Perspektive und versuchen verzweifelt, entschuldigende Erklärungen für sein Verhalten zu finden. »Es ist reiner Zufall, daß er an derselben Bushaltestelle ausgestiegen ist wie ich. Vielleicht wohnt er in derselben Straße und läuft deshalb hinter mir her. Außerdem ist das ja eine öffentliche Straße, und er hat dasselbe Recht, hier zu sein, wie ich. Ich habe nicht das Recht, ihn daran zu hindern.«

Frauen fragen mich oft: »Woher soll ich wissen, daß er mich wirklich verfolgt?« Eigentlich ist mit dieser Frage folgendes gemeint: »Was beabsichtigt er?« »Warum verfolgt er mich?« »Was will er?« »Ist er ein Vergewaltiger?« Solange der Mann uns nicht tatsächlich angreift, werden wir nie eine eindeutige Antwort erhalten. Wir wissen nicht, was in ihm vorgeht. Die wesentliche Frage lautet also nicht: »Was will er?«, sondern: »Was will ich?« Erst dann wird die Situation und unsere Antwort auf die Frage klarer: »Ich will, daß er aufhört, mich zu verfolgen.«

Warnsignale wahrnehmen

In meiner zwanzigjährigen Arbeit als Mitarbeiterin beim Notruf für Frauen und als Selbstverteidigungslehrerin habe ich viele Frauen und Mädchen kennengelernt, die angegriffen und vergewaltigt worden sind. Fast alle hatten schon sehr früh gespürt, daß etwas nicht stimmte, daß die Situation möglicherweise für sie gefährlich werden würde. Sie fühlten sich unbehaglich, auch wenn es keinen objektiv erkennbaren Grund für ihr Unbehagen gegeben hatte. Neuere Untersuchungen stützen diese Beobachtung.[3]

Bart und O'Brien berichten, daß Frauen, die eine Vergewaltigung verhindern konnten, geahnt hatten, daß sie in Gefahr sind. Eine erfolgreiche Verteidigung hängt davon ab, ob eine Frau ihr Gefühl ernst nimmt. Frauen, die versuchen, ihr unbehagliches Gefühl zu unterdrücken, bleiben eher passiv und werden vergewaltigt.[4]

Karla, eine junge Romafrau, wurde von einem Mann vergewaltigt, der sie beim Trampen mitgenommen hatte. Noch bevor sie in das Auto eingestiegen war, hatte sie ein ungutes Gefühl. Sie ignorierte es und redete sich ein, daß es keinen Grund gäbe, sich zu ängstigen, da der Mann auf dem Rücksitz einen Kindersitz hatte. Er war offensichtlich ein seriöser Familienvater.[5] Als sie ins Auto stieg, verstärkte sich ihr ungutes Gefühl, doch sie versuchte ihre Gefühle zu unterdrücken und den Fahrer in eine Unterhaltung zu verwickeln. Er sagte ihr, sie solle den Mund halten, was sie daraufhin auch tat. Er fuhr von der Autobahn ab und durch einige kleine Orte hindurch, bis er an einer einsamen Stelle am Waldrand anhielt. Er würgte sie so lange, bis sie keinen Widerstand mehr leistete, und vergewaltigte sie.
Sie wußte von Anfang an, daß er sie vergewaltigen wollte. Da sie aber nicht wußte, wie sie ihn davon abhalten sollte, redete sie sich das Gegenteil ein. Während der halben Stunde, die sie mit ihm im Auto verbrachte, war sie damit beschäftigt, ihre unbehaglichen Gefühle mit aller Kraft zu unterdrücken.

In einem Selbstverteidigungskurs erlernte die junge Frau viele Verteidigungsstrategien, von denen sie vorher nichts gewußt hatte. Die Mehrzahl dieser Strategien zielt darauf ab, einen Angriff schon vor einer körperlichen Auseinandersetzung abzuwehren. Selbstverteidigung heißt, unser Gefühl ernst zu nehmen und gar nicht erst in das Auto einzusteigen, wenn wir unsicher sind und kein gutes Gefühl haben. Selbstverteidigung heißt auch, zu erkennen, daß eine Situation eskalieren und außer Kontrolle geraten kann, wenn wir unsere Gefühle nicht ernst nehmen und nicht sofort handeln.

Die meisten Angriffe finden nicht überfallartig statt. Zu Beginn 'testet' der Angreifer sein Opfer. Dann versucht er die Frau in eine für ihn günstige Situation und in eine einsame Gegend zu bringen. Je früher wir reagieren, desto höher ist die Wahrscheinlichkeit, nicht vergewaltigt zu werden.

Eines Abends ging eine fünfundsechzigjährige weiße deutsche Frau nach Hause, als sie bemerkte, daß ein Mann langsam mit seinem Fahrrad hinter ihr herfuhr. Sie fand die Art, wie er sie anschaute, merkwürdig. Er überholte sie, hielt vor ihr an und machte sich demonstrativ an seiner Fahrradkette zu schaffen. Sie überlegte sich zunächst, nicht vor ihm her zu gehen. Da er aber bis jetzt noch nichts getan hatte, unterdrückte sie ihr Unbehagen und ging doch an ihm vorbei. Er stieg auf sein Fahrrad, überholte sie und taxierte sie erneut. Dann hielt er an und wartete darauf, daß sie näher kam. Obwohl sie spürte, daß hier etwas nicht stimmte, wußte sie nicht, wie sie aus dieser Situation herauskommen konnte. Sie schluckte ihre Angst hinunter und ging an dem Mann vorbei. In dem Moment stieß er sie in eine angrenzende Hecke und sagte, sie solle ruhig sein. Ihr Schreien und ein gewaltiger Tritt in seinen Unterleib verhinderte ihre Vergewaltigung. Das Fahrrad in der einen Hand, die andere am schmerzenden Schritt, humpelte der Mann davon. Die Folgen dieses Angriffs waren für die Frau blaue Flecken, ein Schock und die Angst davor, abends alleine unterwegs zu sein.

Je mehr Frauen und Mädchen sich mit Selbstverteidigung auseinandersetzen, desto geringer ist die Wahrscheinlichkeit, daß sie körperliche Techniken anwenden müssen. Wir spüren schneller, wenn etwas nicht stimmt und eine Situation bedrohlich werden könnte. Je mehr wir uns unserer Handlungsmöglichkeiten bewußt sind, desto einfacher fällt es uns, unsere Gefühle von Unbehagen ernst zu nehmen und den gefährlichen Situationen auszuweichen oder sie zu beenden. Wenn wir es geschafft haben, einen Angreifer abzuwehren, sollten wir uns dazu beglückwünschen, unseren Gefühlen vertraut und gehandelt zu haben, und nicht auf weitere Kommentare des Angreifers achten.

Verinnerlichte Hindernisse

Rollenerwartungen

Ich bin jeden Tag in meinen Selbstverteidigungskursen von aktiven Frauen und Mädchen umgeben, die treten, schlagen und schreien können. Frauen sind geschickt, stark und leistungsfähig, und es mangelt uns weder an Kreativität noch an Stärke. Dennoch haben wir oft Schwierigkeiten, uns vorzustellen, daß wir uns wehren, wenn wir angegriffen werden. Was hält uns davon ab, unsere Kraft und Energie einzusetzen und uns zu verteidigen? Wer hat uns eingeredet, daß wir abhängig, schwach und hilflos sind?

Die traditionelle Rolle von Frauen ist mit Werten wie Stärke oder Unabhängigkeit nicht vereinbar. Systematisch wurden uns das Selbstvertrauen und der Glaube an unsere Fähigkeiten genommen. Durch die eingeschränkte Frauenrolle, die uns aufgezwungen wurde, können wir uns die Stärken und Fähigkeiten von Frauen gar nicht mehr vorstellen, geschweige denn selbst einsetzen.

Die meisten Frauen können sich sehr wohl eine entschlossene Verteidigung vorstellen, wenn sie gefragt werden, was sie tun würden, wenn jemand ihre Tochter vergewaltigen will. Um ihre Kinder zu verteidigen, würden sie wie eine Tigerin kämpfen, denn dieses Bild steht völlig im Einklang mit ihrer traditionellen Rolle als fürsorgliche Mutter. Von Frauen wird erwartet, daß sie alles erdenkliche tun, um das Leben ihrer Kinder zu schützen. Geht es aber um unsere eigene Verteidigung, stimmt die Vorstellung davon nicht mit dem traditionellen Bild überein, und das macht es für viele Frauen schwierig, sich darauf einzulassen. Frauen sind nicht aufgrund ihres Geschlechts handlungsunfähig, sondern aufgrund der Rollenerwartungen, die sie vermittelt bekommen haben.

Ein fünfzehnjähriges weißes deutsches Mädchen beschrieb eine Situation, in der sie belästigt wurde und nicht fähig war zu handeln. Während sie auf die U-Bahn wartete, näherte sich ihr ein älterer Herr von großväterlichem Typ. Sie sprachen über das Wetter und andere Belanglosigkeiten. Irgendwann schlug er vor, doch gemeinsam eine Tasse Kaffee trinken zu gehen. Sie hatte nichts dagegen, da sie einem einsamen alten Mann gerne eine Freude machen wollte. Im Café wechselte er sofort das Thema und sprach über Sex. Er fragte sie über ihr Sexualleben aus und beschrieb detailliert die sexuellen Praktiken, die er mit seiner vorherigen jugendlichen Geliebten ausgeführt hatte. Das Mädchen war verlegen, fühlte sich sehr unbehaglich und mißbraucht, konnte aber nicht reagieren. Die Unterhaltung, d.h. der Monolog des alten Mannes über Sex, nahm immer unangenehmere Formen an. Unter dem Tisch legte der Mann seine Hand auf das Knie des Mädchens und bot ihr Geld an, wenn sie ihm 'einen blasen' würde. Sie lehnte zwar passiv ab, war aber nicht fähig, sich aus der Situation zu entfernen oder ihm zu sagen, er solle seine Hand von ihrem Bein nehmen. Schließlich verließen beide das Café, und sie eilte davon.

Während das Mädchen diese Szene beschrieb, war ihre Körperhaltung geduckt. Sie wirkte unruhig und konnte mir kaum in die Augen schauen. Sie erzählte, wie sie während der ganzen Zeit im Café versucht hatte, die Aufmerksamkeit eines Mannes am Nachbartisch auf sich zu ziehen. Sie hoffte, daß er eingreifen und sie 'retten' würde. Als ich sie fragte, was sie von ihm erwartete, stand sie abrupt auf und sagte mit lauter, entrüsteter Stimme: »*Er hätte dem Mann sagen können, daß er ein widerliches Schwein ist, daß er mich in Ruhe lassen, seine ekelhaften Hände von mir nehmen und verschwinden soll!*« *Die Veränderung war erstaunlich! In dem Moment, in dem sie die Rolle des männlichen Retters spielte, hatte sie keine Probleme, die Initiative zu ergreifen, stark und laut zu sein. Von Männern erwartete sie Stärke und Kompetenz.*

Uns fehlen nicht die Fähigkeiten, uns zu verteidigen, wir erwarten schlicht und einfach nicht, daß Mädchen und Frauen stark sind. Es ist ganz offensichtlich, daß Rollenerwartungen unser Verhalten beeinflussen. Wir wissen, daß Männer laut und fordernd sein können, es gibt dafür Tausende von Beispielen in unserem täglichen Leben. Leider fehlen uns weitgehend die Vorbilder dafür, wie eine starke Frau reagieren könnte.

Wir müssen für uns und andere Frauen positive Vorbilder schaffen und Frauen unterstützen, die das Risiko eingehen, stark zu sein.

Die Angst, verletzt zu werden

Wie stark wir körperlichen Schmerz empfinden hängt wesentlich von den Umständen ab, unter denen wir ihn erfahren. Denken wir einen Moment darüber nach, wie Kinder reagieren, wenn sie sich verletzt haben. Ein Kind rennt auf dem Spielplatz umher, stürzt und schürft sich die Knie auf. Als erstes wird sich das Kind umschauen, ob jemand in der Nähe ist (am besten ein Elternteil), der es trösten kann. Erst wenn es wahrnimmt, daß es beobachtet wird, fängt es an zu weinen. Wäre niemand in der Nähe gewesen, wäre es aufgestanden, hätte sich die Knie abgewischt und weitergespielt. Der Schmerz wäre sofort vergessen.

So ähnlich verhält es sich, wenn ein Mann mit der Faust zum Schlag ausholt und sein Opfer sich bereits vorher aus Angst duckt. Die Frau hat bereits vorher die potentielle Kraft seiner Gewalt gespürt, und er muß gar nicht mehr wirklich zuschlagen. Wenn wir auf Androhungen von Gewalt passiv reagieren, sind wir sehr leicht einzuschätzen. Wenn wir Angst haben, von dem Angreifer geschlagen oder verletzt zu werden, und davon überzeugt sind, daß wir nicht einen einzigen Schlag einstecken können, dann werden wir uns mit Sicherheit nicht wehren. Der Angreifer kann so seinen Plan ungehindert durchführen, uns verletzen, vergewaltigen oder töten. Wenn sich aber eine Frau weigert, weiterhin in der Opferrolle zu verharren, und in der Lage ist, zu schreien und zuzuschlagen, wird sie die Schläge, die sie möglicherweise abbekommt, völlig anders erleben. Denn wenn wir wütend und aufgebracht sind, produziert unser Körper vermehrt das Hormon Adrenalin, das schmerzbetäubend wirkt.

Die meisten Frauen, die Schläge einstecken mußten, haben diese Gewalt in der Rolle des hilflosen Opfers erlebt. Jungen und Männer erleben Macht, ihre eigene Kraft und Körperkontakt oft auch in neutraler Umgebung, bei Spiel und Sport, wo sie ein Gefühl für ihre eigene Leistungsfähigkeit, ihre Stärke und die Zähigkeit ihres Körpers bekommen können.

Leider machen Mädchen und Frauen selten Erfahrungen mit Spielen, in denen sie auch kämpfen lernen, eine gewisse Abhärtung erfahren und Grenzen austesten. Mädchen werden von Aktivitäten wie Ringen, Boxen, Kampfkunst, 'Kriegsspielen', Räuber und Gendarm usw. ferngehalten. Wenn wir unsere Energien überhaupt ausschöpfen dürfen, dann als Tänzerinnen, Funkenmariechen, Krankenschwestern und dergleichen.

Ein Angreifer wird uns ganz sicher verletzen, wenn wir nicht mit aller Kraft und Entschiedenheit kämpfen. Wir können ihn nur durch unsere energische und wütende Verteidigung aufhalten. Wenn wir jedoch Angst davor haben, daß er uns bei Gegenwehr noch härter schlägt, werden wir erst gar nicht kämpfen oder es nur halbherzig versuchen – ein Versuch, der zum Scheitern verurteilt ist. Wir müssen unsere ganze Energie darauf konzentrieren, den Angreifer zu verletzen und aufzuhalten. Er muß Angst um seine eigene Unversehrtheit bekommen und die Wahl seines 'Opfers' überdenken.

Die Angst, den Angreifer zu verletzen

Frauen und Mädchen werden dazu erzogen, stets Rücksicht auf andere zu nehmen. Diese Rücksichtnahme, die wir anderen gegenüber zeigen, ist nur dann bewundernswert, wenn wir dabei unsere eigenen Bedürfnisse nicht unterdrücken. In Situationen, in denen wir belästigt und gedemütigt werden, müssen wir Respekt einfordern und unsere seelische wie auch körperliche Unversehrtheit bewahren. In einer Situation, in der wir uns verteidigen müssen, ist jede Rücksichtnahme auf den Angreifer unangebracht.

Es gibt keine magischen Knöpfe, die wir drücken können, um den Angreifer außer Gefecht zu setzen, ohne ihn zu verletzen. Bevor wir in eine Situation geraten, in der wir um unser Leben kämpfen müssen, sollten wir versuchen, die uns anerzogene Rücksichtnahme gegenüber

allen außer uns selbst abzulegen, und uns klar machen, daß wir einen
Angreifer gegebenenfalls schwer verletzen werden.

*Fatimah, eine deutsche Frau türkischer Herkunft, war mit ihren
Freunden abends ausgegangen. Wieder zu Hause angekommen,
parkte sie ihr Auto im Hinterhof ihres Hauses. Als sie gerade aus
ihrem Auto stieg, wurde sie plötzlich von einem Mann gepackt, der sie
dann zu vergewaltigen versuchte. Fatimah reagierte sofort und schlug
dem Angreifer mit voller Wucht ins Gesicht. Er war völlig verblüfft
und ließ benommen ihren Arm los, um sich an seine schmerzende
Nase zu fassen. Fatimah hatte weder damit gerechnet, angegriffen zu
werden, noch damit, selbst so schnell zu reagieren. Sie war verblüfft
und schockiert über die Heftigkeit ihrer Gegenwehr und wehrte sich
daraufhin nicht weiter, um sicherzugehen, daß der Angreifer nicht
verletzt war. Das gab dem Mann Zeit, seine anfängliche Überraschung zu überwinden, um erneut gegen sie vorzugehen. Im Gegensatz zu ihr hatte er keine Skrupel, sein Opfer zu verletzen, und begann
heftig auf sie einzuschlagen. Obwohl Fatimah nicht mehr fähig war,
sich zur Wehr zu setzen, nahm sie allen Mut zusammen, schrie unun-
terbrochen und hielt ihre Hände als Schutz vor ihren Körper. Da der
Angreifer sie nicht zum Schweigen bringen konnte und Angst hatte,
ihre Schreie könnten Aufmerksamkeit erregen, wurde er nervös und
lief fort. Fatimah rettete sich durch Schreie und verhinderte so eine
Vergewaltigung.*

Dieses Beispiel zeigt, wie wichtig es ist, daß wir uns nicht nur körperlich, sondern auch geistig auf die Verteidigungssituation vorbereiten.
Auch wenn Fatimahs erste Reaktion angemessen und stark war, war
sie nicht darauf vorbereitet, einen Menschen zu verletzen, selbst wenn
dieser Mensch *sie* verletzen wollte. Wir müssen uns darauf einstellen,
keine Rücksicht auf das Wohlbefinden des Angreifers zu nehmen.

Da Männer ihre Angriffe gegen Frauen und Mädchen planen, müssen
auch wir einen Plan haben, um uns gegen ihre Gewalt wehren zu können. Es ist ganz wichtig, daß wir uns auf einen Gedanken konzentrieren: »Ich werde leben, ich komme heil aus dieser Situation heraus!«
Wir dürfen dem Angreifer keine Chance lassen, sich von der Überraschung über unsere Gegenwehr zu erholen. Erst wenn wir in Sicherheit

sind, können wir aufhören zu kämpfen und haben wieder Raum für andere Gefühle und Gedanken. Wenn die Gefahr vorüber ist, ist es nur allzu verständlich, daß wir zittern, weinen oder wütend darüber sind, daß wir gezwungen wurden, jemanden zu verletzen. Wir können uns aber auch stark fühlen, weil wir der Gewalt aktiv etwas entgegengesetzt haben.

Wenn wir uns mit unserer Fähigkeit und unserem Willen, einen Angreifer zu verletzen, beschäftigen, müssen wir immer daran denken, daß es ausschließlich um Verteidigung geht. Stechen wir seine Augen aus, denken wir oft an unsere eigenen Augen und schrecken davor zurück. Wir haben unsere Opferrolle so stark verinnerlicht, daß wir dazu neigen, die Gewalt gegen uns zu richten, anstatt zu begreifen, daß wir Gewalt auch zu unserer Verteidigung einsetzen können.

Wenn ich zum Beispiel bei Vorführungen mit einer Schülerin eine Kampfübung zeige und mehrmals ihren Körper treffe, fangen fast alle Zuschauerinnen an, zu stöhnen und zu seufzen. Da sie sich sofort mit der Rolle des 'Opfers' identifizieren, spüren sie jeden Treffer wie am eigenen Leib. Noch nie konnte ich beobachten, daß eine Frau oder ein Mädchen sich in meine Rolle hineinversetzte. Selbst wenn die Person, die 'aktiv' ist und den Kampf kontrolliert, eine Frau ist, identifizieren wir uns sofort mit dem Opfer. Wenn kleine Jungen bei diesen Vorführungen anwesend sind, identifizieren sie sich immer mit mir, der Frau, die schlägt und tritt.

Gewalt von Männern sind wir gewohnt und sehen sie als 'normal' an. Wir sind so gut als Opfer trainiert, daß wir, wenn Frauen sich berechtigterweise verteidigen, indem sie dem Täter z.B. die Augen ausdrücken oder die Finger brechen, dies brutal und schrecklich finden. Wir suchen uns nicht willkürlich Männer heraus, um ihnen die Augen auszudrücken. Wir müssen uns aber innerlich darauf vorbereiten, dies zu tun, wenn uns ein Angreifer mit beiden Händen erwürgen will und unser Leben bedroht ist.

Wir werden nicht zu gewalttätigen Menschen, wenn wir gezwungen werden, einen Angreifer zu verletzen. Greift ein Mann mich an und ich muß ihn bei meiner Verteidigung verletzten, ist dies so, als ob er seine Augen selbst ausdrückt oder sich selbst auf die Nase schlägt. Muß ich ihn töten, hat er Selbstmord begangen, als er mich angriff. Unter normalen Umständen würde ich niemandem etwas zuleide tun, und Männer, die nicht gewalttätig sind, brauchen sich nicht vor mir zu fürchten.

Wir müssen aufhören, die Gewalt von Männern als normale Gegebenheit anzusehen, und anfangen, unsere Gegenreaktion als gerechtfertigt und selbstverständlich anzusehen. Natürlich werden wir uns verteidigen!

Die Angst vor der eigenen Wut

Frauen, die Gewalt und Mißbrauch erlebt haben, lenken sehr häufig den Zorn und die Wut, die sie dem Angreifer gegenüber verspüren, gegen sich selbst oder versuchen verzweifelt, sich von ihren Gefühlen und ihrem Zorn zu distanzieren. Wir versuchen, unsere Gedanken und Gefühle ständig streng unter Kontrolle zu halten. Drogen- oder Alkoholmißbrauch, Eßstörungen und der Versuch, möglichst 'perfekt' zu sein, sind oft die Folgen davon. Wir haben Angst, daß wir, sollten wir uns erlauben, etwas zu fühlen oder die Kontrolle auch nur kurz aufzugeben, eine mörderische Wut verspüren, die wir nicht mehr in den Griff bekommen.

Aus Angst, die Kontrolle zu verlieren, sind viele Frauen nicht fähig, jemanden anzuschreien, eine Faust zu ballen, zu treten oder aggressiv zu werden. Unverarbeitete Gefühle wie Hilflosigkeit, Angst, verletztes Vertrauen und angestaute Wut sind nicht nur ein Hindernis für eine wirkungsvolle Verteidigung, sondern beeinträchtigen auch wesentlich unsere Lebensqualität. Beispielsweise werden Frauen und Mädchen, die sexuell mißbraucht oder vergewaltigt worden sind, häufig erneut zu Opfern, bis sie die nötige Hilfe bekommen, um aus diesem Muster auszubrechen.[1] Wenn wir in der Stimme des Angreifers den befehlenden Ton unseres mißbrauchenden Vaters hören, kann es passieren, daß wir wieder zu dem kleinen Kind werden, das nicht fähig war, sich zu verteidigen. In einigen Fällen landen Gewaltopfer auch in gewalttätigen Beziehungen, werden Prostituierte oder arbeiten in der Pornoindustrie.

Ein Selbstverteidigungskurs, in dem wir lernen, aus unserer Wut Stärke zu entwickeln, kann die Aufarbeitungs- und Genesungsprozesse unterstützen, aber nicht ersetzen. Frauennotrufzentralen und Beratungszentren bieten Selbsthilfegruppen für Frauen an, in denen wir in einer unterstützenden Atmosphäre in Berührung mit unserem Schmerz und unserem Leid kommen können, unsere Wut spüren und sie in angemessener Form gegen die verantwortlichen Männer richten lernen.

Gesetzliche Hindernisse

Viele Frauen sagen, sie hätten Hemmungen, sich zu verteidigen, vor allem dann, wenn sie den Angreifer schwer verletzten, weil dies gesetzliche Konsequenzen haben könnte. Bedenken wegen rechtlicher Konsequenzen, die eine Verteidigung möglicherweise haben könnte, sind oft unbewußte Versuche, weiterhin in der Rolle des Opfers zu bleiben. Auch wenn die Opferrolle nicht gerade befriedigend ist, so ist sie uns zumindest vertraut. Der Gedanke, die Verantwortung für unser Leben in die eigenen Hände zu nehmen, ist für viele Frauen unbekannt und bedrohlich. Wir müssen unsere Ängste davor, unser Schicksal selbst zu bestimmen, überwinden und erkennen, wie sehr sich unsere Lebensqualität dadurch erhöht.

Per Gesetz haben Frauen und Mädchen das Recht, so viel Gegenwehr einzusetzen, wie notwendig ist, um einen Angriff abzuwehren. Das patriarchale Rechtssystem schützt Frauen nicht ausreichend, vor allem dann nicht, wenn uns der Angreifer bekannt ist oder wenn wir gezwungen waren, ihn zu töten. Doch kein Rechtssystem sollte uns davon abhalten, uns in einer lebensbedrohlichen Situation zu wehren. Den Angreifer interessiert es schließlich nicht im geringsten, ob er für seine Tat hinter Gitter kommen könnte. Bei Selbstverteidigungslehrerinnen aus den Vereinigten Staaten gibt es ein geflügeltes Wort: »Es ist besser, von zwölf Geschworenen verurteilt zu werden, als von sechs Sargträgern zu Grabe getragen zu werden.«

Negative Phantasien

Was ist, wenn du von einer Gruppe bewaffneter Schläger umringt bist? Was ist, wenn du im Schlaf angegriffen wirst und mit einem Messer an deiner Kehle aufwachst? Was ist, wenn sich eine bewaffnete Gruppe Skinheads auf dich stürzt? Was ist, wenn dir jemand heimlich Drogen verabreicht hat und du in Handschellen in einem verlassenen Keller aufwachst? ...

Viele Frauen stellen sich oft die schrecklichsten Situationen vor, aus denen keine, und sei sie noch so geübt und erfahren, jemals entkommen könnte. Die Visualisierung solcher Extremsituationen hindern sie letztendlich daran, die einfachsten Selbstverteidigungsstratagien zu entwickeln.

Selbstverteidigung muß, genauso wie z.B. Autofahren, erlernt werden. Stellen wir uns einmal vor, daß wir am ersten Tag in der Fahrschule fragen würden: Was ist, wenn die Bremsen versagen, während du im Winter einen Hügel herunterfährst und die Straßen völlig vereist sind? Was ist, wenn du eine Einbahnstraße entlang fährst, dir ein Lkw entgegen kommt und du keine Möglichkeit hast, nach links oder rechts auszuweichen? Was ist, wenn du auf der mittleren Spur der Autobahn bist und plötzlich zwei riesige LKWs versuchen, von beiden Seiten auf deine Spur zu wechseln?

Wenn wir uns von Anfang an durch Horrorvisionen von solch derartig selten eintretenden Situationen selbst einschüchtern, werden wir uns nie wieder in ein Auto setzen oder überhaupt auf die Straße wagen.

Das gesellschaftliche Frauenbild überwinden:

Wir werden unsere eigenen Vorbilder

Frauen in den Medien

In den Medien hat Gewalt, und besonders sexualisierte Gewalt, Hochkonjunktur. Wenn Frauen entführt, vergewaltigt oder getötet werden, wird darüber in fettgedruckten Schlagzeilen in der Presse berichtet. Regelmäßig kommen ReporterInnen in meine Selbstverteidigungs- und Kampfkunstschule, um mit 'echten' Vergewaltigungsopfern zu sprechen – ebenso regelmäßig werden sie weggeschickt.

Frauen werden in den Medien fast nur als leidende Opfer dargestellt. Durch den massiven Einfluß der Medien werden wir immer wieder darin bestärkt, uns auch als hilflose Opfer zu fühlen, und davon abgehalten, wütend zu werden und unsere Rechte einzufordern. Vergewaltigung, Folter und Verstümmelung von Frauen werden uns regelmäßig als 'Unterhaltung' serviert. Heutzutage sind Filme ohne Verfolgungs-, Vergewaltigungs- oder Mordszenen die Ausnahme. Gewalt und Sexualität werden miteinander verknüpft, so daß die Folterung von Frauen und unsere Todesangst – nicht nur in der gewalttätigen Pornographie, sondern auch im täglichen Fernsehprogramm – eine erotische Komponente erhält.

1993 boten ARD und ZDF ihren ZuschauerInnen ein Fernsehereignis ganz besonderer Art: Auf beiden Kanälen wurde gleichzeitig ein und dieselbe Kriminalgeschichte ausgestrahlt. Auf dem einen Kanal aus der Sicht des Opfers, auf dem anderen aus der Sicht des Mörders. Im Kern ging es in dem Film um die Produktion von Videos über die Folter und Ermordung von Frauen, was im Detail dargestellt wurde.

Die permanente Darstellung sexueller Gewalt und Verstümmelung führt zu einer sozialen Desensibilisierung oder auch Verrohung. Wir sind inzwischen schon so konditioniert, daß wir nicht einmal mehr reagieren, wenn wir sehen, wie Frauen verletzt, gefoltert und getötet werden. Wir müssen wieder lernen, die Botschaften über Frauen und Männer, die uns als 'Unterhaltung' dargeboten werden, bewußt zu *sehen* und unsere Wut und Ablehnung zu spüren.

Wir sind so daran gewöhnt, Frauen hilflos zu sehen, daß wir uns nicht einmal mehr wundern, wenn Frauen in Filmen immer wieder auf dieselbe Rolle reduziert werden. Sie sind schön, verängstigt, schnappen nach Luft, kreischen oder ringen verzweifelt die Hände. Wenn wir uns solch ein Verhalten bei einem Mann vorstellen, wird deutlich, wie absurd diese Rollen und damit die Frauenrolle ist.

Selbst in den wenigen Szenen, in denen sich eine Frau verteidigt, ist es völlig gleichgültig, wie oft sie dem Angreifer eine Flasche über den Kopf schlägt, ihm siedendes Öl übergießt, Insektenvertilgungsmittel in die Augen sprüht oder ihm in den Unterleib tritt, er steht immer wieder auf. Unabhängig davon, wie heldinnenhaft sie sich verteidigt, irgendwie schafft es der Angreifer immer wieder, die Oberhand zu gewinnen, und die Frau muß letztendlich doch wieder von einem Mann gerettet werden.

Verteidigt sich eine Frau und verhindert eine Vergewaltigung oder rettet ihr Leben, wird das in den Medien selten berichtet, obwohl dies tagtäglich geschieht. Selbst wenn in der Zeitung über 'Erfolgsgeschichten' berichtet wird, erwecken die Schlagzeilen den Eindruck, daß wieder einmal eine Frau Opfer eines Angriffs oder einer Vergewaltigung wurde. Selten, wenn überhaupt, wird berichtet, daß sie sich wehrte und entkommen konnte. Einige Beispiele:

Schlagzeile	*Realität*
Frau mit einem Messer bedroht	Sie wehrte sich, trat den Mann in den Unterleib und flüchtete.
Elfjährige belästigt	Die Überfallene hat sich mit einem Ast zur Wehr gesetzt, so daß der mit einem Messer bewaffnete Unbekannte schließlich in Richtung Innenstadt flüchten mußte.

Flasche auf den Kopf:
Frau auf Autobahn überfallen

Geistesgegenwärtig griff die junge Über-
fallene nach einer Weinflasche, die auf
dem Rücksitz lag, und schlug sie dem
mit einem Messer bewaffneten Unbekannten mit voller Wucht auf den Kopf.
Der Mann prallte gegen die Beifahrertür. Die Frau öffnete die Tür und beför-
derte den Mann mit einem Tritt auf die
Fahrbahn.

Die Schlagzeilen und der Grundtenor der Artikel suggerieren, daß die
Frau immer in der Opferposition ist, auch wenn sie aktiv geworden ist
und sich gewehrt hat. Würden die Zeitungen in ihren Schlagzeilen die
Wahrheit schreiben, z.B.: »Frau tritt einem bewaffneten Angreifer in
den Unterleib und rettet sich« oder:»Mädchen verjagt einen Vergewaltiger mit einem Ast«, hätten wir ein ganz anderes Bild von Frauen
und unseren Fähigkeiten.

Da wir im Unterbewußtsein lauter schreckliche Bilder von Frauen als
Opfer haben, müssen wir uns bewußt neue Bilder schaffen, um die
alten zu ersetzen. Dafür reicht es nicht aus, unserer Sozialisation kri-
tisch gegenüberzustehen. Wir müssen unsere Kritik in die Tat umsetzen und unsere Vorstellungskraft trainieren, so daß wir uns auch in
gefährlichen Situationen als die kompetenten, gefaßten und kühl handelnden Frauen sehen können, die wir sind. Diese Bilder müssen für
uns wirklich werden, denn nur wenn wir an unseren Erfolg glauben,
können wir uns wehren.

Hiermit kommen wir zum wichtigsten Element der Selbstverteidigung: Unsere geistige Einstellung – eine Einstellung, die erlernt und
geübt werden kann. Die körperlichen Selbstverteidigungstechniken
sind weder kompliziert noch gehören sie zu einem Geheimwissen:
Jede Frau weiß, daß Augen ausgedrückt werden können oder daß die
männlichen Genitalien sehr schmerzempfindlich sind. Wesentlich ist,
daß wir uns *erlauben*, dieses Wissen anzuwenden. Körperliches
Training nützt sehr wenig, wenn wir in unserer Vorstellung weiterhin
hilflose Opfer bleiben.

Durch die Medien erfahren wir eine Gehirnwäsche, die uns unsere Position als Opfer in dieser Gesellschaft immer wieder verdeutlicht und uns darin gefangenhält. Wäre die Rollenverteilung von Frauen und Männern in den Medien umgekehrt, könnten Frauen auf Selbstverteidigungskurse verzichten. Wir wären von unseren Fähigkeiten und unserer Unbesiegbarkeit völlig überzeugt. Leider ist es noch nicht soweit: Das Bild der kompetenten, durchsetzungsfähigen 'Durchschnittsfrau', die bereit ist, sich jederzeit zu verteidigen, gibt es nicht.

Eigene Vorbilder schaffen

Da uns die Medien nur wenige Vorbilder zur Verfügung stellen, müssen wir unsere eigenen schaffen.

Ein Versuch in diese Richtung wurde mit dem Buch *Schlagfertige Frauen*[1], einer Sammlung von Geschichten über Frauen, die sich in Situationen, in denen sie belästigt oder angegriffen wurden, zur Wehr setzten, unternommen. Das Spektrum ist weit gefächert und reicht von gewöhnlicher Belästigung auf der Straße bis hin zu versuchter Vergewaltigung und Mord. In jeder einzelnen Situation kämpften die Frauen und überlebten, weil sie handelten.

Es ist erstaunlich, wie direkt wir handeln können, wenn wir keine Zeit haben, nachzudenken oder uns an unsere 'gute' Erziehung zu erinnern. In einer lebensbedrohlichen Situation schüttet unser Körper große Mengen Adrenalin aus, wodurch wir unglaubliche Kräfte entwickeln können und zudem schmerzunempfindlich sind. Immer wieder wird von Frauen erzählt, die in einer gefährlichen Situation einfach handelten, u.a. weil ihr Adrenalinspiegel plötzlich stark angestiegen war. Hierzu einige Beispiele aus meinen Kursen:

Als eine Afro-Amerikanerin sah, wie ein Auto beinahe ihr Kind überfuhr, reagierte sie blitzschnell und hob mit der einen Hand das Auto an, während sie mit der anderen ihr Kind darunter hervorzog. Hätte sie sich jemals überlegt, ob sie ein Auto hochheben könne, wäre sie zu dieser schnellen Reaktion nie fähig gewesen.

Eine völlig untrainierte fünfundvierzigjährige weiße deutsche Sekre-
tärin stand in einer Telefonzelle, als ein betrunkener Autofahrer auf
sie zusteuerte. Mit einem riesigen Satz sprang sie ins Freie und
landete fünf Meter weiter auf einem Rasen, während der Fahrer mit
seinem Auto direkt in die Telefonzelle fuhr. Sie war nie eine gute Sprin-
gerin gewesen. Weder davor noch danach war sie in der Lage, auch
nur ein Drittel dieser Strecke zu springen.

Eine weiße, untrainierte Amerikanerin wurde von einem Mann mit
einem Gewehr in der Hand verfolgt. Sie entkam, indem sie leichtfüßig
über eine dreieinhalb Meter hohe Mauer sprang. Am nächsten Tag
gelang es ihr nicht einmal, mit ihren Händen das Ende der Mauer zu
erreichen.

In dem Moment, in dem wir unseren Verstand ausschalten und in
völliger Harmonie mit Körper und Geist handeln, besitzen wir
unglaubliche Kräfte. Wenn z.B. geisteskranke Frauen oder Frauen,
die unter Drogen stehen, 'ausflippen', können sie so stark sein, daß
sechs kräftige PflegerInnen kaum ausreichen, um sie wieder unter
Kontrolle zu bringen. Solche Energien stecken in jeder von uns, wir
müssen nur lernen, sie bewußt herauszulassen. Wenn unser Bewußtsein darauf programmiert ist, daß wir uns wehren wollen, wird unser
Körper entsprechend reagieren: Laß deinen natürlichen Überlebens-
instinkt die Initiative ergreifen! Wenn wir verschiedene Szenarien
immer wieder in unseren Gedanken durchspielen, werden wir irgendwann völlig automatisch reagieren: schreien, kämpfen oder wegrennen.

Ein anderes Bewußtsein will geübt sein. Jedesmal, wenn du in eine
unangenehme oder bedrohliche Situation gerätst, und jedesmal, wenn
du einen Zeitungsartikel liest oder einen Film siehst, in dem eine Frau
verfolgt, belästigt, bedroht, angegriffen, vergewaltigt oder getötet
wird, mache folgende Übung:

Schüttle deine Angst ab. Atme tief in dein Zentrum, und spüre deine
Wut. Atme aus, und fühle deine Entschlossenheit, dich zu verteidi-
gen. Stell dir die Angriffsszene deutlich vor: die Geräusche, die
Gerüche und deine Gefühle. Begib dich mit all deinen Sinnen und
Emotionen direkt in die Situation. Stelle dir vor, wie du in dieser

Situation bist: wachsam, aufmerksam, laut, aggressiv, entschlossen und resolut. Höre deinen Schrei, das Startsignal für das Ausbrechen deiner Wut, und den Adrenalinstoß, der deinem Körper ungeheure Kräfte verleiht. Jetzt drückst du dem Angreifer deine Finger direkt in die Augen und stößt ihm dein Knie in die Genitalien. Wenn er in sich zusammensackt, drehst du dich um und rennst solange, bis du an einem sicheren Ort bist.

Je öfter du diese Übung wiederholst, desto mehr werden sich deine Vorstellungen und Bilder im Kopf ändern und desto leichter kannst du dich als starke und leistungsfähige Frau sehen. Jedesmal, wenn du ahnst, daß Gefahr naht, versetze dich in die fürchterlichsten Situationen hinein, die du dir vorstellen kannst. Versuche dann aber, die dir bekannten, negativen Bilder durch positive, lebensbejahende zu ersetzen und der Geschichte ein anderes Ende zu geben. Anstatt dich hilflos in eine Ecke gezerrt zu sehen und dir deinen eigenen Tod vorzustellen, zwinge dich, deine Wut zu spüren, deine Angst zu überwinden, zu schreien, zu treten und dem Angreifer die Augen auszudrücken.

Wenn wir uns Bilder von Angriffssituationen ausmalen, begegnen wir unseren schlimmsten Ängsten und lernen, mit ihnen umzugehen. Wenn wir genau wissen, wie wir bei einem Angriff reagieren, verliert die Angst vor einem möglichen Angriff ihre Macht und Kontrolle über unser Leben. Ersetzen wir unsere Angst und Unsicherheit durch Vertrauen und Entschlossenheit, vermitteln wir unserer Umgebung ein Bild von Stärke und schrecken damit Angreifer ab, die nach einem 'Opfer' suchen, das sich leicht beherrschen läßt.

Hier aber noch ein Beispiel für eine Erfolgsgeschichte:

Eine Schwarze deutsche Frau lud abends Pakete aus dem Kofferraum ihres Fahrzeuges. Sie bemerkte einen Mann, der an der Ecke des Parkplatzes stand und sie beobachtete. Sie hatte sofort ein ungutes Gefühl, schaute aber weg, um nicht noch mehr Aufmerksamkeit zu erregen. Als er langsam auf sie zuging, zog sich ihr Magen zusammen. Sie fühlte sich bedroht, unterdrückte aber ihre Gefühle und suchte nach allen möglichen Gründen für sein Näherkommen, um sich den wahren Grund nicht eingestehen zu müssen. Vielleicht hatte er sich verlaufen und wollte sie nach dem Weg fragen. *Vielleicht wohnte ein Freund von ihm hier, und er wollte sie fragen, in welcher Wohnung er wohnte. Vielleicht stand ganz einfach sein Auto neben ihrem, und er wollte nach Hause fahren.* Er kam immer näher, und ihre warnenden Gefühle wurden immer stärker. Sie wußte, daß sie etwas unternehmen mußte, um von ihm nicht angegriffen zu werden. Sie nahm ihren ganzen Mut zusammen, wandte sich ihm zu, stellte sich aufrecht hin, hielt ihre Arme schützend vor sich und schrie so laut sie konnte: »Komm nicht näher! Hau ab! Mach, daß du weg kommst!« Er flüchtete. Die Frau rannte in ihr Wohnhaus. Sie zitterte am ganzen Körper, aber sie hatte sich gerettet.

Diese Frau hatte sich verteidigt. War der Angreifer ein Vergewaltiger? Oder gar ein Mörder? Sein hastiger Rückzug angesichts ihres Widerstandes war ein deutliches Zeichen für sein Vorhaben. Die einzige Möglichkeit festzustellen, was er wirklich wollte, wäre gewesen, sich nicht zu verteidigen und seinen Angriff abzuwarten. Sie wußte ganz sicher, daß ihr Handeln sie vor einem Angriff bewahrt hat, und war sehr stolz, sich in einer bedrohlichen Situation erfolgreich verteidigt zu haben.

Wenn eine Frau durch ihre sofortige Reaktion einen Angriff vereitelt, ist die Wahrscheinlichkeit, daß sie Anzeige erstattet, gering. Außer ihrem Gefühl hat sie keinen Beweis dafür, daß der Täter sie überhaupt angreifen wollte. Für die Polizei ist die Geschichte damit uninteressant, denn schließlich ist ja 'nichts' geschehen.

In Selbstverteidigungskursen erzählen Frauen viele mutige Erfolgsgeschichten. Der Wagemut und die Entschlossenheit der Frauen, die sich verteidigen, geben auch anderen Frauen Kraft, aus ihrer Opferrolle auszubrechen.

Angriffssituationen

Die Test-Phase

Forschungsergebnisse zur Selbstverteidigung zeigen, daß Männer ihre Gewalt gegen Frauen und Mädchen planen. Völlig unabhängig davon, ob es sich um sexuelle Belästigung, um Inzest, Vergewaltigung bei einer Verabredung oder um Vergewaltigung durch einen Unbekannten handelt: Der Täter plant jedes Detail seines Angriffes und weiß im voraus, was er seinem Opfer antun wird. Alles, was der Angreifer sagt oder tut, wie er sich der als Opfer ausgesuchten Frau nähert, wo er sie hinbringt, zielt bewußt darauf ab, sie seiner Macht zu unterwerfen. Da das Ziel des Vergewaltigers ist, sein Opfer zu beherrschen und zu kontrollieren, sucht er sich Frauen und Mädchen aus, von denen er keinen Widerstand erwartet. Es ist aber wichtig zu wissen, daß es keinen bestimmten 'Opfertypus' gibt: Jede Frau erfährt in ihrem Leben bestimmte Formen (sexueller) Gewalt. Es ist nicht ausschlaggebend, wie eine Frau auf das Verhalten des Angreifers reagiert – sie ist in keinster Weise für seine Gewalt verantwortlich.

Um sicherzugehen, daß Frauen sich unterwerfen, 'testet' der Vergewaltiger seine Opfer und beobachtet ihre Reaktion. Dieser Test kann sexuelle Belästigungen, frauenfeindliche oder rassistische Bemerkungen, Angrapschen, Verfolgung oder das Überschreiten bestimmter räumlicher Grenzen beinhalten. Wenn wir nicht fähig sind, schon kleineren Grenzüberschreitungen ein Ende zu setzten, kann der Vergewaltiger ziemlich sicher sein, daß wir uns auch dann nicht wehren werden, wenn er das Maß seiner Gewalt steigert. Wenn wir das aggressive Verhalten eines Mannes ignorieren, überlassen wir ihm die Kontrolle über die Situation.

Wir wissen nie genau, ob Belästigung, Einschüchterung, Anfassen oder die Verletzung unserer räumlichen Grenzen nur als Test gemeint sind oder ob sie den Auftakt für weitere Gewalt bilden. Untersuchungen über verurteilte Vergewaltiger zeigen jedoch, daß jeder Vergewaltigung und jedem Mord mehrere Angriffe vorausgingen. Einige Vergewaltiger und Mörder berichten, daß sie an dem Tag ihres Verbrechens sehr wohl versucht haben, auch andere Frauen anzugreifen. Sie wurden in diesen Fällen jedoch durch abwehrende Körpersprache, eine rüde Antwort, eine lautstarke Szene oder die fehlende Bereitschaft, sich auf eine Unterhaltung einzulassen, von den Frauen abgehalten.[1]

Selten, wenn überhaupt, erhalten wir eine Bestätigung dafür, daß unsere entschlossene Abwehr uns vor weiterer Belästigung, einer Vergewaltigung oder sogar davor gerettet hat, getötet zu werden. Deshalb ist die Geschichte einer älteren weißen deutschen Frau so wichtig:

Sie lebte in einem großen Wohnblock, der mit guten Sicherheitsvorkehrungen ausgestattet war. Nach einem anstrengenden Arbeitstag kam sie nach Hause und schaute, bevor sie nach oben ging, unten in der Eingangshalle nach ihrer Post. Als sie ihren Briefkasten leerte, wurde sie von hinten am Oberarm gepackt. Sie dachte, daß es ein Nachbar sei, mit dem sie zuvor eine heftige Auseinandersetzung gehabt hatte. Sie riß sich los, drehte sich um und schrie voller Wut: »Nimm deine Hände weg! Wie kannst du es wagen, mich anzufassen!« Der Mann rannte sofort aus dem Gebäude. Die Frau war ziemlich verblüfft, daß der Angreifer nicht ihr Nachbar gewesen war, sondern ein Fremder. Da eigentlich 'nichts' passiert war, verdrängte sie die Geschichte. Als sie zwei Wochen später morgens die Zeitung durchblätterte, begegnete sie diesem Mann erneut – dieses Mal war er als Phantombild eines Vergewaltigers abgebildet, der gesucht wurde, weil er elf Frauen vergewaltigt hatte. Nur ihre sofortige Reaktion hatte sie vor einer brutalen Vergewaltigung bewahrt.

Belästigung als Opfertraining

Jeder belästigende Blick, jede Berührung, die wir nicht wollen, jede
Verletzung unserer räumlichen Grenzen, jede Herabsetzung und jede
Beleidigung erinnert Frauen und Mädchen daran, daß Männer uns
jederzeit vergewaltigen und töten können – und es auch tun.

*In einem Selbstverteidigungskurs beschrieb einmal eine fünfund-
dreißigjährige Teilnehmerin ihre Erfahrung als Teenager folgendermaßen: »Ich bin nie vergewaltigt worden oder so. Ich meine, eigentlich ist mir nichts passiert. Nur einmal, als ich fünfzehn war...
Eigentlich war es nichts Besonderes... Der Mann hat mich nicht
angegriffen oder so was. Es war nur, daß ich mich so geschämt habe
und so hilflos fühlte. Er hat mir nicht wirklich etwas getan, er hat
mich nur auf die Wange geküßt. Ich war wie versteinert. Es war so
demütigend, und ich wußte nicht, was ich tun oder wie ich reagieren
sollte. Ich konnte in der Situation einfach nichts tun. Ich fühlte mich
so hilflos und ohnmächtig. Aber eigentlich ist ja nichts passiert.«*

Der Mann hätte sie vergewaltigen, sie sogar umbringen können. Er
wußte es. Sie wußte es. Und doch hat er sie nur auf die Wange geküßt.
Zwanzig Jahre später zeigen ihre Körpersprache und ihre traurigen
Versuche, ihren Schmerz zu verdrängen, daß sie diese massive
Machtdemonstration bis heute nicht überwunden hat.

Die sexuelle Belästigung von Männern und unsere Unfähigkeit, mit
ihr umzugehen, belastet uns sehr. Wenn wir nicht fähig sind, der sub-
tilsten Form von Gewalt in ungefährlichen Situationen ein Ende zu
bereiten, ist es unwahrscheinlich, daß wir einem Angreifer in einer
lebensbedrohlichen Situation die Augen ausstechen oder ihm das
Knie in die Unterleib rammen. Jedes einzelne Vorkommnis nagt an
unserem Selbstwertgefühl, und wir empfinden uns als machtlos, unsere
Situation zu ändern.

In den meisten Situationen, in denen ein Mann eine Frau sexuell belästigt, besteht keine Gefahr, daß die Gewalt eskaliert, wenn die Frau
oder das Mädchen dem Verhalten des Mannes etwas entgegensetzt.
Wir müssen schließlich kaum mit Vergeltungsmaßnahmen rechnen,

wenn wir unseren Hintermann in der Schlange an der Kasse auffordern, Abstand zu halten. Je gefährlicher die Umstände, desto wichtiger ist es, daß wir entschieden auftreten und *dadurch* eine Eskalation
der Gewalt verhindern. Der Arbeitskollege, der nach Feierabend den
Büroeingang seiner Kollegin versperrt, hat vielleicht schon eine Vergewaltigung im Sinn und überprüft ihre Fähigkeit, sich zu veteidigen.
Da sexuelle Belästigung die Grundlage unserer Konditionierung als
Opfer darstellt, können wir an jedem einzelnen Vorfall unseren ent-
schiedenen Widerstand zeigen. Leider bieten sich uns allzuoft Ge-
legenheiten, Selbstbehauptungsübungen zu machen. Der Lohn für
unseren Widerstand ist auf jeden Fall ein positives Selbstwertgefühl.

Belästigung konfrontieren: Die Angst der Frauen

Auch wenn wir wissen, daß es unser Leben retten könnte, wenn wir
belästigendes Verhalten sofort entschieden zurückweisen, zögern
Frauen manchmal, Konfrontationstechniken zu erlernen und anzuwenden, weil sie nicht wissen, was das für Konsequenzen haben
könnte.

Ausreden

Frauen sagen häufig, daß sie von Belästigern völlig überrascht gewesen
seien und deshalb nicht reagiert hätten.
Hierzu ein paar Beispiele:

*Als ich auf dem Weg zur Arbeit meine Wohnung verließ, lungerte ein
Mann im Hauseingang herum und sagte: »Na Süße, wie wär's mit
einem Kuß?« Ich war so überrascht, daß ich nicht reagieren konnte.
Als ich auf der Straße um die Ecke ging, pfiff ein Mann aus einer kleinen Gasse. Ich schaute zu ihm hin und sah, daß er mir seinen Penis
zeigte! Ich war derart überrascht, daß ich nicht reagieren konnte. Ich
ging in die S-Bahn, und der Mann neben mir fing an, sein Knie an mir
zu reiben. Ich war so überrascht, daß ich nicht reagieren konnte. An
meinem Arbeitsplatz fing ein Mann im Fahrstuhl an, sich von hinten
an mir zu reiben. Ich war so überrascht, daß ich nicht reagieren*

konnte. Mein Chef kam ins Büro, nagelte mich praktisch an meinen Schreibtisch fest und streichelte meine Schultern, während er mir von den Berichten über das letzte Quartal erzählte. Ich war so überrascht, daß ich nicht reagieren konnte.

Wie lange wollen wir noch überrascht sein? Wenn wir ehrlich sind, überrascht es uns nicht, daß Männer uns belästigen. Es ist viel überraschender, wenn sie es nicht tun. Es ist nur eine Frage der Zeit, bis wir wieder belästigt werden – die sollten wir nutzen, um uns auf die nächste Situation vorzubereiten, in der wir dann angemessen reagieren können.

Manche Frauen meinen auch, daß sie auf das niedrige Niveau der Männer herabsinken würden, wenn sie in irgendeiner Form auf ihre Belästigungen reagierten. Wenn wir dem aggressiven Verhalten von Männern etwas entgegensetzen, üben wir Kritik daran, übernehmen es aber keinesfalls. Unser Verhalten ist, im Gegensatz zu dem des belästigenden Mannes, sowohl moralisch als auch rechtlich gesehen, vollkommen gerechtfertigt.

Viele Frauen sagen, daß sie sich bewußt dazu entschieden haben, das Verhalten eines Belästigers zu ignorieren. Nicht zu reagieren ist aber nur dann eine freie Entscheidung, wenn wir uns auch entscheiden könnten, zu reagieren. Wenn wir aber einmal die Fähigkeit erlangt haben, uns verbal und körperlich zu wehren, werden wir Gewalt nicht länger stillschweigend hinnehmen.

Manchmal sagen Frauen, daß es sie zuviel Energie koste, wenn sie sich den Männern widersetzten. Auch wenn uns die Konfrontation immer Energie kostet, so ist sie doch im Vergleich zu der Energie, die wir vergeuden, wenn wir dem Belästiger nichts entgegensetzen, ziemlich gering. Wenn wir die Versuche, uns zu unterdrücken und zu erniedrigen, 'ignorieren', zahlen wir mit dem Verlust unserer Selbstachtung einen hohen Preis.

Unsere Grenzen

Unser persönlicher Raum

Viele Angriffssituationen beginnen mit einer Grenzüberschreitung oder einer Verletzung unserer körperlichen und psychischen Grenzen. Es können auch Verletzungen sein, die nicht unbedingt lebensbedrohlich sind, aber dennoch zu einem Klima beitragen, in dem die Menschen abgewertet und diskriminiert werden. Wenn wir solche Verletzungen abwehren wollen, müssen wir sehr genau wissen, was es eigentlich bedeutet, wenn unsere Grenzen oder unser 'persönlicher Raum' verletzt wird. Der Begriff 'persönlicher Raum' beinhaltet nicht nur Sicherheitsabstand gegenüber einem Angreifer, sondern auch persönliches Wohlbefinden, Sicherheit und das Recht, sich frei bewegen zu können. Jede Form von direkter oder indirekter Belästigung stellt eine Verletzung unseres persönlichen Raumes dar, und dies gilt auch, wenn wir ignoriert oder ausgeschlossen werden.
Einige Beispiele, die das verdeutlichen:

- Im Warteraum eines Amtsgebäudes sitzen eine Frau und zwei Männer. Die Männer beginnen lautstark, rassistische Bemerkungen zu äußern.

- Der Chef eines Unternehmens sagt seinen Mitarbeiterinnen, daß alle zur Weihnachtsfeier gerne ihre Ehemänner oder Freunde mitbringen dürfen.

- Auf einer Party verwickelt ein Mann eine Frau, die er gerade erst kennengelernt hat, in ein Gespräch. Er kommt ihr viel zu nahe, drängt sie gegen die Wand und blockiert demonstrativ mit seinem Arm ihren Weg.

• An einer belebten S-Bahn-Station wartet eine Frau. Ein Mann kommt auf sie zu und sagt: »Warum schaust du so finster? Es ist ein wunderschöner Tag heute! Wie wäre es mit einem Lächeln?«

• Auf einem Fest wird eine Frau von einem Bekannten gefragt, ob sie mit ihm tanzen möchte. Als die Musik langsamer wird, zieht er sie an sich und reibt sein Becken an ihr.

• Nachdem eine Frau einige Unterlagen kopiert hat, packt sie ihre Papiere zusammen und will den Raum verlassen. Ein Kollege steht im Türrahmen und blockiert mit einem Bein ihren Weg.

• Eine Frau sitzt im leeren Wartezimmer einer Arztpraxis. Ein Mann kommt herein und setzt sich neben sie.

• Während der Zahnarzt seiner Patientin erklärt, wie er ihr den Zahn ziehen will, legt er seine Hand auf ihren Arm.

• In der U-Bahn sitzt ein Mann einer Frau gegenüber. Er fragt sie, was sie da lese, und fängt an, über seine Lieblingsbücher zu erzählen.

• Ein Vorgesetzter kommt von hinten an den Tisch der Sekretärin heran, und während er ihr erklärt, welche Absätze neu geschrieben werden müssen, beugt er sich dicht über sie.

• Eine Frau wartet alleine an einer leeren U-Bahn-Station. Ein Mann kommt direkt auf sie zu.

• Ein großes Frauenkonzert soll in einem Gebäude stattfinden, das nicht für RollstuhlfahrerInnen zugänglich ist.

• Im Büro hängt ein Kollege ein Pin-up-Girl an die Wand.

Welche dieser Situationen würdest du als eine Verletzung deines persönlichen Raumes betrachten?
In welcher dieser Situationen wäre es dir wichtig zu reagieren?
Wie würdest du reagieren?

Würdest du einem Mann sagen, daß er gehen soll, oder würdest
du deinen Raum aufgeben?
Würdest du sein Verhalten direkt benennen und ihn dafür verantwortlich machen, oder würdest du dich höflich entziehen?
Welche Rolle spielt Rassismus in deiner Wahrnehmung während
einer Bedrohung? Würde es für dich einen Unterschied machen,
wenn einer der Männer in den beschriebenen Szenen ein Schwarzer, ein sogenannter 'Ausländer' oder ein Weißer wäre? Warum
würde es einen Unterschied machen? Was hast du über weiße,
Schwarze oder ausländische Männer gehört, gelernt oder verinnerlicht, das das Ausmaß der Bedrohung für dich vermindert oder verstärkt?

Eine Schwarze Frau kann sich von einem weißen Belästiger viel eher
bedroht fühlen, denn sie ist sowohl von sexistischer als auch von rassistischer Gewalt bedroht. Eine weiße Frau, die sich eher von Schwarzen Männern bedroht fühlt, muß ihre eigenen rassistischen Vorurteile
überprüfen. Wir müssen uns des Rassismus, den wir erlernt und verinnerlicht haben, bewußt sein und aktiv dagegen angehen.

Inwiefern hängt der Abstand, den du brauchst, um dich wohl zu
fühlen, vom Alter und vom Geschlecht der anderen Person ab?
Läßt du Kinder und ältere Personen eher näher an dich herankom-
men? Aller Wahrscheinlichkeit nach reagierst du auch unterschiedlich auf Frauen und Männer.
Wenn sich eine Frau in einer leeren S-Bahn-Station neben dich
setzt, würdest du dies dann als Verletzung deines persönlichen
Raumes wahrnehmen oder eher als willkommene Verstärkung be-
grüßen? Wie würdest du dich fühlen, wenn eine Frau dich nach
dem Weg fragt? Wie verändert sich die Situation, wenn es ein
Mann ist?
Stelle dir jetzt alle vorangegangenen Situationen einmal mit einer
Frau als 'Täterin' vor. Würdest du anders reagieren, und wenn ja,
warum?

Diese Situationen sind so alltäglich, daß wir sie kaum als Grenzverletzungen wahrnehmen. Da wir kaum Selbstbehauptungstechniken beherrschen, um sofort auf die Situation zu reagieren, spielen wir den

Angriff häufig herunter und reden uns ein, daß der Vorfall unwesentlich sei. Je mehr Strategien wir erlernen, direkt und bestimmt zu handeln, desto leichter fällt es uns, all diese Situationen als Grenzverletzungen anzusehen. Wenn du die Konfrontationstechniken von Kapitel neun und zehn geübt hast, solltest du diesen Abschnitt noch einmal lesen, um zu überprüfen, ob du deinem persönlichen Raum inzwischen anders wahrnehmen kannst.

Einschränkung des persönlichen Raums durch Rassismus und Diskriminierung

Kommen wir noch einmal auf die Szene zurück, in dem die Männer rassistische Bemerkungen von sich geben. Eine Schwarze Frau würde sich in dieser Situation zweifellos angegriffen fühlen, ob die Männer sie nun direkt ansprechen oder nicht. Eine weiße Frau hingegen, die mit den rassistischen Bemerkungen nicht persönlich gemeint ist, ist trotzdem von der Situation betroffen. Wenn sie die rassistischen Bemerkungen ihrerseits kommentarlos stehenläßt und dem Verhalten der Männer nichts entgegensetzt, wird sie ebenfalls zur Täterin.
Es macht keinen Unterschied, ob wir zu rassistischen Bemerkungen schweigen oder sie selbst äußern. Rassismus gewährt weißen Frauen Privilegien auf Kosten Schwarzer Menschen, und wir tragen die Verantwortung, unsere privilegierte Stellung zu nutzen, um gegen Rassismus aufzutreten. Durch die Blicke von Männern – und Frauen – erfahren Migrantinnen und Schwarze Frauen täglich Verletzungen ihres Raumes und ihrer Persönlichkeit. Manchmal werden sie auch einfach ignoriert:

Während einer Zugfahrt zeigte eine weiße Frau ihrem Kind die Landschaft und fuchtelte dabei andauernd mit ihrem Arm direkt vor dem Gesicht einer Schwarzen Frau herum, die neben ihr am Fenster saß.
In Restaurants werden Schwarzen und MigrantInnen häufig die schlechtesten Plätze zugewiesen, sie werden als letzte bedient und müssen in Geschäften am längsten warten.

Viele weiße Frauen und Männer unterstellen insbesondere Schwarzen Mangel an Kompetenz. Das zeigt sich an folgendem Beispiel:

Die Schwarze Besitzerin eines Wollgeschäfts wurde von ihren weißen
Kundinnen regelmäßig ignoriert und als Auszubildende behandelt.
Die Kundinnen gingen selbstverständlich davon aus, daß die weiße
Frau Besitzerin des Geschäfts sei.

Die Bedürfnisse von körperlich oder geistig beeinträchtigten Frauen
werden von nichtbehinderten Frauen und Männern regelmäßig ignoriert. Behinderten Frauen wird der Zugang zu öffentlichen Orten verwehrt, weil oft keine behindertengerechte Ausstattung vorhanden ist.
Je sichtbarer die Behinderung ist, desto größer die Diskriminierung:

Spastisch gelähmten Männern und Frauen wurde der Zutritt zu Re-
staurants verboten, weil ihre Anwesenheit dort nicht erwünscht war.

Einer Frau ohne Arme wurde nahegelegt, ein Restaurant zu verlassen,
weil sie mit ihren Füßen aß.

In einem Flensburger Prozeß wurde einem Ehepaar finanzielle Ent-
schädigung zugestanden, weil ihnen der Urlaub durch die Anwesen-
heit von Behinderten 'verdorben' worden war.

Behinderte Frauen sind ständig neugierigen, mitleidigen oder ver-
nichtenden Blicken ausgeliefert und werden distanzlos über ihre
Behinderung ausgefragt. Ihre Privatsphäre wird ständig verletzt. Eine
Frau, die durch einen Autounfall gelähmt wurde, sagte sehr treffend:
»Fremde Leute erwarten selbstverständlich, daß ich den schlimmsten
Tag meines Lebens immer wieder durchlebe.«

Behinderte Menschen werden mehr durch die Vorurteile und Ängste
der anderen behindert als durch ihre eigenen physischen Grenzen.
Behinderte Frauen werden für inkompetent gehalten. Kellnerinnen
und Angestellte fragen nichtbehinderte FreundInnen, »was die blinde
Frau gerne essen möchte« oder »was die Frau im Rollstuhl kaufen
wolle«. Fragt eine behinderte Frau die Verkäuferin etwas, erhält häufig die nichtbehinderte Begleitung die Antwort. Behinderten Menschen werden Arbeitsplätze, bei denen die körperliche Behinderung
die Einsatzfähigkeit keineswegs verringern würde, verweigert. Dabei
ist z.B. Blindheit überhaupt kein Nachteil, wenn die auszuführende

Tätigkeit mit viel Telefonieren verbunden ist. Gehörlose Frauen können problemlos am Bildschirm arbeiten, und eine Frau im Rollstuhl kann jederzeit eine Schreibtischtätigkeit ausüben.

Lesben werden diskriminiert, oft ignoriert, generell aber einfach in die Unsichtbarkeit gedrängt. Indem ein Vorgesetzter nur Ehemänner und männliche Begleiter einlädt, nimmt er entweder an, daß alle Frauen heterosexuell seien, oder schließt bewußt die Partnerinnen von Lesben aus.

Würde es heterosexuellen Frauen überhaupt auffallen, daß diese Einladung andere Lebensweisen ausschließt? Würdest du den Vorgesetzten dafür kritisieren? Wie kommt es, daß wir meistens davon ausgehen, daß sich die Opfer von Diskriminierung selbst gegen die herrschenden Vorurteile wehren müssen? Wie würdest du dich verhalten, wenn du wüßtest, daß einige deiner Kolleginnen lesbisch sind?

Es gibt keine Entschuldigung dafür, die Unterdrückung von anderen passiv zu tolerieren oder sogar aktiv daran teilzuhaben. Wir müssen lernen, sowohl Diskriminierungen und Ausgrenzungen als auch Belästigungen und gewalttätige Angriffe gegen uns und andere wahrzunehmen, und uns gemeinsam dagegen einsetzen.

Unser Abstand

Mit Familienmitgliedern und engen Freunden teilen wir eine Nähe, die auch körperlichen Kontakt beinhaltet. Intime PartnerInnen oder FreundInnen lassen wir näher an uns heran als fremde Personen. Deshalb ist generell wichtig: Je weniger du eine Person kennst, desto mehr Abstand brauchst du, um dich wohl zu fühlen. Achte einmal darauf, wieviel Platz du in unterschiedlichen Situationen mit unterschiedlichen Personen brauchst. Wahrscheinlich brauchst du in der Öffentlichkeit oder am Arbeitsplatz viel mehr Raum als zum Beispiel unter Freunden oder auf einer Party.

Frauen in Rollstühlen oder kleine Frauen brauchen generell mehr Abstand zu anderen als größere Personen – das gilt auch für ihre

FreundInnen. Eine größere Person hat gegenüber einer Person, die sitzt oder kleiner ist, einen Machtvorteil, da letztere immer zu der stehenden oder größeren Person heraufblicken muß. Je größer der Abstand ist, desto eher kann z.B. eine Frau im Rollstuhl Augenkontakt in gleicher Höhe mit einer stehenden Person aufnehmen.

Von Fachleuten, wie z.B. ÄrztInnen, ZahnärztInnen, TherapeutInnen, LehrerInnen oder auch von Geistlichen erwarten wir, daß sie unseren persönlichen Raum respektieren:

Stört es dich, wenn der Zahnarzt deinen Arm tätschelt, oder empfindest du es als beruhigend? Tätschelt er auch seine männlichen Patienten, oder verhält er sich nur gegenüber Frauen und Kindern so vertraulich?

Männer in sogenannten Autoritätspositionen tragen eine besondere Verantwortung für die Menschen, mit denen sie in ihrem Beruf tagtäglich umgehen. Sie müssen besonders genau darauf achten, daß sie den beruflich angemessenen Abstand wahren.

Wenn sich ein Mann in einem Bus, einem Theater oder einem Wartesaal ausgerechnet neben dich setzt, obwohl noch viele andere Plätze frei sind, stellt dies eindeutig eine Verletzung deiner Grenzen dar. Du hast jederzeit das Recht, ihn aufzufordern, sich einen anderen Platz zu suchen.

Diese Art von Grenzverletzungen und Angriffen sind leider häufig:

Zwei Freundinnen gingen nachmittags ins Kino. Obwohl im Saal noch viele Plätze fei waren, setzte sich ein Mann direkt neben eines der Mädchen. Beide Mädchen fühlten sich sofort unwohl, sagten aber nichts. Dann holte der Mann seinen Penis aus der Hose und begann zu masturbieren. Die Mädchen waren verängstigt und angeekelt und fühlten sich beschmutzt. Hastig und ohne ein Wort zu sagen, verließen sie das Kino.

Eine junge Frau saß alleine in einem sonst leeren Bus auf einem Fensterplatz. Ein älterer Herr stieg ein, kam den Gang entlang und setzte sich neben sie. Die Frau hatte sofort ein mulmiges Gefühl, schaute aber weg und suchte nach 'logischen Erklärungen', die das Verhalten des Mannes rechtfertigen könnten: Vielleicht konnte er einfach nicht weitergehen, weil er schon so alt und schwach war. Inzwischen war der Mann langsam nähergerückt. Die Frau rückte weg. Der arme alte Mann braucht wohl mehr Platz, dachte sie. Er rückte immer näher, bis die Frau praktisch auf der Heizung saß. Dann berührte seine zittrige Hand ihren Oberschenkel und glitt zwischen ihre Beine. Um der Situation zu entkommen, entschuldigte sich die Frau, stand auf und setzte sich auf einen anderen Platz.

Wenn du in einer solchen Situation sofort Augenkontakt mit dem Mann aufnimmst, vermittelst du ihm, daß du als potentielles Opfer nicht in Frage kommst. Wenn er dennoch versucht, sich neben dich zu setzen, solltest du ihm laut und deutlich zu verstehen geben, daß er sich auf einen anderen Platz setzen soll.

Kritischer Abstand

Wir müssen in einer potentiell gefährlichen Situation großen Abstand halten. Der Mann, der auf der anderen Straßenseite ist, kann zwar bedrohlich wirken, stellt aber keine unmittelbare körperliche Bedrohung dar. Ein Mann, der direkt neben dir ist, kann dich schlagen, festhalten oder würgen, bevor du überhaupt Zeit hast zu reagieren. Dazu eine Übung:

Stell dich auf die eine Seite eines Raumes, und beobachte, wie schnell du auf die andere Seite kommen kannst. Du wirst ziemlich überrascht sein, wie schnell du eine Entfernung überbrücken kannst, die dir zunächst recht groß erschien. Ein Mann, der darauf vorbereitet ist, dich anzugreifen, wird sich genauso schnell bewegen. Auch wenn du gute Reflexe hast, dauert es einen Moment, bis deine Sinne den Angriff registrieren und dein Körper die Botschaft erhält, sich zu bewegen, um den Angriff abzuwehren.

Je größer der Abstand zwischen dir und einer bedrohlichen Person ist, desto mehr Zeit hast du, auf einen plötzlichen Angriff zu reagieren.

Als Mindestabstand solltest du drei Körperlängen einhalten. Mache
dir diesen Mindestabstand bewußt, und versuche, ihn in den unter-
schiedlichsten Situationen einzuhalten, auch dann, wenn du dich
nicht bedroht fühlst.

Wenn es um unsere persönliche Sicherheit geht, sollten wir in keinem
Fall Grenzverletzungen von Männern ignorieren. Männer gehen
direkt auf Frauen zu, greifen uns an die Brust oder an den Po, heben
unsere Röcke hoch, zerren an unseren Büstenhaltern, schneiden uns
die Haare ab[1] oder stehlen unsere Schuhe[2]. Das sind noch die harmlosen Beispiele – einige wollen uns auf der Stelle töten.

Eine junge türkische Frau und ihre weiße deutsche Freundin waren im
Taunus spazieren, als sich von hinten ein Fahrradfahrer näherte. Eine
der beiden Frauen hatte kein gutes Gefühl und ging vor ihrer Freundin
her, um dem Radfahrer Platz zu machen. Als er auf gleicher Höhe mit
ihnen war, stach er mehrmals mit einem Messer in den Rücken der
anderen Frau und fuhr davon. Obwohl sie schwere körperliche und
seelische Schäden von dem Angriff davontrug, überlebte sie.

Wir müssen immer genau wissen, wer in unserer Nähe ist, welche Bedrohung er darstellt und wie nahe wir ihn an uns heranlassen können.
Richte deinen inneren 'Abstandmesser' auf eine kritische Distanz ein,
so daß du automatisch in Alarmbereitschaft bist, wenn deine physischen Grenzen verletzt werden.

Abstand wahren

Wenn dir jemand zu nahe kommt, kannst du einiges unternehmen, um
den Abstand, der dir am angenehmsten ist, wiederherzustellen:

Solltest du sitzen, stehe auf, oder setze mit dem Rollstuhl zurück,
und halte Augenkontakt. Sage dem Mann, daß er einen Schritt
zurückgehen soll. Generell gilt, daß nicht du deinen Raum aufgibst,
sondern er einen Schritt zurückgehen soll. Wenn jemand deine
körperlichen Grenzen verletzt, kannst du sofort einen Schritt zurückgehen oder mit dem Rollstuhl zurücksetzen, aber nur so weit,

bis der Abstand wiederhergestellt ist, bei dem du dich sicher fühlst. Weiteres Zurückweichen würde Schwäche und Rückzug signalisieren.

Wenn du stehst, brauchst du eine stabile Position: Die Füße stehen in schulterbreitem Abstand voneinender, wobei die Knie leicht gebeugt sind. Beide Fersen stehen fest auf dem Boden, und der Körper ist aufrecht. Du kannst beide Arme wie ein Stopsignal mit gebeugten Ellbogen vor den Körper halten, wobei die Handflächen nach vorne zeigen. Die Hände sollten auf Brusthöhe des Mannes sein. Studien über Körpersprache haben gezeigt, daß diese Geste selbstbewußtes Verhalten und Stärke vermittelt, ohne dabei bedrohlich zu wirken. Hände in Gesichtshöhe werden eher als aggressiv wahrgenommen und können eventuell zur Eskalation statt zur Auflösung der Konfrontation führen. Ist eine Situation bedrohlich, signalisieren nach vorne gestreckte Hände deutlich deine Grenzen. Gleichzeitig schützen sie deinen Körper und erlauben dir, sofort mit der Faust oder der offenen Hand zuzuschlagen.

Frauen in Rollstühlen können ihre Arme, Stimme und ihre Augen benutzen. Blinde Frauen können sich auf eine gute Körperhaltung konzentrieren und ihren Stock in einem großen Bogen vor sich her schwingen, um ihre Grenzen deutlich zu setzten. Frauen mit Gehhilfen können üben, sich auf eine der Gehhilfen stützen, während sie die andere dazu benutzen, den Abstand zwischen sich und dem Mann aufrechtzuerhalten, oder sie als Waffe einsetzen.

In dieser selbstbewußten stabilen Stellung, in der du intensiven Augenkontakt hälst, kannst du laut und deutlich »Stop!« oder »Hau ab!« sagen. Frauen, die nicht sprechen können, vermitteln ihre Stärke und Entschlossenheit durch eine starke Körpersprache.

Du kannst auch eine starke Stellung üben, ohne deine Hände zu benutzen und zu sprechen. Behalte eine stabile Körperhaltung und festen Augenkontakt. Stelle dir vor, und mache mit deinem Blick deutlich, daß du vor dem Angreifer eine Mauer baust, die ihn davon abhält, weiter auf dich zuzugehen. Stelle dir vor, aus deinen Augen sprühe Feuer, das den Angreifer zurücktaumeln läßt. Denke an den Satz: »Wenn Blicke töten könnten!« Übe mit geistigen Bildern, bis du eines gefunden hast, mit dem du dich stark, verwurzelt und in Kontrolle fühlst.

Merke:
Es ist unser Ziel, Stärke und Selbstvertrauen auszustrahlen, damit Männer nicht einmal mehr daran denken, die Grenzen unseres körperlichen und emotionalen Raumes zu übertreten.

Physischen Abstand wiederherstellen

Wenn deine körperlichen Grenzen bereits verletzt wurden und die Situation nicht bedrohlich ist, kannst du den Angreifer einfach zurückschieben und deine Grenzen auf diese Weise wiederherstellen. Lege deine Hand auf seine Brust, und schiebe ihn nach hinten.

Hierzu zwei Beispiele:

Eine Frau mußte an der Universität etwas kopieren. Ein Student kam von hinten, stützte sich auf ihre Schulter, um zu sehen, was sie kopierte. Dadurch nagelte er sie praktisch an dem Kopiergerät fest. Sie war irritiert, drehte sich um, legte ihre Hand fest auf seine Brust und stieß ihn heftig zurück, so daß er nach hinten taumelte. Sie schrie ihn an, er solle das nie wieder tun, weder bei ihr noch bei anderen Frauen. Danach hielt er Abstand.

Eine junge Frau arbeitete in einem Schnellimbiß. Als sie aus dem Vorratsraum kam, stellte sich ein Arbeitskollege in den Türrahmen und versperrte ihr den Weg. Er beschwerte sich, daß sie nicht 'nett' genug zu ihm sei. Sie befahl ihm laut, ihr aus dem Weg zu gehen, und stieß ihn zurück, so daß er mit hochrotem Kopf in das Restaurant stolperte.

Wenn deine körperlichen Grenzen in einer bedrohlichen Situation verletzt werden, verliere keine Zeit, den Angreifer zurückzustoßen. Wenn du um dein Leben kämpfen mußt, solltest du die Initiative ergreifen, dem Angreifer deine Finger in die Augen stoßen oder auf seinen Hals oder andere Schwachpunkte seines Körpers zielen.

Unsere Grenzen bei Freunden und Bekannten wahren

Es ist für Frauen besonders ungewohnt, den persönlichen Raum zu
wahren, wenn wir mit Männern zu tun haben, die wir kennen. Wir
neigen dann eher dazu, kleinere Grenzverletzungen zu ignorieren,
anstatt zu reagieren. Wir möchten den Männern, die wir kennen, vertrauen und gestehen ihnen folglich einen größeren Spielraum zu.
Doch oft nutzen sie unser Vertrauen und unsere Gutgläubigkeit aus.

Für viele Frauen stellt der Bekannte, der beispielsweise eng mit uns
tanzt oder uns zu nahe kommt, ein großes Problem dar. Wir wollen
die Situation beenden, ohne ihn direkt zu konfrontieren. Wir wollen
nicht, daß es für ihn oder für uns peinlich wird. Oft lassen wir uns
eine Entschuldigung einfallen, um ihm aus dem Weg zu gehen. Doch
das Unbehagen bleibt – egal ob wir sein Verhalten tolerieren und
seine Annäherungsversuche einfach ignorieren oder ihm aus dem
Weg gehen. Wir müssen die Situation direkt angehen und sie beenden.
Warum sollten wir auf die Gefühle des Mannes mehr Rücksicht
nehmen als auf unsere eigenen?

Bei Familienfesten oder Treffen mit unseren Freunden sollten wir uns
entspannt, sicher und wohl fühlen. Deshalb ist es besonders wichtig,
auf unsere Gefühle zu achten und zu reagieren, wenn Männer unsere
Grenzen überschreiten. Ist ein Mann wirklich dein Freund, wird er
deine Forderung nach körperlichem und seelischem Abstand selbstverständlich akzeptieren.

Selbstverteidigungstechniken in der Phase vor einem Angriff

Aufmerksamkeit und Planung

Es ist sehr wichtig, daß wir unsere Umgebung ständig aufmerksam wahrnehmen. Auf Verteidigung ausgerichtetes Denken muß sich in bewußtes Handeln umsetzen. Dies wird nach einiger Übung selbstverständlich. Bei der Selbstverteidigung ist es wie beim Autofahren: Zuerst ist die Anfängerin völlig überfordert, sie muß mit ihren Füßen sowohl Gas geben als auch bremsen und die Kupplung betätigen, gleichzeitig mit ihren Händen den Blinker setzen, hupen und lenken und außerdem noch in zwei Spiegel schauen, während der Verkehr aus allen Richtung kommt. Anfänglich ist das alles zu viel, zu schnell und erfordert hohe Konzentration, aber im Laufe der Zeit wird alles zur Gewohnheit.

Selbstverteidigung zu erlernen, sich immer wieder gefährliche Situationen bewußtzumachen, sich Maßnahmen auszudenken, wie wir mit einer Situation umgehen und ständig sexuelle Belästigung abzuwehren, kostet sehr viel Kraft. Anfangs neigen wir dazu, hinter jedem Strauch, in jeder Disco und bei jedem Mann, dem wir begegnen, Gefahr zu wittern. Wir überprüfen jeden einzelnen Aspekt unseres Lebens, um herauszufinden, wo wir in Gefahr geraten können, und setzen alles daran, dies zu ändern. Wir überprüfen unser Auto, unser Büro und unser Zuhause, um uns zu vergewissern, daß wir dort außer Gefahr sind. Wir lernen neue Verhaltensweisen, beispielsweise schauen wir zuerst in das Auto, bevor wir einsteigen, oder wir halten den Wohnungsschlüssel schon in der Hand, wenn wir nach Hause kommen, und sehen uns zuerst um, bevor wir die Tür aufsperren. Wir überlegen, welche Gegenstände wir als Waffen benutzen können, und suchen nach dem geeigneten Fluchtweg im Falle eines Angriffs.

Auf lange Sicht gesehen, kostet es viel weniger Energie, der Realität von Gewalt gegen Frauen und Mädchen ins Gesicht zu sehen und Strategien dagegen zu entwickeln, als unsere Ängste zu unterdrücken und uns ständig einzureden: »Mir kann ja nichts passieren.«
Ein Beispiel für Verteidigungsstrategien:

Eine weiße deutsche Frau mittleren Alters erzählte einmal in einem Selbstverteidigungskurs, daß sie Angst habe, nachts alleine nach Hause zu gehen. Ihre Haustür grenzte genau an die Kellertür, die kein Schloß hatte, und es war bereits vorgekommen, daß sich unbekannte Jugendliche und Männer im Keller aufhielten. Sie fragte:»Was kann ich denn machen, wenn ich nachts die Haustür aufsperre und plötzlich von einem Mann angegriffen werde, der sich im Keller versteckt hat?« Die Frauen aus dem Kurs machten einige Vorschläge, z.B. das Licht anzumachen, nicht alleine nach Hause zu gehen, die Begleitperson bitten, zu warten, bis sie sicher in der Wohnung sei, zu schreien und zu kämpfen, ihre Schlüssel als Waffe zu benutzen usw. Diese Vorschläge waren nicht schlecht, aber keine einzige Frau traf den Kern des Problems. Selbstverteidigung fängt nicht da an, wo die Gefahr am größten ist, sondern viel früher: Wir müssen die Situation so verändern, daß wir wir nicht länger von einem möglichen Angriff bedroht werden. Die Lösung des Problems war der Kauf eines Schlosses für die Kellertür, um so die Gefahrenquelle auszuschließen.

Es ist eine gute Übung, sich Angriffe in verschiedenen Situationen vorzustellen und die eigene Verteidigung zu planen. Übe zu Hause, auf dem Weg zur Arbeit, bei deiner Arbeitsstelle oder in der Schule:

Was könntest du tun, wenn du in diesem Moment angegriffen würdest? Wie groß ist das Risiko eines Angriffs? Überlege, welche Männer du in dieser Umgebung für gefährlich halten würdest. Gibt es Männer oder Frauen, die du um Hilfe bitten könntest? Was wäre der beste Fluchtweg? Was könntest du als Waffe benutzen? Hältst du ein Buch in der Hand, stell dir vor, daß du es dem Angreifer unter die Nase oder gegen den Hals stößt. Was sind die besten Möglichkeiten, Aufmerksamkeit auf dich zu lenken? Kannst du ein Fenster einschlagen, Feueralarm auslösen, die Notbremse ziehen, ein Feuer entfachen oder einfach schreien?

Wiederhole diese Übung mehrmals am Tag, bis du deine Umgebung und die Menschen automatisch und bewußt wahrnimmst. Erzähle einer Freundin oder deiner Mitbewohnerin von dieser Übung. Ihr könnt gemeinsam üben, wenn ihr zu Hause, bei der Arbeit oder unterwegs seid. Ohne Vorwarnung sagt eine von euch »jetzt«, und die andere muß dann schnell die Situation verbal einschätzen: Fluchtwege, Waffen, Verteidigungsmöglichkeiten usw. Wertet dann gemeinsam das Ergebnis aus, und überlegt, was ihr verbessern könntet. Wenn du dich deinen Ängsten stellst, lernst du, mit ihnen umzugehen und nicht länger von ihnen kontrolliert zu werden. Wenn du für jede Angriffssituation einen Verteidigungsplan im Kopf hast, wirst du auch mehr Selbstvertrauen haben und schneller reagieren. Je mehr Selbstvertrauen du ausstrahlst, desto geringer ist die Wahrscheinlichkeit, angegriffen zu werden.

Die Situation und sich selbst unter Kontrolle halten

Wenn ein Bankangestellter eine Kundin abschätzend betrachtet oder der Automechaniker sie mit Blicken auszieht, wird die betroffene Frau meist sofort den Blick abwenden. In Hunderten dieser alltäglichen Begebenheiten lernen Frauen und Mädchen, die Kontrolle über die Einhaltung ihrer emotionalen und körperlichen Grenzen – über ihr Leben – aufzugeben. Dagegen steht es in der Macht eines Mannes – und er nimmt sich das Recht –, Frauen durch seine zweideutigen, aggressiven oder entblößenden Blicke zu beherrschen.

In einer belästigenden oder bedrohlichen Situation sollten wir niemals dem Angreifer die Kontrolle zu überlassen, denn wenn wir sie erst einmal aufgegeben haben, ist es schwer, sie zurückzuerlangen. Atemtechniken und Übungen zur Selbstprogrammierung können uns helfen, die Kontrolle von vornherein zu behalten.

Übung:
In einer bedrohlichen Situation atmen wir tief ein, um innerlich ruhig zu werden und uns zu zentrieren. Wir reden uns Stärke ein: Ich habe alles unter Kontrolle. Ich bin ganz stark.

Richtig atmen und sich zentrieren

Frauen und Mädchen wird beigebracht, in bedrohlichen Situationen die Luft anzuhalten oder hechelnd nach Luft zu schnappen. Dieses Verhalten wird uns besonders durch Filme vermittelt. Erst neulich habe ich einen Film gesehen, in dem eine Frau, die angegriffen wurde, eine *geladene Maschinenpistole* in den Händen hielt und hilflos nach Luft rang! Da wir immer wieder Bilder von nach Luft ringenden Opfern vermittelt bekommen, ist es nur allzu verständlich, daß wir uns in einer Angriffsstitution nach genau diesen erlernten Mustern verhalten.

Wenn wir nicht richtig atmen, gelangt der benötigte Sauerstoff nicht ins Gehirn. Die Folge ist, daß wir nicht mehr klar denken können und deshalb letztendlich gar nichts tun. Tief ein- und ausatmen hilft uns, Situationen richtig einzuschätzen. Eine angeleitete Meditation ist hierfür eine gute Übung:

Du sitzt oder stehst aufrecht, mit geradem Rücken, nimmst die Schultern zurück und hältst den Kopf gerade. Das Kinn ist leicht nach unten gesenkt, und die Augen sind geschlossen. Atme durch die Nase ein, und benutze dein Zwerchfell, um die Luft tief in die Lungen zu atmen. Das Energiezentrum deines Körpers sitzt ungefähr drei Zentimeter unter deinem Bauchnabel. Atme mit der Luft Energie ein, und lasse sie tief in dein Zentrum fließen. Sammle die Energie dort, während du die Luft ausatmest. Fühle, wie du stärker wirst und deine Kraft sich zentriert.

Sich programmieren

Es ist wichtig, sich selbst positive und bejahende Botschaften zu vermitteln:

Wenn du einatmest, sage dir: »Ich habe die Kontrolle über die Situation. Ich bin zentriert und ruhig.« Atmest du aus, fühle, wie die Energie durch deinen Körper fließt und dich stark und unbesiegbar macht. Sage dir: »Ich bin stark. Ich schaffe es.« Wiederhole diese Gedanken mit jedem Atemzug.

Es ist notwendig, die erlernten, selbstzerstörerischen Botschaften, wie z.B.: »Er wird mich töten, ich habe keine Chance«, durch andere auszutauschen. Z.B.: »Ich werde leben! Ich schaffe es! Ich bin stark! Ich komme lebend hier raus!«

In gefährlichen Situationen ist es wichtig, den selbstzerstörerischen Gedanken nicht nachzugeben, sondern uns weiter entschlossen auf unsere Verteidigung zu konzentrieren. Die folgende Geschichte zeigt, daß unser Denken und die Energie, die wir gegenüber dem Angreifer ausstrahlen, den Ausgang einer Situation beeinflussen können:

Auf ihrem Weg in eine Großstadt hatte Teresia Probleme mit ihrem Auto, weil sich das Gepäck im Kofferraum verschoben hatte. Sie fuhr auf den nächsten Rastplatz und begann es umzuladen. Als sie danach in den öffentlichen Waschraum ging, bemerkte sie eine andere Person hinter sich, ging aber selbstverständlich davon aus, daß es eine Frau sei. Sogar als die Klinke an ihrer verschlossenen Toilettentür herunterdrückt wurde, glaubte sie, daß die Person das Zeichen 'Besetzt' übersehen haben mußte. Als Teresia plötzlich eine männliche Stimme flüstern hörte:»Ich will dich ficken«, wußte sie, daß sie in Gefahr war. Oh verdammt, dachte sie, vielleicht hat er gesehen, daß ich keine Arme habe. Sofort hatte sie verschiedene Bilder von Vergewaltigungen im Kopf. Sie verbannte sie jedoch schnell, denn sie erinnerte sich an das, was sie in einem Selbstverteidigungskurs gelernt hatte: Konzentriere dich auf deine Verteidigung, und handle sofort, damit der Angreifer keine Kontrolle über die Situation erhält. Teresia schätzte die Situation schnell ein und entschied sich, sofort die Toilette zu verlassen. Wenn der Angreifer von oben herüberkletterte, hätte sie keinen Platz, sich mit ihren Beinen zu verteidigen. Sie zog sich schnell an und ließ den zusammenfaltbaren Stab, den sie als Hilfe benötigte, mehrmals laut einrasten in der Hoffnung, der Angreifer würde glauben, sie hätte ein Gewehr bei sich. Im Geiste ging sie noch einmal die Selbstverteidigungstechniken, die sie gelernt hatte, durch und stellte sich vor, wie sie den Angreifer treten würde und er davonliefe. Dann öffnete sie die Tür. Sie sah dem Angreifer fest in die Augen und konzentrierte sich dabei auf den Gedanken: Wenn du näher kommst, sind deine Eier platt! Teresia drehte sich um und ging ruhig und umsichtig aus dem Waschraum. Der Angreifer folgte ihr einige Augenblicke später. Als sie einen Blick auf ihr Auto warf, bekam sie Angst. Ein weiterer Mann stand an der Beifahrerseite ihres Autos. Sie dachte: Zwei gegen eine, oje! Aber zumindest einer von euch wird keine Kinder mehr zeugen können, denn ohne zu kämpfen gebe ich nicht auf! Teresia ging entschlossen zu ihrem Auto, öffnete die Fahrerinnentür und richtete ihre Gedanken nun auf beide Männer: Ich trete euch in die Eier. Ihr werdet euch wünschen, mich nie angefaßt zu haben!

Allein durch ihren festen Willen und ihre Entschlossenheit hielt sie beide Männer von ihrem Vorhaben ab. Keiner von beiden versuchte sie daran zu hindern, in ihr Auto zu steigen, die Tür zu verriegeln und davonzufahren.

Körpersprache

Wir müssen lernen, Selbstvertrauen und Sicherheit auszustrahlen, damit potentielle Angreifer gar nicht erst auf die Idee kommen, uns auf die Probe zu stellen. Unsere Körpersprache vermittelt unsere Gefühle und innere Haltung viel deutlicher als das, was wir sagen oder bewußt tun.

Gehe einmal durch deine Nachbarschaft und schaue dir bewußt die Frauen und Männer an, die du triffst. Achte darauf, wieviel Raum sich Männer oder Frauen nehmen oder wieviel sie davon aufgeben. Wer hält Augenkontakt? Wer schaut auf den Boden? Wie selbstsicher ist ihr Gang? Wie sitzen Männer und Frauen in der S-Bahn? Im Büro? Im Klassenzimmer?
Stell dir vor, du wärst der Angreifer und hieltest Ausschau nach einem möglichen Opfer. Wen würdest du eher angreifen und warum?

Je mehr du dir die Körpersprache anderer bewußtmachst, desto deutlicher erkennst du die Botschaften, die du selbst mit deinem Köper nonverbal vermittelst.

Beobachte deine Körpersprache

Hier einige Übungen, bei denen du dich in verschiedene Gefühlslagen versetzt:

Trauer:
Stell dir vor: du bist traurig und in dich selbst zurückgezogen. Wie spiegelt die Art, wie du sitzt oder gehst, dieses Gefühl wider? Ist dein Körper aufrecht, oder hängen deine Schultern nach unten? Ist dein Schritt sicher oder langsam und lustlos?

Unsicherheit:
Stell dir vor: du hast dich verlaufen und weißt nicht mehr, wo du bist. Wie verändert sich dein Gang? Was spiegeln deine Augen wider? Strahlst du Verwirrung oder Selbstvertrauen aus?

Angst:
Stell dir vor: du hast Angst. Du glaubst, jemand beobachtet oder verfolgt dich. Werden deine Schritte größer oder kleiner, schneller oder langsamer? Wo schaust du hin? Was geschieht mit deiner Körperhaltung?

Wut:
Jetzt stell dir vor: du bist wütend. Du hattest eine heftige Auseinandersetzung mit jemandem und bist rasend vor Wut. Wie spiegelt sich das in deinem Gang wider? Sind deine Schritte leicht oder fest und stabil? Sind deine Schultern entspannt oder angespannt? Was ist mit deinen Händen? In welche Richtung schaust Du?

Glück:
Und nun stell dir vor: du bist glücklich und voller Selbstvertrauen. Kannst du spüren, wie sich dein Körper entspannt? Wo schaust du hin? Entspannen sich deine Fäuste, und schwingen deine Arme frei an deiner Seite? Ist dein Körper aufrecht, oder fallen deine Schultern herunter?

Anhand dieser Übung können wir sehen, daß wir das, was wir fühlen, unbewußt durch unsere Körpersprache ausdrücken. Ein Angreifer kann diese nonverbalen Zeichen entschlüsseln und sucht sich eher Frauen und Mädchen aus, die unsicher oder zögernd wirken.

Führe dir noch einmal die verschiedenen Stimmungen und die damit verbundenen Gangarten vor Augen. In welcher Situation würde sich ein Angreifer dich eher als Opfer aussuchen?

Diese Überlegungen sollen nicht den Eindruck erwecken, daß wir mit geballten Fäusten durch unser Leben gehen müssen. Es ist aber gerade in Situationen, in denen wir ängstlich sind, wichtig, unseren Körper ganz bewußt aufzurichten, unsere Schritte gleichmäßig zu setzen, wachsam zu sein und unsere Sinne in Alarmbereitschaft zu halten. Je mehr unser Inneres in Aufruhr gerät, desto wichtiger ist es, nach außen ein Bild von Stärke und Selbstsicherheit zu vermitteln. In der Körpersprache wird Stärke durch eine aufrechte Körperhaltung ausgedrückt. Dabei ist das Kinn erhoben, die Schultern sind nach hinten gezogen, so daß die Brust hervortritt, die Arme schwingen locker an der Seite, der Gang ist fest und gleichmäßig und der Blick gerade und klar. Wenn wir es schaffen, uns stärker und selbstbewußter darzustellen, schrecken wir nicht nur mögliche Angreifer ab, sondern fühlen uns auch selbst sicherer und stärker. Unsere Umwelt wird entsprechend darauf reagieren.

Augenkontakt

Eine Form der Machtausübung und Kontrolle besteht darin, Menschen durch Blicke einzuschüchtern. Männer und Frauen benutzen diese Blicke, um ihren Haß gegenüber Frauen, Schwarzen, AusländerInnen, Jüdinnen und Juden, älteren Menschen, Lesben und Schwulen, armen Menschen oder solchen, die aus der ArbeiterInnenklasse stammen, dicken Menschen oder Frauen und Männern mit sogenannten Behinderungen auszudrücken. Besonders Schwarze und körperlich oder geistig beeinträchtigte Menschen werden derart mit haßerfüllten Blicken bombardiert, daß es für sie eine Art Selbstschutz sein kann, keinen Augenkontakt einzugehen. Bei Schwarzen Frauen in den USA habe ich schon öfters einen Button mit der Aufschrift: »Ja, seht nur genau hin, ich bin tatsächlich Schwarz« gesehen. Eine behinderte

Frau erzählte, daß sie es in der Öffentlichkeit nur dann aushalten kann, wenn sie sich eine Art Schutzpanzer anlegt und sich in einen tranceähnlichen Zustand begibt, um alle mitleidvollen oder haßerfüllten Blicke auszublenden. Wir dürfen den Haß der anderen nicht verinnerlichen, aber dennoch sollten wir lernen, unsere Umgebung bewußt wahrzunehmen.

Gerade weil wir als Frauen und Mädchen gelernt haben, den Blick abzuwenden oder auf den Boden zu sehen, wenn wir uns unwohl oder bedroht fühlen, ist es (für sehende Frauen) ganz wichtig zu erkennen, daß unsere Augen eine der wirksamsten Waffen sind, die wir haben, um andere für ihr Verhalten verantwortlich zu machen. Wenn du einem Angreifer in die Augen schaust, kannst du viel besser erkennen, was er beabsichtigt. Intensiver Augenkontakt vermittelt Stärke und Entschlossenheit und die Bereitschaft zu handeln. Im Grunde ist es unmöglich, Stärke auszustrahlen oder selbstsicher aufzutreten, ohne einer anderen Person in die Augen zu sehen. Wenn du übst, Augenkontakt zu halten, mußt du dich anfangs wahrscheinlich zwingen, deine Augen offen und auf einen Punkt gerichtet zu halten. Es geschieht recht häufig, daß wir genau in dem Moment, in dem wir besonders stark sein wollen, anfangen zu blinzeln oder wegschauen. Wenn wir die Augen schließen oder wegsehen, nimmt das der Botschaft, die wir vermitteln wollen, jegliche Kraft. Es bedarf also einiger Übung, intensiven Augenkontakt einzugehen und zu halten.

In meiner Tätigkeit als Rechtsanwältin habe ich meinen KlientInnen beigebracht, den Geschworenen entschlossen in die Augen zu sehen, während sie ihre Geschichte erzählten. ZeugInnen, die nicht fähig sind, Augenkontakt einzugehen, werden häufig für unglaubwürdig und wenig überzeugend gehalten.

Starke Körpersprache und Augenkontakt einsetzen

Eine Form subtiler Anmache, die wir täglich erleben, ist das Angestarrtwerden von anderen Verkehrsteilnehmern, wenn wir gemeinsam vor einer roten Ampel anhalten müssen.
Folgende Situation wird den meisten Frauen bekannt sein:

Die Ampel wird rot, wir bremsen und werfen einen kurzen Blick in das Nachbarauto und begegnen dem lüsternen Blick des Fahrers. Meistens schauen wir sofort weg, beschäftigen uns beispielsweise mit dem Radio, um dann, zur Kontrolle, wieder rüberzuschauen. Er starrt uns weiterhin an. Wir stellen den Rückspiegel ein. Er starrt immer noch. Wir merken, wie uns die Situation entgleitet und spielen nervös mit den Händen. Der Nebenmann starrt und grinst inzwischen. Die neunzig Sekunden Rotphase kommen uns wie eine Ewigkeit vor. Während wir im Handschuhfach wühlen, werden wir immer wütender. Die Wut wird heruntergeschluckt und rumort in unserem Magen weiter. Dem Nachbar bereitet unser Unbehagen sichtlich Freude: Er grinst und starrt unbeirrt weiter. Endlich werden wir vom grünen Licht erlöst und können uns beim Losfahren entspannen ... bis zur nächsten Ampel.

Dieses Beispiel fällt unter die Kategorie Opfertraining. Allen Ausreden, die wir innerlich parat haben, zum Trotz, macht uns das belästigende Verhalten von Männern, das Angestarrtwerden, etwas aus. Wenn wir uns in solchen Alltagssituationen nicht behaupten können, fühlen wir uns hilflos und wütend. Unsere Wut, die wir nicht gegen den Angreifer, sondern gegen uns selbst richten, nagt an unserem Selbstwertgefühl, und wir glauben bald selbst, daß wir keine bessere Behandlung verdient haben.

Jede Situation, in der wir als Opfer auf die Probe gestellt werden sollen, bietet uns aber auch die Möglichkeit, die Opferrolle zu überwinden:

Setze dich aufs Fahrrad oder ins Auto, und fahre los. Warte an einer roten Ampel darauf, daß oben geschilderte Situation eintritt und ein anderer Verkehrsteilnehmer dich anstarrt. Atme tief ein und langsam wieder aus. Du hast alles unter Kontrolle. Du bist stark. Sieh ihm in die Augen, während du all deinen Mut und deine Kraft sammelst und diese Stärke mit deinem Blick ausdrückst. Wende den Blick nicht ab, auch dann nicht, wenn er beginnt, nervös an seinem Radio zu fummeln, den Rückspiegel einzustellen oder im Handschuhfach zu kramen. Wenn er nicht wegsieht, halte seinem Blick stand, und zwar so lange, bis die Ampel wieder grün wird. Zur Unterstützung kannst du von neunzig rückwärts zählen. Vergiß dabei nicht, tief durchzuatmen.

Du wirst ein völlig anderes Gefühl haben, wenn du weiterfährst. Es ist die Befriedigung, die wir empfinden, wenn wir in einer belästigenden Situation nicht automatisch nachgeben. Es ist der erste Schritt im Bestreben, die Kontrolle über unser Leben zurückzugewinnen. Einer in den USA durchgeführten Studie zufolge verbringen wir durchschnittlich sechs Monate unseres Lebens an roten Ampeln. Das ist viel Zeit, in der wir üben können, uns selbst zu verteidigen.

Nachdem du einen selbstsicheren Gang und guten Augenkontakt geübt hast, gehe an einen Ort, an dem du schon einmal von Männern obszön angestarrt oder angesprochen wurdest, z.B. an der Uni oder im Café.

Atme vorher aus, und fühle, wie deine Stärke durch deinen Körper strömt. Du hast alles völlig unter Kontrolle. Du bist ganz stark. Begegnest du mehreren Männern, ist es wenig wirkungsvoll, wenn du versuchst, jedem von ihnen in die Augen zu schauen. Suche dir einen Mann aus der Gruppe aus, und halte mit ihm Augenkontakt. Bei dieser Übung mußt du nichts sagen, benutze nur deine Augen, um ihn für sein sexistisches Verhalten verantwortlich zu machen. Halte so lange mit ihm Augenkontakt, bis du an ihm vorbeigegangen bist. Wenn du deinen Blick von einem auf den anderen Mann richtest, versuche nicht zu blinzeln oder nach unten zu sehen. Wiederhole diese Übung, bis du an der ganzen Gruppe von Männern vorbeigegangen bist. Halte dabei den Kopf aufrecht, schaue gerade nach vorn, und gehe weiter.

Du hast das Recht, dich dort aufzuhalten und dich in deiner Nachbarschaft wohl und sicher zu fühlen. Indem wir den Kopf aufrecht halten und den Männern in die Augen schauen, drücken wir unsere Weigerung aus, männliche Macht und Kontrolle über uns zu akzeptieren. Wir signalisieren, daß wir die Rolle des passiven Opfers nicht annehmen.

Sei nicht entmutigt, wenn du nicht beim ersten Mal eine starke Körpersprache ausstrahlst und keinen Augenkontakt halten kannst. Je mehr du übst, desto selbstverständlicher und selbstbewußter wird dein Auftreten werden.

Unsere Wut als Waffe

Unsere Angst vor Männern, die uns schon früh beigebracht wird, ist die stärkste Waffe, die ein Angreifer gegen uns einsetzen kann. Angst macht uns bewegungsunfähig und passiv, und somit ist es sehr leicht, eine ängstliche Frau zu beherrschen und zu kontrollieren. Es ist wichtig, daß wir einem Angreifer diese Waffe nicht in die Hand geben und uns statt dessen selbst mit unserer Wut wappnen.

Eine wütende Frau ist laut, fordernd, unbeherrschbar und steht nicht unter männlicher Kontrolle – eine kraftvolle Person, die ein Mann als Gegnerin ernst nehmen muß. Wie wir bereits gesehen haben, zeigen Forschungsergebnisse zur Selbstverteidigung, daß Frauen, die mit Wut auf einen Angriff reagierten, mit größerer Wahrscheinlichkeit entkommen konnten, während Frauen, die auf einen Angriff ängstlich reagierten, eher vergewaltigt wurden.[1]

Ebenso wie wir Angst erlernt haben, können wir sie wieder verlernen und bewußt durch unsere Wut ersetzen. Wut kann unser Leben retten.

Techniken zur Abwehr sexueller Belästigungen

Aggressives, passives und sich behauptendes Verhalten

Bevor wir uns näher mit Strategien und Techniken beschäftigen, müssen wir zwischen drei grundlegenden Verhaltensformen unterscheiden: Es gibt aggressives, passives und sich behauptendes Verhalten.

Ausgehend vom Prinzip der Selbstverteidigung, bedeutet Aggressivität, auf den Rechten anderer herumzutrampeln und ihre Grenzen zu verletzen, um die eigenen Bedürfnisse und Wünsche zu befriedigen. Dieses Verhalten ist meist bei Männern anzutreffen.

Passivität stellt im Gegensatz dazu einen Zustand dar, in den generell Frauen gedrängt werden. Eine passive Person drückt selten ihre Bedürfnisse und Wünsche aus oder setzt Grenzen und toleriert stillschweigend das Verhalten von aggressiven Personen. Eine sich behauptende Person ist sich ihrer Rechte und Grenzen bewußt und tritt für sie ein. Indem sie sich gegen Überschreitungen zur Wehr setzt und ihre Bedürfnisse und Wünsche artikuliert, muß sie nicht auf ein aggressives Verhalten zurückgreifen.

Uns sollte hierbei bewußt sein, daß jede Frau, die sich behauptet, für 'aggressiv' gehalten wird. Da gesellschaftliche Normen für Frauen nur passives Verhalten vorsehen, wird eine Frau, die für ihre Rechte eintritt, häufig als 'aggressiv' und 'unverschämt' bezeichnet. Doch für unsere Rechte einzustehen verletzt keinesfalls die Rechte von anderen, auch wenn dies von Männern fast immer als eine schwere Verletzung ihres 'Rechts', Kontrolle über uns auszuüben, angesehen wird. Stellen wir uns vor, eine medizinische Assistentin würde wütend zum

Chefarzt sagen: »Nehmen Sie sofort Ihre Hände von meinem Bein. Sie wissen genau, daß es völlig unangebracht ist, mich anzufassen.« Viele Leute würden diese Aufforderung für aggressiv halten und könnten sie eher annehmen, wenn sie netter formuliert wäre. Beispielsweise so: »Ich würde es zu schätzen wissen, wenn Sie mich nicht berühren würden, während Sie mit mir reden. Ich fühle mich dabei nicht sehr wohl.«

Die medizinische Assistentin steht für ihr Recht auf Integrität ein und macht den Arzt für sein aggressives Verhalten verantwortlich. Die eigentliche aggressive Handlung begeht der Chefarzt, denn er ist es, der die Grenzen und körperliche Integrität der Assistentin verletzt. Eine 'Bedrohung' wird das Verhalten der Assistentin nur dadurch, daß sie das Fehlverhalten des Arztes auf ungewohnt klare und deutliche Weise benennt und ihn in seine Schranken weist. Wir nehmen die Aggressionen von Männern häufig nicht als solche wahr, weil sie die Norm darstellen. Jede heftige Reaktion einer Frau liegt außerhalb dieser Norm und wird somit als aggressiv bewertet.

Wenn wir uns selbst behaupten und wehren wollen, ist unsere Selbstwahrnehmung viel wichtiger als das, was andere von uns wahrnehmen oder über uns denken. Es ist nicht nur gerechtfertigt, sondern lebensnotwendig, daß wir unsere Rechte und die anderer Frauen verteidigen. Unterstützt, ermutigt und bestätigt werden wir darin von anderen couragierten Frauen und Mädchen.

Selbstbehauptendes Verhalten einsetzen

Der erste Schritt zu einem selbstbehauptenden Verhalten besteht darin, sich unbewußte Interaktionsmuster bewußtzumachen. Sieh dir Männer und Frauen um dich herum genau an. Worüber reden Frauen und Männer? Wer hat das Thema aufgebracht, und wer beherrscht die Unterhaltung? Wer stellt z.B. häufig Behauptungen in den Raum? Wie oft benutzen Frauen und Männer sprachliche 'Abschwächungen' (vielleicht, eventuell, irgendwie, könnte, ein bißchen, versuchen), die den Inhalt der Botschaft mildern? Wie häufig suchen Frauen im Gegensatz zu Männern eine Bestätigung für Gesagtes?

Sprache, Ton und Ausdruck

Männer neigen zu einem direkten Sprachstil, während Frauen gelernt haben, eher indirekte Formen zu benutzen. Selbst fehlende Fachkenntnisse können Männer nicht davon abhalten, für jedes Thema als Experten aufzutreten. Viele Studien zeigen, daß Männer meist das Thema und den Verlauf einer Diskussion bestimmen und beherrschen. Die wenigen Themen, die Frauen vorschlagen, werden normalerweise übergangen oder kurz abgehandelt.

Wichtig für unsere Sprache ist eine direkte und kraftvolle Ausdrucksweise. Sagen wir doch, was wir meinen! Oft mildern wir das, was wir sagen wollen, derart ab, daß wir ebensogut hätten schweigen können. Wir verwenden oft Formulierungen, die den Inhalt unserer Aussage stark abschwächen oder sogar abwerten:

Ich bin nicht sicher, aber ...
Soweit ich weiß ...
Falls ich hier einmal etwas sagen dürfte ...
Ich glaube ...

Oder wir stellen zuerst eine kraftvolle Behauptung auf, die wir dann durch sprachliche 'Weichmacher' im selben Atemzug wieder zurücknehmen:

... oder wie auch immer
... oder so ähnlich
... wie dem auch sei, ich glaube, daß es stimmt

Oder wir wollen das Gesagte bestätigt wissen und beenden den Satz mit einer Frage:

... o.k.?
... verstehst du, was ich meine, ja?
... weißt du?

Im folgenden eine Aussage – einmal mit sprachlichen 'Abschwächungen' und einmal ohne:

Ich muß dir leider sagen, daß ich ein bißchen verärgert bin, weil du dich ein wenig verspätet hast. Ich würde es wirklich zu schätzen wissen, wenn du für das nächste Mal die Möglichkeit in Erwägung ziehen könntest, pünktlich zu sein.
Oder:
Mich ärgert es, daß du zu spät kommst. Mach das nicht wieder.

Wie wir etwas sagen ist viel wichtiger als das, *was* wir sagen. Es ist bekannt, daß 65 Prozent dessen, was wir vermitteln wollen, sich in der Körpersprache widerspiegelt. 35 Prozent einer Aussage wird durch Ton und Stimme zum Ausdruck gebracht, während nur zehn Prozent durch die benutzten Worte überliefert wird. Es ist nicht so wichtig, ob wir 'das Richtige' sagen, sondern, daß wir es mit Überzeugung sagen.

Der Ton unserer Stimme kann entweder Stärke oder Unsicherheit ausdrücken. Frauen neigen dazu, am Ende eines Satzes mit der Stimme hoch zu gehen, wodurch sie klare Aussagen in Fragen verwandeln. Besonders in Konfrontationen und potentiell gefährlichen Situationen ist unser Ton sehr wichtig.

Überlege dir, wie unterschiedlich die beiden folgenden Äußerungen wirken:

1. Laß mich bitte, bitte alleine? (In weinerlichem Ton)
2. LASS MICH IN RUHE! (Mit lauter, tiefer Stimme)

Ist unsere Stimme weinerlich oder singend, schwingt darin die unausgesprochene Bitte an den Belästiger mit, aufzuhören. Im zweiten Beispiel berufen wir uns auf unsere eigene Macht und fordern ihn auf, uns nicht weiter zu belästigen.

Vermeide, zu murmeln oder schnell zu sprechen. Nimm dir die Zeit, das zu sagen, was du sagen willst. Es wirkt viel stärker, wenn du langsam sprichst und jedes Wort betonst. Unsere Stimme wird stärker, wenn wir laut sprechen. Eine laute Stimme ist eine weitere Möglichkeit, andere Menschen auf die Situation aufmerksam zu machen, um so vielleicht Hilfe und Unterstützung zu erhalten.

Körpersprache

Wir haben bereits über eine stabile Haltung gesprochen:

Versuche dir vorzustellen, du seist ein tief verwurzelter Baum, der seine Kraft und Energie aus der Erde gewinnt. Wenn deine Fersen fest im Boden verankert sind, hält dich das davon ab, auf einem Fuß zu stehen oder dich hin und her zu wiegen. Beides sind Gesten, die Schwäche und Unentschlossenheit vermitteln.

Halte deinen Kopf aufrecht, und vermeide, ihn zu bewegen oder auf die Seite zu neigen. Dein Gesichtsausdruck sollte ernst sein. Wenn du nichts sagst, halte deine Lippen geschlossen, und vermeide zu lächeln. Unser Gesichtsausdruck muß mit dem Tenor unserer Botschaft übereinstimmen. Lächeln und Lachen sind Verhaltensweisen, die Männern signalisieren, daß sie uns nicht ernst nehmen müssen. Lächeln sollte jedoch ein Zeichen für Glück sein, nicht eine Geste der Unterwerfung unter männliche Macht und Kontrolle. Deine Arme sollten locker an der Seite hängen, die Hände können auch auf den Hüften ruhen. Sie sollten jedoch niemals in den Taschen verschwinden, hinter dem Rücken versteckt oder ineinander verschränkt werden. Vermeide, mit deinen Händen zu reden (sie neigen dazu, 'bitte, bitte' zu sagen) oder mit den Fingern oder deiner Kleidung zu spielen. Eine grundlegende Regel lautet: Es soll sich nichts außer deinem Mund bewegen.

Der Text: Wir machen Männer für ihr Verhalten verantwortlich

Wir alle wissen, wie schwer es ist, in einer bedrohlichen Situation die richtigen Worte zu finden. Meist fallen sie uns erst Stunden, Wochen oder Monate später ein. Wir sollten uns in einer belästigenden Situation nicht auch noch unter Druck setzen, unbedingt das 'Richtige' zu sagen. Eine gute Antwort ist direkt und ehrlich und macht den Mann für sein Verhalten verantwortlich. Eine gelungene Antwort drückt unsere Wut und unsere Weigerung, sein anstößiges Verhalten zu tolerieren, aus.

Es ist ganz wichtig, das Verhalten des Mannes zu *benennen*. Vergleichen wir die beiden folgenden Szenen:

Variation 1: Indirekt
Ein Mann legt auf einer Feier im Büro seine Hand auf das Bein einer Kollegin.
Sie: Ich mag das nicht.
Er: Was?
Sie: Du weißt schon.
Er: Nein, was?
Sie: Komm schon, hör damit auf.
Er: Was mache ich denn?
Sie: Du weißt schon.
Er: Was denn? Ich mache doch gar nichts.
Während dieser Unterhaltung streichelt der Mann ständig den Oberschenkel der Kollegin.

Variation 2: Das Verhalten benennen
Ein Mann legt auf einer Feier im Büro seine Hand auf das Bein einer Kollegin.
Sie: Nimm deine Hand von meinem Bein.

Wir müssen den Angreifer auffordern, mit seinem belästigenden Verhalten aufzuhören. Es reicht nicht aus, ihn darauf hinzuweisen, daß wir sein Verhalten nicht mögen. Um mit unseren eigenen Bedürfnissen in Berührung zu kommen, müssen wir uns fragen: Was will ich? Erst wenn wir wissen, was wir wollen, können wir unsere Forderung formulieren.

Stelle dir folgende Situation vor:
Eine Frau steht an der Kaffeemaschine im Büro, als ein Arbeitskollege von hinten so nahe an sie herantritt, daß ihre Körper sich berühren. Er legt seine Hände auf ihre Schultern und flüstert in ihr Ohr.
Er: Ist der Kaffee so heiß wie du?
Sie: Ich mag es nicht, wenn du mich anfaßt und auf diese Weise mit mir sprichst.
Er: Die anderen Frauen stört das nicht.
Sie: Aber mir macht das etwas aus.

Er: Was ist los mit dir? Bist du etwa frigide/lesbisch, hast du deine Tage, oder kannst du etwa Männer nicht leiden?

Das Problem mit Ich-Äußerungen besteht darin, daß sie den Mann nicht für sein Verhalten verantwortlich machen und ihn nicht auffordern aufzuhören. Du bist nicht die einzige Frau, die nicht belästigt werden will. Keine Frau will das. Es kann oft sehr hilfreich sein, unsere Forderung zu verallgemeinern und andere Frauen mit einzubeziehen: »Höre sofort auf, Frauen zu belästigen« anstatt »Hör sofort auf, mich zu belästigen.« Nicht du solltest im Zentrum der Kritik stehen, sondern das anstößige Verhalten des Mannes.
Der Nachteil von Ich-Äußerungen wird noch deutlicher, wenn wir das Maß der Gewalt steigern:

Ich mag es nicht, wenn du frauenfeindliche Witze erzählst.
Ich will nicht, daß du Kommentare über meinen Körper machst.
Ich mag es nicht, wenn du mich anfaßt.
Ich will nicht, daß du mich schlägst.
Ich mag es nicht, wenn du mich würgst.
Ich will nicht, daß du mich folterst.
Ich mag es nicht, daß du mich vergewaltigst.
Ich will nicht, daß du mich umbringst.

Indem wir sein Verhalten deutlich benennen und ihn auffordern, damit aufzuhören, richten wir unsere Aufmerksamkeit auf den Mann und machen ihn für sein Verhalten verantwortlich:

Höre sofort auf, frauenfeindliche Witze zu erzählen.
Höre sofort auf, mich anzufassen, zu schlagen oder zu würgen (Frauen anzufassen, zu würgen, zu schlagen) usw.

In einer Konfrontation müssen wir uns auf das Verhalten des Mannes konzentrieren. Überlege dir folgende Möglichkeiten:

Eine Frau sitzt an ihrem Arbeitsplatz, als ein Vorgesetzter von hinten an sie herantritt. Er legt einen Arm über ihre Schulter, und mit der anderen Hand legt er einen Bericht auf den Tisch, den sie sich ansehen soll. Sie fühlt sich wie an ihren Stuhl festgenagelt, ihre Bewegungsfreiheit ist absolut eingeschränkt.

Sie: Hey! Hören Sie auf, mich zu bedrängen. Und hören Sie auf, mich anzufassen.
Er: Was ist denn mit Ihnen los? Ich wollte mit Ihnen nur über den Bericht reden.
Sie: Ich kann es nun einmal nicht leiden, wenn mich jemand so bedrängt.
Er: Ist schon gut. Jetzt lassen Sie uns den Bericht durchgehen.

Auf den ersten Blick sieht es so aus, als würde die Frau bei diesem Dialog die Oberhand behalten. Wenn wir die einzelnen Sequenzen genauer betrachten, so wird deutlich, daß dies ganz und gar nicht der Fall ist:

Sie (schiebt ihren Stuhl zurück): Hey! Hören Sie auf, mich zu bedrängen. Und hören Sie auf, mich anzufassen.
Er: Was ist denn mit Ihnen los? Ich wollte mit Ihnen nur über den Bericht reden. (Er lenkt die Aufmerksamkeit von sich auf sie und den Bericht, so daß sie letztlich gezwungen ist, ihr Verhalten zu rechtfertigen.)
Sie: Ich kann es nun einmal nicht leiden, wenn mich jemand so bedrängt. (Nun steht sie im Zentrum der Aufmerksamkeit, die Belästigung ist ihr persönliches Problem, und der Belästiger ist nicht mehr ihr Vorgesetzter, sondern 'irgend jemand'.)
Er: Ist schon gut. Jetzt lassen Sie uns den Bericht durchgehen. (Er vergibt ihr und geht zur Tagesordnung über.)

Ganz anders wirken die Aussagen der Frau, wenn sie ihren Vorgesetzten während des Dialogs in die Verantwortung nimmt:

Sie (schiebt ihren Stuhl zurück): Hey! Hören Sie auf, mich zu bedrängen. Und hören Sie auf, mich anzufassen.
Er: Was ist denn mit Ihnen los? Ich wollte mit Ihnen nur über den Bericht reden.
Sie: Hören Sie auf, mich zu bedrängen und anzufassen. Ihr Verhalten ist völlig unangebracht.
Er: O.k., o.k., jetzt regen Sie sich nicht so auf. (Er geht einen Schritt zurück.) Lassen Sie uns jetzt über den Bericht reden.

Indem die Frau ihre Forderung wiederholt, steht der Mann weiter im
Zentrum der Kritik. Sie gestattet nicht, daß er den Spieß umdreht.
Obwohl er versucht, sein Gesicht zu wahren, indem er sie als zu sen-
sibel und überreizt hinstellt, muß er ihre Kritik annehmen, bevor er
fortfahren kann.

 ## Den Mann öffentlich verantwortlich machen

Wir sollten Männer nicht nur auf einer persönlichen Ebene für ihre
Belästigungen verantwortlich machen, sondern ihr Verhalten auch
öffentlich machen. Männer verlassen sich auf das Schweigen von
Frauen, und können ungestört weiterhin gewalttätig sein. Der Mann,
der im Bus seinen Penis aus der Hose holt und zu masturbieren beginnt, verläßt sich darauf, daß seine Nachbarin überrascht, schockiert
und verängstigt ist – und schweigt. Wenn er sich ihres Schweigens
nicht sicher wäre, würde er sie nicht belästigen. Selbstverteidigung
bedeutet, die Aufmerksamkeit auf den Mann zu lenken. Angreifer
scheuen die Öffentlichkeit. Sie wissen, daß das, was sie Frauen
antun, sowohl moralisch als auch rechtlich nicht in Ordnung ist. Der
Vater, der seine Tochter mißbraucht, der Vorgesetzte, der seine Mitarbeiterin vergewaltigt, der angebliche Freund, der seine Nachbarin
vergewaltigt, der Ehemann, der seine Frau schlägt – sie alle verlassen
sich selbstverständlich auf unser Schweigen.

Folgende Geschichte zeigt, welche Auswirkungen unser Schweigen
haben kann:

*Zwei Ehepaare trafen sich zum gemeinsamen Abendessen. Beim
Essen fing der Ehemann von Melanie an, seinen Fuß am Bein ihrer
besten Freundin Gertrud zu reiben. Gertrud, eine weiße deutsche
Frau, hielt dies für eine rein zufällige Berührung und setzte ihre Beine
so, daß er mehr Platz hatte. Er hörte aber nicht auf, seine Füße an
ihrem Bein zu reiben. Als ihr klar wurde, daß dieses Verhalten beabsichtigt war, fühlte sie sich beschämt und empört zugleich. Sie wußte
nicht, wie sie mit der Situation umgehen sollte, ohne den Abend und
die Freundschaft zu zerstören. Auch als sie sich seitwärts setzte,
berührten seine Füße sie weiterhin. Schließlich täuschte Gertrud*

Kopfschmerzen vor und beendete den Abend für sich frühzeitig. Gertrud hatte Angst, mit Melanie über den Vorfall zu reden, und vermied deshalb jeden weiteren Kontakt mit ihr und ihrem Ehemann.

Es ist keineswegs ein Akt der Solidarität, wenn wir anderen Frauen sexuelle Belästigungen und Angriffe verschweigen. Unser Schweigen erlaubt Männern, ohne Angst vor Konsequenzen mit ihrer Belästigung fortzufahren. Hätte Gertrud das Verhalten von Melanies Ehemann benennen können, hätte dieser die Konsequenzen seines Verhaltens tragen müssen, auch die Wut seiner Frau. Auch wenn Melanie zu ihrem Mann gehalten hätte und Gertrud für das Geschehene verantwortlich gemacht hätte, wäre es besser gewesen, die Gewalt öffentlich zu machen – Gertrud hätte nichts zu verlieren gehabt. Wir tun unseren Freundinnen keinen Gefallen, wenn wir die Belästigung oder andere Formen der Gewalt von Männern vertuschen. Eine wirkliche Freundin ist für die Wahrheit dankbar, auch wenn sie noch so schmerzhaft ist.

Wenn wir Gewalt von Männern öffentlich machen, sorgen wir einmal für mehr Sicherheit und warnen gleichzeitig andere Frauen vor Belästigern.

In einer Disco flirtete Patricia, eine weiße Deutsche, mit einem Mann, der daraufhin zu ihr herüberkam und sich mit ihr zu unterhalten begann. Sie tranken und tanzten gemeinsam, und Patricia fand ihn sehr nett. Als er ihr anbot, sie nach Hause zu fahren, nahm sie das Angebot gerne an, ging aber vorher noch einmal in den Waschraum. Dort sprach sie eine unbekannten Frau an und warnte sie, sich von dem Mann fernzuhalten. Sie erzählte von einer Freundin, die mit ihm ausgegangen sei und die er dann versucht hätte, zu vergewaltigen. Patricia war sich nicht sicher, ob sie ihr glauben sollte, denn er hatte so einen netten Eindruck auf sie gemacht. Vielleicht war die andere Frau ja nur eifersüchtig. Aber die Warnung beunruhigte sie so sehr, daß sie sich ihr Vorhaben noch einmal überlegte und dem Mann dann mitteilte, daß sie mit ihren Freunden nach Hause fahren würde. Seine anfängliche Freundlichkeit verwandelte sich schlagartig in Wut. Er begann Patricia zu beschimpfen und zu beleidigen, nannte sie 'Mistding', 'Schlampe' und 'Hure'. Patricias FreundInnen unterstützten sie, und der Mann ließ sie schließlich in Ruhe.

Ohne die Warnung der anderen Frau hätte Patricia sein nächstes Opfer sein können.

Was wir vermeiden sollten

Es gibt eine Reihe erlernter Verhaltensweisen, die wir vermeiden sollten. In den vorangegangenen Kapiteln war davon schon die Rede, ich möchte hier aber nochmals im Zusammenhang die Verhaltensweisen aufzählen, die bei einer Konfrontation mit einem Angreifer hinderlich sind.

Durch eine jahrelange Sozialisation ist dieses Verhalten tief in uns verwurzelt. In Streßsituationen verfallen wir automatisch in Verhaltensmuster, die uns vertraut und 'natürlich' erscheinen. Lächeln oder Höflichkeit gehören an und für sich zu einem Verhalten, das wir als positiv bewerten, das aber unangebracht ist, wenn wir von Männern belästigt und gedemütigt werden.

Rassismus

Konfrontieren wir Schwarze Männer oder Migranten, dürfen wir dabei niemals rassistisch sein. Weiße Frauen müssen gegen rassistische Vorurteile ankämpfen, durch die wir Schwarze Männer und Migranten stärker als Bedrohung wahrnehmen als weiße Männer. Wir sollten immer deutlich machen, daß wir das sexistische und diskriminierende Verhalten zurückweisen, nicht die Hautfarbe oder Herkunft. Wenn beispielsweise zwei weiße Frauen, die im Restaurant sitzen und miteinander reden, von einem Schwarzen Mann unterbrochen werden, der sich unbedingt zu ihnen setzen will, ist es durchaus angemessen, ihm zu sagen, daß er sie in Ruhe lassen soll. Es ist aber nicht in Ordnung, wenn im Restaurant daraufhin eine Atmosphäre entsteht, die auf rassistischen Vorurteilen basiert. In diesem Fall ist es wichtig, daß die Frauen ihre Kritik an seinem sexistischen Verhalten zum Ausdruck bringen und jeden Bezug auf seine Hautfarbe oder Herkunft als Auslöser der Konfrontation vehement ablehnen.

Entschuldigungen und Erklärungen suchen

Wir sollten unbedingt vermeiden, das Verhalten des Belästigers zu entschuldigen. Gerne stellen wir folgende Überlegungen an:

Vielleicht hat er nicht gemerkt, daß sein Bein unterm Tisch an meinem reibt.
Vielleicht will er nur nett sein.

Männer wissen aber sehr genau, was sie tun – und sie wissen auch, daß wir das wissen.

Eine der häufigsten Entschuldigungen für belästigendes oder gewalttätiges Verhalten ist Alkohol. Dann heißt es: »Er ist eben betrunken.« Doch sind weder Alkohol noch andere Drogen eine Entschuldigung dafür, sich rassistisch und sexistisch zu verhalten oder gewalttätig zu werden. Bill Cosby drückte es einmal so aus: »Drogen sollen angeblich deine Persönlichkeit unterstreichen... Und was ist, wenn du ein Arschloch bist!?«

Ausreden

Wir sollten klar sagen, was wir wollen, und keine Ausreden erfinden. Ein Beispiel zeigt das sehr deutlich:

Auf einer Party drückt ein Mann seine Tanzpartnerin fest an sich und fängt an, seinen Unterleib an ihr zu reiben. Sie kann sich aus seiner Umklammerung befreien und sagt: »Es tut mir leid, ich hatte heute wirklich einen anstrengenden Tag und habe Kopfschmerzen. Wenn es dir nichts ausmacht, würde ich mich lieber wieder setzen.«

Die Frau mag mit dieser Ausrede zwar für den Augenblick der Situation entronnen sein, der Mann wird sich aber höchstwahrscheinlich bei der nächsten Gelegenheit wieder so verhalten.

Ablenken

Manchmal machen Frauen den Fehler, den Mann mit seinem anstößigen Verhalten an andere Frauen zu verweisen:

Während eines Ausflugs fängt ein Bekannter an, eine der Frauen
gegen ihren Willen anzufassen. Sie reagiert sofort und sagt: »Nimm
deine Hände weg. Du kannst mich nicht einfach anfassen. Hau ab,
und such dir eine andere!«

Es wird aber auch keine andere Frau geben, die von ihm auf diese
Weise angefaßt werden möchte.

Höflichkeit

Viele Frauen bleiben immer höflich, auch in Situationen, in denen es
nicht angebracht ist. In belästigenden, bedrohlichen Situationen brauchen wir keineswegs höflich zu sein. Wir brauchen den Mann nicht
bitten, sein Verhalten zu ändern. Statt dessen sollten wir ihn dazu auffordern, uns nicht weiter zu belästigen.

Es ist gleichgültig, ob du in einer Konfrontation mit einem Belästiger
das formellere 'Sie' oder das informellere 'du' benutzt. Einigen
Frauen verschafft das 'Sie' mehr Abstand, und andere benutzen das
'du', um bewußt jede Form von Respekt zu vermeiden. Konfrontieren
wir einen ausländischen oder Schwarzen Belästiger, sollten wir die
Anrede 'Sie' benutzen, da das 'du' gegenüber Menschen, insbesondere
denen einer anderen Kultur, Herkunft und Hautfarbe, von Weißen zur
Demonstration von Überlegenheit eingesetzt wird.

Vermeide Beschimpfungen. Auch wenn es wesentlich besser ist,
einen Angreifer zu beschimpfen, als gar nichts zu sagen, ist das nicht
die beste Art zu reagieren. Wir brauchen ein breit gefächertes Reper-
toire von Antworten, die wir in der jeweiligen Situation anbringen
können. Wenn wir nur Beschimpfungen parat haben, können wir dem
Belästiger auf der Straße vielleicht sagen, er soll sich 'verpissen',
wissen aber nicht, wie wir auf die Belästigung unseres Vermieters
oder Vorgesetzten reagieren sollen, deren Verhalten uns womöglich in
viel stärkerem Maße verletzt. Bezeichnen wir jemanden als 'fett',
'häßlich', 'pickelgesichtig' oder benutzen andere diskiminierende
Ausdrücke, verfehlen wir außerdem den eigentlichen Sinn der Konfrontation. Wir wollen das *Verhalten* benennen und kritisieren, nicht

individuelle Merkmale des Angreifers. Ein weiterer Nachteil von Beschimpfungen besteht darin, daß sie den Angreifer zu einer Antwort provozieren, wodurch die Situation eskalieren kann. Das Ziel unserer Konfrontation – nämlich Respekt gegenüber Frauen einzufordern – verlieren wir beim Austausch von Beschimpfungen mit dem Angreifer leicht aus den Augen.

Wir sollten auch rhetorische Fragen vermeiden. Wenn wir – unnötigerweise – höflich fragen: »Was machen Sie da?«, »Warum ist Ihre Hand auf meinem Knie?« oder »Sind Sie verrückt?«, wissen wir schließlich schon im voraus, wie die Antwort auf solch eine Frage lauten müßte: Er greift dich an. Er belästigt dich. Er ist nicht verrückt, er weiß genau, was er tut.

Diskutieren

Vermeide jede Diskussion. Es gibt nichts zu diskutieren. Du mußt dem Belästiger nicht erklären, daß auch du ein Mensch bist, der Rechte hat und verdient, respektvoll behandelt zu werden. Die meisten Diskussionen sind Machtspiele, in denen der Mann nicht im geringsten an einem ehrlichen Meinungsaustausch interessiert ist, sondern die Belästigung auf einer anderen Ebene weiterführt. Laß dich nicht darauf ein.

Definiere deinen Erfolg selbst

Wenn du einen Mann in seine Schranken weist, mußt du nicht unbedingt das letzte Wort haben. Sag, was du zu sagen hast. Indem du seine Belästigung konfrontierst, hast du das Machtverhältnis, das er erwartet hat (seine Macht, deine Unterwerfung), erschüttert. Hat er den ersten Moment der Überraschung überwunden, wird er alles tun, um sein Gesicht zu wahren. Ein klassisches Beispiel: »Na Süße, du bist ja eine heiße Nummer. Ich habe schon seit Jahren nicht so etwas Scharfes gesehen.« Wenn die Frau oder das Mädchen sich wehrt, wird aus der »heißen Nummer« recht schnell eine »häßliche Kröte, die sowieso niemand will.« Du mußt darauf nicht erneut eingehen. Nimm

108

Neuntes Kapitel

seine Reaktion als Beweis, daß deine Antwort angekommen ist. Du bestimmst das Ende der Konfrontation.

Wir müssen uns darauf vorbereiten, daß Männer ihr Gesicht wahren wollen.

Was wird in einer Situation, in der wir uns wehren müssen, wohl am ehesten geschehen? Hierzu zwei Varianten derselben Szene:

Variante 1:
Ein Mann erzählt einen frauenfeindlichen 'Witz'.
Sie: Hör sofort mit deinen sexistischen Witzen auf.
Er: Oh, mein Gott. Ich wußte nicht, daß ich dich mit dem Witz über die Vergewaltigung beleidigen würde. Ich dachte, er ist ziemlich lustig. Es ist mir nie in den Sinn gekommen, daß sich eine Frau durch eine Vergewaltigung gekränkt fühlen könnte. Vielen Dank für deine Zurechtweisung.

Variante 2:
Ein Mann erzählt einen frauenfeindlichen 'Witz'.
Sie: Hör sofort mit deinen sexistischen Witzen auf.
Er: Nun heul doch nicht gleich. Du nimmst alles immer sooo ernst. Du verstehst einfach keinen Spaß.
Sie: Dein Verhalten ist frauenfeindlich, und du weißt das. Du solltest dich schämen. (Die Aufmerksamkeit bleibt bei ihm.)
Er (verärgert): Bist du anstrengend. Warum verschwindest du nicht einfach und hängst mit deinen feministischen Freundinnen herum? (Er will nun sein Gesicht wahren.)

Unser Erfolgsgefühl sollte nicht von der Reaktion der Männer abhängen. Es ist ziemlich unwahrscheinlich, daß sie uns für ihr frauenfeindliches Verhalten um Verzeihung bitten werden. Ich habe Hunderte von Männern mit ihrem sexistischen Verhalten konfrontiert – und nur wenige haben sich entschuldigt. Männer wissen genau, was sie tun – ihr herabwürdigendes Verhalten ist beabsichtigt. Erwarte nicht, daß deine Entgegnungen sie plötzlich menschlicher machen. Es gibt Situationen, in denen ein Mann dich weiter belästigt, obwohl du ihn stark konfrontiert hast. Auch wenn du erst einmal wütend bist, laß dich nicht entmutigen. Du kannst und mußt Männer auffordern, ihr Verhalten zu ändern, aber du kannst ihr Verhalten nicht kontrollieren.

Du kannst nur über deine Reaktion bestimmen. Unser Erfolg besteht darin, daß wir die Gewalt von Männern nicht länger schweigend dulden. Mit jedem Mal, mit dem wir unsere Rolle als hilflose Opfer ablehnen, werden wir stärker und tragen dazu bei, das Klima von männlicher Macht und Kontrolle, in dem Gewalt gegen Frauen gedeiht, zu zerstören.

Konfrontationstechniken üben

Es ist sehr hilfreich, unsere Konfrontation erst mit Fremden zu üben, bevor wir beginnen, vertrauten Menschen – wie etwa Arbeitskollegen, Vorgesetzten, Familienmitgliedern oder Freunden – etwas entgegenzusetzen. Einen fremden Mann wirst du nie wiedersehen, und es macht nichts, wenn du den Mut verloren hast und unsicher geworden bist. Egal, wie wir einen Belästiger konfrontieren oder wie wir etwas sagen, es ist *sein* Verhalten, das zu beanstanden und zu kritisieren ist, nicht deines. – Ein Beispiel:

Nach einem Selbstverteidigungskurs stieg ein fünfzehnjähriges weißes deutsches Mädchen in einen Bus. Sie bemerkte, wie zwei Männer sie anschauten und frauenfeindliche Bemerkungen äußerten. Sie war wütend und begann, mit sich selbst zu reden und sich stark zu machen: »Ich werde das nicht einfach hinnehmen. Ich habe das Recht, mich zu verteidigen. Sie haben kein Recht, mich so zu behandeln. Ich habe die Situation unter Kontrolle. Ich bin unglaublich stark.« Sie atmete tief ein, beruhigte sich, drehte sich zu den Männern um und sagte: »Hört sofort auf, mich anzustarren.« Obwohl sie sich eine laute und donnernde Stimme wünschte, kamen die Worte klein und zitternd heraus. Die Männer lachten, und einer antwortete höhnisch: »Ich kann dich so lange anschauen, wie ich will. Ich kann alles tun, was ich will.« Da kam sie zum ersten Mal mit ihrer Wut in Berührung. Sie donnerte los, so daß alle im Bus es hörten: »ABER NICHT, WENN ES MICH STÖRT!« Im Bus wurde es vollkommen still. Die Männer machten sich ganz klein und schauten weg. Einer der Männer sagte schließlich zu seinem Freund: »Hey, laß das Mädchen in Ruhe« und tat so, als hätte er mit der ganzen Situation nichts zu tun gehabt. Später sagte das Mädchen: »Ich habe mich großartig gefühlt.«

Wir müssen uns selbst für unsere Bemühungen beglückwünschen – es ist ein großer Schritt, wenn wir uns zum ersten Mal wehren. Mit jeder Konfrontation werden wir stärker und fühlen uns wohler. Je mehr Selbstvertrauen wir ausstrahlen, je mehr wir den Willen zeigen, uns zu verteidigen, desto geringer ist die Wahrscheinlichkeit, belästigt zu werden.

Konfrontationsbeispiele

Nachdem wir uns im letzten Kapitel mit der Dynamik von Konfrontationen befaßt haben, sehen wir uns jetzt einmal an, wie wir diese Prinzipien in belästigenden Alltagssituationen anwenden können. Es gibt nie *die* einzig richtige Reaktion auf einen Angriff. Deine Reaktion hängt stark von den Umständen des Angriffs ab, aber auch davon, wie sehr du dich bedroht fühlst, ob andere Menschen in der Nähe sind, wieviel Energie du zu diesem Zeitpunkt zur Verfügung hast usw.

Belästigung durch Unbekannte

Wenn uns Männer auf der Straße verbal belästigen, müssen wir immer Abstand halten. Eine Konfrontation ist wirkungsvoller, wenn wir stehenbleiben und einen stabilen Stand einnehmen, als wenn wir im Vorbeigehen irgendwelche Kommentare von uns geben. Konfrontiere den Mann, indem du z.B. sagst: »Hör auf, Frauen zu belästigen!« oder »Laß mich in Ruhe!« Bleibe einige Sekunden stabil stehen, halte intensiven Augenkontakt mit dem Belästiger, und lasse deine Worte wirken. Erst dann solltest du gehen. Achte nicht auf weitere Bemerkungen seinerseits.

Eine weiße Frau aus Dänemark war in Bonn mit ihrem Rucksack unterwegs zum Bahnhof. Ein Mann, der an einem Verkehrsschild lehnte, sprach sie an: »Nicht so schnell, Blondie. Wo willst du denn hin? Wie wär's, wenn wir gemeinsam einen kleinen Trip machen würden? Willst du mich nicht mitnehmen …?« Wütend unterbrach sie seinen letzten Satz: »Hör sofort mit deiner Anmache auf! Laß mich in Ruhe!« Als sie sich zum Gehen umdrehte, murmelte er ihr »Mistding« hinterher. Sie dachte noch, wie armselig er doch sei, und ging ihres Weges.

*Eine ältere weiße Frau nahm gerade an einem Selbstverteidigungskurs
teil. Als sie zu Fuß eine Brücke überquerte, wurde sie von einem Mann
verfolgt, der sexistische Bemerkungen machte. Wütend drehte sie sich
um und schrie ihn laut an:* »*Mach, daß du verschwindest! Mach, daß
du auf die andere Straßenseite kommst. Hör auf, mich zu verfolgen!
Beweg dich!*« *Der Mann rannte erschrocken auf die andere Straßenseite und wäre dabei beinahe von einem Auto überfahren worden.
Später erzählte die Frau ihre Erfahrung im Unterricht:* »*Zu dem Zeitpunkt war ich unglaublich wütend darüber, daß er es wagte, mich derart zu belästigen! Ich hatte keine Angst, bis es vorüber war, und dann
wurde mir klar, wozu ich fähig war: Ich als kleine, ältere Frau habe
einen Mann weggejagt!*«

Manchmal ist die Art der Belästigung relativ unauffällig und subtil.
Wenn die Situation darüber hinaus nicht gefährlich erscheint, kann es
eine gute Strategie sein, auf den Belästiger zuzugehen und ihn öffentlich für sein Verhalten zur Verantwortung zu ziehen.

*Als eine weiße Frau in der Nähe ihrer Universität eine Straße hinun-
terging, wurde sie von einem Mann belästigt, der ihr vom Eingang
einer Pizzeria schmatzende Küsse zuwarf. Als sie sich umdrehte, um
ihn zu konfrontieren, verschwand er im Restaurant. Ruhig öffnete sie
die Tür der Pizzeria und sagte:* »*Junge, wie mutig von dir. Du kannst
mich wohl nur hinter meinem Rücken belästigen. Du hast ja jetzt noch
nicht einmal den Mut, aufzustehen und mich anzuschauen. Dein Verhalten ist widerlich.*« *Während sich die anderen Gäste über den rotge-
wordenen Belästiger lustig machten, drehte sie sich um und verließ
voller Stolz das Lokal.*

Werden Männer mit ihrem sexistischen Verhalten konfrontiert, sind
sie selten so solidarisch, wie wir immer glauben.

*Eine Gruppe Bauarbeiter hatte an einem Gebäude neben einem Kran-
kenhaus zu tun. Sobald Frauen die Klinik betraten, pfiffen die Männer
in verschiedenen Variationen hinter ihnen her. Die Belästigung erfolgte mehrere Tage lang, bis schließlich eine Frau, die an einem
Selbstverteidigungskurs teilgenommen hatte, sich mit stählernem
Blick sofort umdrehte und auf die Gruppe zuging. Die Männer liefen*

umher und taten sehr geschäftig. Sie zeigte mit dem Finger auf einen Mann und sagte: »Komm her!« Er kam zu ihr. Sie forderte ihn auf: »Du hörst sofort auf, Frauen zu belästigen.« Er antwortete: »Ich habe gar nicht gepfiffen, der war's« und deutete auf einen Kollegen, der plötzlich völlig in seine Tätigkeit versunken war und ihr nicht einmal mehr in die Augen blicken konnte. »Es ist mir völlig egal, wer was gemacht hat. Das hört sofort auf, und ich mache DICH dafür verantwortlich! Wenn ich noch einmal eine Bemerkung, ein Pfeifen von euch oder eine Beschwerde von einer Frau höre, gehe ich zu eurem Vorgesetzten – und zwar so oft, bis ihr eure Jobs los seid. HAST DU MICH VERSTANDEN?« Er antwortete: »Ist ja gut, du mußt ja nicht gleich so heftig reagieren.« Die Frau drehte sich um und ging. Es gab keine weiteren Vorfälle mehr.

Du mußt nicht auf einen geeigneten Zeitpunkt warten, um etwas zu sagen oder Männer erst ausreden lassen. Unterbrich sie.

Zum Beispiel so:

In einer Kneipe gingen zwei Saufkumpanen Arm in Arm an einen Tisch, an dem mehrere Frauen saßen: »Guten Abend, die schönen Damen.« Alle blickten zu den Männern. Eine der Frauen sagte: »Laßt uns in Ruhe.« Einer der Männer jammerte: »Aber ihr habt ja noch nicht einmal gehört, was wir zu sagen haben.« »Wir haben auch nicht die Absicht, es zu hören«, antwortete eine der Frauen. »Es ist völlig egal, was du sagen willst – wir wollen es nicht hören.« Die Männer verließen daraufhin den Tisch, und die Frauen kehrten zu ihrer Unterhaltung zurück.

Belästigung in öffentlichen Verkehrsmitteln

Männer nutzen oft Situationen, in denen viele Menschen auf engem Raum sind, wie beispielsweise in Bussen oder Fahrstühlen, zum Angriff aus. Sie nehmen sich dabei nicht nur den Raum, der ihnen zusteht, sondern greifen auf unseren über. Wenn sie sich an uns lehnen oder ihr Bein an uns reiben, rechnen sie mit der Verunsicherung der Frauen und damit, daß ihre Angriffe ignoriert werden. Die subtileren

Arten von Belästigungenen können auch eine Testphase für weitere
Gewalt sein.
Hierzu die Erfahrung einer weißen deutschen Frau mittleren Alters:

*Als ich auf die S-Bahn wartete, bemerkte ich, wie mich ein Mann
regelrecht anstarrte. Ich schaute weg und blickte in die Richtung, aus
der ich die S-Bahn erwartete. Ab und zu schielte ich zu ihm hinüber.
Er schaute mich immer noch an. Ich habe mir nicht viel dabei
gedacht. Als die S-Bahn endlich kam, setzte er sich mir schräg gegenüber auf die andere Seite des Ganges. Da er ziemlich weit weg von mir
saß und auch andere Leute mir gegenüber saßen, fühlte ich mich besser. Doch der Mann schaute mich immer noch an, und ich schaute
weiterhin weg. An der nächsten Haltestelle stiegen die Leute, die mir
gegenüber saßen, aus, und der Mann stand auf, um sich den Strecken-
plan an der Tür anzusehen. Dann setzte er sich neben mich. Ich
machte mir immer noch keine Gedanken über sein Verhalten, denn
schließlich hatte er ja noch nichts getan. Er rückte sehr nahe an mich
heran. Ich machte ihm etwas Platz und schaute aus dem Fenster. Er
rückte noch näher, und ich schaute erneut weg. Bald konnte ich nir-
gendwo mehr hinrutschen und schaute weiter aus dem Fenster, während sein ganzes Körpergewicht auf mir lastete. Als ich es zuletzt nicht
mehr ertragen konnte, sprang ich auf, um zu gehen, und sah, was er
die ganze Zeit getan hatte: Er hielt seinen Penis in der Hand und
befriedigte sich, hier in der S-Bahn! Ich war angeekelt und rannte so
schnell ich konnte aus der S-Bahn.*

Diese Geschichte zeigt sehr deutlich, wie Männer ihre Gewalt steigern, wenn wir ihnen nicht gleich – d.h. auf der untersten Stufe – Einhalt gebieten.
Eine ähnliche Situation erlebte eine Frau aus Griechenland, die an
einem Selbstverteidigungskurs teilgenommen hatte:

*Als sie auf die U-Bahn wartete, bemerkte sie ebenfalls einen Mann,
der sie anstarrte. Statt wegzusehen, behielt sie ihn im Auge, denn sie
traute ihm nicht. Als er den Platz wechseln wollte, um neben ihr Platz
zu nehmen, stand sie auf und sagte laut zu ihm: »Laß mich in Ruhe!«
Dann wandte sie sich an die anderen Fahrgäste und sagte: »Dieser
Mann belästigt mich!« Daraufhin verließ er sehr schnell das Abteil.*

Beide Männer haben anfänglich eigentlich 'nichts' gemacht. Die Frau, die in einem Selbstverteidigungskurs Handlungsmöglichkeiten gelernt hatte, konnte ihr Unbehagen und ihre Intuition ernst nehmen und verhindern, daß eine Situation, in der sie sich nicht wohl fühlte, in eine Angriffssituation eskalierte.

Am besten ist immer eine sofortige, direkte und klare Reaktion:

Nimm dein Knie von meinem Bein weg.
Nehmen Sie sich nicht soviel Platz.
Hören Sie auf, mich zu bedrängen.
Halten Sie Abstand.
Hören Sie auf, sich an mich zu lehnen.
Fassen Sie mich nicht an.

Wenn der Mann sitzt, kannst du das Machtverhältnis ändern, indem du aufstehst und dir so durch deine Größe einen Vorteil verschaffst. Je eindeutiger und krasser die Gewalt – z.B. Berührungen, Reiben an deinem Körper, eine Hand auf deinem Knie usw. –, desto stärker und schneller sollte deine Reaktion erfolgen. Das, was du sagst, sollte durch eine starke Körperhaltung unterstützt werden:

Ergreife den Arm, mit dem der Mann dich belästigt, und nimm ihn von deinem Körper. Schiebe sein Knie weg. Stoße ihn von dir und stelle so einen für dich sicheren Abstand her.

In New York ereignete sich folgende, berühmt-berüchtigte Geschichte:

Eine Frau ergriff in der U-Bahn die Hand des Belästigers, hielt sie hoch und fragte laut: »Wem gehört diese Hand hier? Ich habe sie auf meinem Hintern gefunden!«

Indem wir die Gewalt öffentlich machen, warnen wir andere Frauen und machen den Mann andererseits für sein Verhalten verantwortlich. Wenn wir laut werden, können wir sicher sein, daß andere bemerken, was vor sich geht. Auch wenn du nicht auf ihre Unterstützung bauen kannst, so schränkt das öffentliche Aufsehen doch den Spielraum des Belästigers ein. Er wird mit Sicherheit leugnen, dich belästigt zu haben, kann aber nicht fortfahren.

Steht ein Belästiger direkt hinter dir, faßt dich gegen deinen Willen
an oder reibt seinen Körper an dir, mußt du dich sofort umdrehen,
um ihn zu konfrontieren. Bleibe zu ihm gewandt stehen, und wende
dich nicht wieder ab, solange er da ist. Nur so behältst du die Kontrolle über die Situation. Gehe auf einen für dich sicheren Abstand,
und halte Augenkontakt.

Du solltest grundsätzlich vermeiden, deinen Raum automatisch
aufzugeben oder dich auf einen anderen Platz zu setzen. Es ist das
Verhalten des Mannes, das anstößig und beleidigend ist, und er ist
es, der damit aufhören und gehen sollte. Andererseits mußt du
selbst abwägen, wieviel Energie du aufwenden willst, um klarzu-
stellen, daß du seine Belästigung nicht dulden wirst. Auf einer acht-
stündigen Zugfahrt kannst du dir schon überlegen, ob du nach
einer Konfrontation nicht lieber doch das Abteil wechselst. Stelle es
dann aber als freie Entscheidung dar, nicht als Rückzug. Stehe auf
und sage laut: »Nehmen Sie Ihre Hände von mir. Ihr Verhalten ist
widerlich. Fassen Sie nie wieder eine Frau an.« Dann suche dir ein
anderes Abteil.

Exhibitionisten

Männer, die sich vor Frauen und Mädchen entblößen, sind weder
harmlos noch bedauernswert, auch wenn die Polizei das gerne
behauptet. Der Vorschlag, den Exhibitionisten auszulachen oder
Witze über ihn zu machen – »Wie süß, ein Miniatur-Penis. Ist der
auch ausgewachsen?« –, legt nahe, daß sein Verhalten nicht ernst zu
nehmen sei. An seinem Verhalten ist jedoch nichts Amüsantes, es ist
Gewalt.

Viele Vergewaltiger beginnen ihre Karriere als Exhibitionisten.[1] 1991
verhaftete die Darmstädter Polizei den Mörder der zwölfjährigen
Heike Heineman, nachdem er sich vor mehreren jungen Mädchen im
Park außerhalb des Mühltalbades entblößt hatte. Im Kofferraum sei-
nes Fahrzeuges wurden Spuren der Kleidung des Opfers gefunden.
Der Täter war mehrfacher Vergewaltiger und auf Bewährung aus dem
Gefängnis entlassen worden.[2]

Exhibitionisten jagen Frauen und Mädchen bewußt Angst ein und
schränken damit unsere Bewegungsfreiheit ein. Sie testen unsere
Reaktion und fahren nur dann fort, wenn sie sicher sind, daß wir uns
nicht wehren. Wenn wir mit Unsicherheit, Angst, Wegsehen, Ignorieren oder peinlichem Berührtsein reagieren, bekommt der Angreifer
das, was er will. Statt dessen sollten wir uns auf unsere Wut konzentrieren und z.B. andere auf sein Verhalten aufmerksam machen:
»Dieser Mann entblößt sich.« Indem du auf ihn zeigst, wird die Aufmerksamkeit von dir auf ihn gelenkt, und du machst ihn öffentlich für
sein Verhalten verantwortlich. Sein gewalttätiges Verhalten sollte
ihm, nicht dir peinlich sein.

*Ricki, eine achtzehnjährige Frau, und ihre etwas jüngere Freundin
Marie trafen in der U-Bahn auf einen Mann, der seinen Penis aus der
Hose nahm und zu masturbieren begann. Sie schauten sich an, und
eine fragte die andere: »Was haben wir in Selbstverteidigung
gelernt?« Ricki stellte sich direkt vor den Mann, zeigte auf ihn und
schrie laut: »Dieser Mann hat seinen Schwanz aus der Hose!« Völlig
verblüfft von ihrer Reaktion, nahm der Mann seinen Motorradhelm
und verdeckte damit seinen Penis. Er versuchte Ricki zum Schweigen
zu bringen, indem er die Finger auf seine Lippen legte und: »Schhhh«
machte. »Nichts gibt's mit schhhh«, sagte Ricki. »Dieser Mann hat
seinen Schwanz aus der Hose!« An der nächsten Haltestelle hastete er
mit knallrotem Kopf aus der U-Bahn. Später, als Marie ihren Freund-
Innen die Geschichte erzählte, sagte sie voller Stolz: »Ihr hättet Ricki
sehen sollen! Sie stand aufrecht und hatte eine laute und befehlende
Stimme! Sie war großartig!«*

Auch wenn du keine Szene machen willst, mußt du fähig sein, mit
dem Verhalten des Exhibitionisten umzugehen. Fordere ihn auf,
sofort sein belästigendes Verhalten zu beenden. Wenn du dir nicht
sicher bist, alleine mit der Situation fertig zu werden, bitte andere
Menschen um Hilfe. Berichte z.B. der Busfahrerin den Vorfall.

Der 'nette' Belästiger

Je netter die Anmache oder je subtiler die Belästigung ist, desto
schwieriger ist es für Frauen, diese als solche wahrzunehmen und sie

dann entschlossen zu beenden. Der Angreifer, der lächelnd, langsam und bewußt unsere Grenzen verletzt, kann ebenso gefährlich und gewalttätig sein wie der Mann, der uns an die Brust oder zwischen die Beine greift. Viele Frauen zögern in solchen Situationen und entscheiden sich im Zweifelsfall trotz Unbehagen nicht für sich, sondern für den Mann. So lassen sie zu, daß der Mann die Situation langsam, aber sicher kontrollieren kann.

Vergewaltiger wissen genau, wie sie sich Frauen am besten nähern können. Sie nutzen unser rücksichtsvolles Verhalten aus, um uns in eine Position zu bringen, in der sie uns angreifen können. Gerne stellen sie uns zunächst harmlos erscheinende Fragen: »Weißt du, wie spät es ist?«, »Können Sie mir sagen, wo die Hauptstraße ist?«, »Können Sie mir sagen, wo das nächste Krankenhaus ist?«, »Weißt du, wann der nächste Bus kommt?«, »Hast du Feuer?« usw. Obwohl unser Instinkt uns warnt, gestatten Frauen Männern, die sie anlächeln oder eine plausible Erklärung für die Annäherung liefern, fast immer, den Sicherheitsabstand zu unterschreiten und ihnen zu nahe zu kommen.

Eine weiße deutsche Frau mittleren Alters bemerkte während eines Spaziergangs einen Mann, der quer über ein großes Feld auf sie zukam. Sie hatte ein merkwürdiges Gefühl und dachte sofort über verschiedene Möglichkeiten der Selbstverteidigung nach, falls er sie angreifen sollte. Als er näher kam und sie auf ihre Verteidigung vorbereitet war, lächelte er sie an und fragte hilflos: »Könnten Sie mir bitte helfen? Ich laufe hier schon eine halbe Stunde herum. Könnten Sie mir sagen, wie ich zum Grenzweg komme?« Die Frau war über diese harmlose Frage sehr erleichtert und erklärte ihm freudestrahlend den Weg. Als sie sich jedoch umdrehte, um weiterzugehen, packte er sie von hinten, warf sie auf den Boden und würgte sie. Sie schrie und kämpfte. Als dadurch andere Leute alarmiert wurden und zu Hilfe kamen, rannte der Angreifer weg. Hinterher sagte sie: »Es war so unglaublich einfach für ihn, mich zu entwaffnen. Hätte er auch nur die geringste aggressive oder bedrohliche Bewegung gemacht, hätte ich ihn fertig gemacht. Aber in dem Augenblick, in dem er mich anlächelte und mir eine simple Frage stellte, hatte er mich ausgetrickst. Ich vergaß jeden Gedanken an meine Verteidigung.«

Es ist vollkommen gleichgültig, wie 'unschuldig' das Verhalten oder die Frage des Mannes ist. Da wir niemals genau wissen können, was er tatsächlich beabsichtigt, müssen wir sehr genau auf unsere Gefühle achten. Das geringste Gefühl von Unbehagen sollte uns Anlaß sein zu handeln. Dem Mann schulden wir nichts, aber wir sind es uns selbst schuldig, unsere Sicherheit ernst zu nehmen.

Viele Frauen empfinden es als unhöflich, einen Mann, der nicht offen aggressiv ist, zu unterbrechen oder abzuwehren.

Auch wenn es sehr schön wäre, wenn wir in einer friedlichen und gewaltfreien Welt lebten, in der wir lächelnd und offen auf alle Menschen zugehen können, müssen wir noch viel Arbeit leisten, bevor dieser Traum wahr wird. In der gegenwärtigen Realität ist diese Welt für Frauen und Mädchen ein gefährlicher Ort. Vergewaltigung und Mord an Frauen sind – gelinde ausgedrückt – sehr unhöfliche, respektlose Taten. Erst wenn Männer aufhören, Mädchen und Frauen zu vergewaltigen und zu töten, können wir es uns leisten, immer höflich und nett zu sein. Bis zu diesem Zeitpunkt aber ist unsere Sicherheit immer wichtiger als jedes 'gute' oder höfliche Benehmen.

Jedesmal wenn sich ein Mann einem Mädchen oder einer Frau nähert, muß diese genau abwägen, ob die Situation für sie gefährlich werden könnte. In der Interaktion von Männern ist das kaum der Fall. So wie Frauen Verhaltensweisen erlernen müssen, mit denen sie sich schützen können, sollten Männer lernen, Frauen in Ruhe zu lassen bzw. auf angemessene Art mit ihnen in Kontakt zu treten. Ein sensibilisierter Mann, der Frauen schätzt und achtet, weiß, daß Frauen aufgrund der herrschenden Machtstrukturen selten Grund haben, Männern zu vertrauen, und wird sich in seinem Verhalten darauf einstellen.

Die 'nette' Unterhaltung kann auch eine einleitende 'Testphase' für einen Angriff sein. Angreifer erkennen an einem ausweichenden Verhalten oder der Körpersprache, daß eine Frau nicht an der Unterhaltung interessiert ist, sie aber nicht beenden kann. Wenn sie nicht fähig ist, eine ungewollte Unterhaltung zu beenden, ist es sehr wahrscheinlich, daß sie eine Vergewaltigung genausowenig verhindern kann.

Im Bus begann ein Mann, sich mit einer weißen deutschen Frau, die neben ihm saß, zu unterhalten. Sie hatte nicht das Bedürfnis, mit ihm zu reden, wußte aber nicht, wie sie das Gespräch höflich beenden konnte. Also sprachen sie über das Wetter, über die Arbeit (sie log), seine Arbeit (er log) und andere unwichtige Dinge. Als sie sich verabschiedete und aufstand, um zu gehen, folgte er ihr aus dem Bus. Er erklärte ihr, daß er sie nach Hause begleiten wolle. Sie lehnte dies ab, war aber nun verängstigt und wußte nicht, wie sie ihn loswerden sollte. Die Frau blieb weiterhin höflich und schlug den Weg nach Hause ein. Sie bat ihn höflich, zu gehen und sie in Ruhe zu lassen. Auf dem Weg zerrte er sie in die Büsche und vergewaltigte sie.

Es gibt sicherlich nichts gegen eine Unterhaltung mit einem unbekannten Mann einzuwenden, wenn du das auch *willst*. Du solltest nicht gezwungen sein, ein höfliches Gespräch mit einem Mann zu führen, nur weil dieser es will und du einfach nicht weißt, wie du es beenden sollst. Männer unterbrechen unsere privaten Gedanken und stören unseren Seelenfrieden, weil sie glauben, daß jede Frau glücklich darüber sein müßte, sie unterhalten zu dürfen. Nie würden sie auf die Idee kommen, anderen Männern so zu begegnen und ihnen eine Unterhaltung aufzuzwingen. Sie würden nicht im Traum daran denken, einen fremden Mann zu fragen: »Warum so mürrisch? Lächle doch mal!«, »Was liest du denn da?«, »Ist das ein gutes Buch?«, »Schmeckt der Apfel?«, »Hast du noch einen?«, »Schöner Tag heute, nicht?« Wir verdienen es genauso, ungestört unserer Wege gehen zu können.

Während sie in Bensheim auf den Bus wartete, war eine ältere weiße Deutsche in ihr Buch versunken. Ein älterer Mann setzte sich neben sie und fragte sie, was sie da lese. Sie sah von ihrem Buch auf und lächelte ihn wohlerzogen an. Sie war kurz davor, ihm freundlich zu antworten, als ihr wieder einfiel, was sie im Selbstverteidigungskurs gelernt hatte: »Was will ich?« Als ihr dabei klar wurde, daß sie überhaupt kein Bedürfnis hatte, mit dem Mann zu sprechen, verwandelte sich ihre anerzogene Freundlichkeit in Ärger über die Unterbrechung. Sie hörte auf zu lächeln, zeigte auf ein paar Männer, die auch auf den Bus warteten, und sagte direkt: »Wenn Sie reden wollen, gehen Sie zu denen. Lassen Sie mich in Ruhe.«

Es ist immer wieder wichtig, daß wir unsere Bedürfnisse wahrnehmen – davon hängt unsere Unversehrtheit, ja sogar unser Leben ab. Die wichtigste Frage sollte für uns immer lauten:»Was will ich?« Wenn du in Ruhe gelassen werden willst, halte den Sicherheitsabstand ein, nimm die Situation selbst in die Hand, sei direkt, und beende sie. Es ist einfacher, die Kontrolle von Anfang an zu behalten, als den sicheren Abstand erst wieder herzustellen, wenn der Belästiger deine Grenzen bereits überschritten hat. Du mußt die Fragen des Mannes nicht beantworten. Schneide ihm gleich das Wort ab. Du brauchst auch nicht lächeln, höflich sein oder dich gar entschuldigen. Sage klar und deutlich:»Hau ab. Laß mich in Ruhe.« Bleibe bei deinen klaren Aussagen, und wiederhole sie, damit der Belästiger keine Chance hat, die Kontrolle zu übernehmen.

Er: Kannst du mir sagen, wieviel Uhr es ist?
Sie: Laß mich in Ruhe.
Er: Wieso kannst du mir die Uhrzeit nicht sagen? Du hast doch eine Uhr.
Sie: Weil ich keine Lust habe, mit dir zu reden.
Er: Auf welchen Bus wartest du denn?
Sie: Das geht dich nichts an.
Er: Warum bist du nicht ein bißchen netter?
Sie: Weil ich keine Lust dazu habe.
Er: Warum nicht? Ich habe dir nichts getan.
Sie: Na und?

Der Mann bestimmt den Verlauf der Unterhaltung, während die Frau auf ihn reagiert. Wiederhole deine Forderung immer wieder. Wenn nötig, kannst du lauter und bestimmter werden.

Er: Kannst du mir sagen, wieviel Uhr es ist?
Sie: Hau ab. Laß mich in Ruhe.
Er: Warum sagst du mir nicht die Uhrzeit? Du hast doch eine Uhr.
Sie: Hau ab! Laß mich in Ruhe!
Er: Auf welchen Bus wartest du denn?
Sie: HAU AB! LASS MICH IN RUHE!
Er: Kannst du nicht ein bißchen netter sein?
Sie: HAU AB!! LASS MICH IN RUHE!!

Konfrontation am Arbeitsplatz

Sexuelle Belästigung am Arbeitsplatz gibt es schon so lange, wie
Frauen berufstätig sind. Dennoch gibt es immer noch keine adequaten
Vorbeugungsmaßnahmen oder Gesetze, die die Opfer schützen und
die Täter zur Verantwortung ziehen. Die Arbeitswelt ist mit ihren
männlichen Vorgesetzten und leitenden Angestellten, die über Frauen
in untergeordneten Positionen Macht und Kontrolle ausüben, ein
Mikrokosmos des Patriarchats. Aufgrund fehlender Arbeitsplätze,
rassistischer Einstellungen und Behindertenfeindlichkeit sind besonders Schwarze Frauen, arme und körperlich oder geistig beeinträchtigte Frauen abhängig und angreifbar. Viele Schwarze Frauen und
Migrantinnen arbeiten in alter kolonialistischer Tradition als Reini-
gungspersonal oder Haushaltshilfen und sind häufig den sexuellen
Belästigungen der Hausherren ausgesetzt.[3] Auch für Frauen, die sich
beruflich in Männerdomänen wagen, ist die Wahrscheinlichkeit,
sexuell belästigt zu werden, besonders hoch.[4]

Männer mißbrauchen ihre Machtposition, um Frauen sexuell zu belästigen, vor allem dann, wenn deren Arbeitsplatz von ihnen abhängig
ist. Da viele Frauen ihre Familie allein ernähren müssen, fühlen sie
sich gezwungen, zu bleiben und die Belästigung zu ertragen. Oft fehlt
Frauen das Selbstbewußtsein und die Fähigkeit, sich zu behaupten
und zu wehren. Hinzu kommt die Angst vor Vergeltungsmaßnahmen,
oder davor, daß uns nicht geglaubt wird. Oft lassen sich Frauen eher
versetzen oder kündigen, als daß sie Beschwerde gegen ihren Chef
oder Arbeitskollegen einlegen.

Eine 1990 durchgeführte Untersuchung der Sozialforschungstelle Dort-
mund, die vom Bundesministerium für Jugend, Familie, Frauen und
Gesundheit getragen wurde, zeigte, daß 72 Prozent der berufstätigen
Frauen sexuelle Belästigungen am Arbeitsplatz erlebt hatten.[5] Allein-
lebende Frauen im Alter zwischen zwanzig und dreißig Jahren, die ihre
Stelle erst seit kurzem innehatten, waren besonders betroffen. Der
Belästiger ist durchschnittlich zehn Jahre älter als sein Opfer und in der
Firma gut etabliert. Die Belästigung erfolgte zu 38 Prozent von Kolle-
gen, zu 21 Prozent von leitenden Angestellten und zu 14 Prozent von
Kunden, Klienten oder Patienten. Selbst Frauen in leitenden Positionen

sind nicht vor sexueller Belästigung durch ihnen untergebene Männer gefeit – hier steht häufig die Absicht dahinter, sie zu verunsichern.

Sexuelle Belästigung reicht von lüsternen Blicken und Kommentaren bis hin zu körperlichen Angriffen und Vergewaltigung. Ganz alltägliche Situationen beinhalten sexuelle Anspielungen, sexistische und rassistische Witze und Kommentare, ungewollten Kontakt und Anfassen. Wir arbeiten folglich in einer Atmosphäre von ständiger Belästigung, ein Umstand, der uns auf verheerende Weise beeinträchtigt.

Inzwischen erkennen Gerichte sexuelle Belästigung zwar als Kündigungsgrund an[6], und einige Belästiger wurden wegen wiederholter Belästigung zu Haftstrafen verurteilt[7]; doch im allgemeinen sind die Konsequenzen für Männer gering: Sexuelle Belästigung wird immer noch als Kavaliersdelikt angesehen.

Viele Frauen arbeiten in den sogenannten 'helfenden Berufen' oder in Dienstleistungsberufen. Als Krankenschwestern, Sozialarbeiterinnen, Zahnarzthelferinnen, Betreuerinnen, Kellnerinnen oder Flugbegleiterinnen fühlen sie sich, zusätzlich zu den genannten Schwierigkeiten, durch bestimmte Rollenerwartungen in ihren Verteidigungsmöglichkeiten eingeschränkt.

Eine junge weiße deutsche Frau arbeitete in einem Altenheim als Pflegerin. Sie entging knapp einer Vergewaltigung durch einen achtzigjährigen Patienten. »Wäre das ein Typ auf der Straße gewesen, hätte ich ihm in die Eier getreten. Aber bei dem alten Mann fühlte ich mich völlig wehrlos – schließlich war ich ja seine Pflegerin.« Ihr körperlicher Widerstand war nur halbherzig, denn: »ich konnte meine Rolle als Fürsorgerin nicht ablegen und ihn verletzen, auch wenn er wie der Teufel darauf aus war, mich zu vergewaltigen.« Ihre Schreie wurden von Kolleginnen gehört, die den Mann schließlich von ihr zerrten.

Es ist unumgänglich, daß Frauen ihre Rollenzuweisungen, die sie zu Opfern werden lassen, zurückweisen. Wir müssen auf Arbeitsbedingungen bestehen, die unsere Sicherheit gewährleisten, und Richtlinien durchsetzen, die uns das Recht einräumen, uns gegen sexuelle Belästigung und Angriffe zu wehren.

Ein weiteres Beispiel:

Eine weiße Sprachtherapeutin aus den USA, die mit geistig behinderten Menschen arbeitete, wurde von einem Klienten angegriffen und geschlagen. Obwohl ihr Klient als gewalttätig bekannt war, überließ die Verwaltung seine Betreuung einzelnen AssistentInnen und TherapeutInnen. Nach diesem Vorfall gingen die KollegInnen zur Verwaltung und bekundeten ihre Weigerung, weiterhin allein mit diesem Mann zu arbeiten. Sie forderten Richtlinen, die den Umgang mit einem gewalttätigen Klienten regelten, das Recht, sich mit allen Mitteln zu verteidigen und, wenn es erforderlich sei, den Angreifer zu verletzen.

Auch am Arbeitsplatz ist es wichtig, Belästigungen schon von Anfang an zu unterbinden. Sexuelle Kommentare und Anspielungen sollten sofort angesprochen werden.

Schneide dem Mann das Wort ab, und sage z.B.: »Hör sofort mit deinen sexistischen Bemerkungen auf. Du solltest dich schämen. Dein Verhalten ist verwerflich.« Versuche nicht, lüsterne Bemerkungen zu ignorieren. Der Mann oder die Männer machen sie auf deine Kosten. Sie wissen, daß du sie hörst und daß du sie nicht hören willst. Scheinbar zufällige Berührungen oder Körperkontakt, den du nicht willst, solltest du sofort ansprechen und den Mann für sein Verhalten verantwortlich machen.

Vorgesetzte und leitende Angestellte tragen als Autoritätspersonen mehr Verantwortung als andere und sollten ihre Position nicht dazu ausnutzen, Frauen zu belästigen.

Auch wenn die Belästigungen schon über einen gewissen Zeitraum stattfinden, sollten sie beendet werden. Die beste Strategie ist eine Organisation von Frauen am Arbeitsplatz, so daß ihr gemeinsam gegen jede Form sexueller Belästigung ankämpfen könnt. Wenn du mit Kolleginnen an deinem Arbeitsplatz darüber sprichst, daß jemand dich belästigt hat, wird der Vorfall bekannt, und die anderen werden vor dem Belästiger gewarnt. Außerdem werden solche Vorfälle dadurch dokumentiert. Du kannst nicht annehmen, daß andere Frauen von dem sexistischen Verhalten und der Belästigung nicht betroffen sind, nur weil sie schweigen.

Belästiger sind Wiederholungstäter. Indem wir mit unseren Kolleginnen reden, können wir feststellen, ob sie mit dem gleichen Mann Probleme hatten und wie sie damit umgegangen sind. Als Gruppe von Kolleginnen können Frauen den Belästiger konfrontieren oder gemeinsam zur Verwaltung oder zum nächsten Vorgesetzten gehen, um sich zu beschweren. Wenn wir uns gegenseitig unterstützen, hat jede für sich auch eher den Mut, über ihre Erlebnisse zu berichten.

Eine weitere Möglichkeit, die Frauen erfolgreich gegen Belästigung am Arbeitsplatz eingesetzt haben, besteht darin, dem Belästiger einen förmlichen Brief zu schreiben, in dem sein Verhalten genau ausgeführt wird, und ihn aufzufordern, damit aufzuhören. Diese Art Anti-Belästigungsbrief wurde von der Wirtschaftswissenschaftlerin Mary Rowe am *Institute of Technology* in Massachusetts erstmals eingesetzt[8] und war in neun von zehn Fällen erfolgreich. Ein solcher Brief sollte höflich sein und genau beschreiben, was der Betreffende getan hat, sowie die Folgen für die betroffene Frau und ihre Forderungen enthalten (beispielsweise: »Ich fordere, daß Sie sofort aufhören, mich anzufassen und sexistische Kommentare über meinen Körper zu machen«). Dieser Brief sollte per Einschreiben abgeschickt werden. Eine Kopie behält die Schreiberin, und eine Zweitschrift könnte auch an die Verwaltung, die Gewerkschaft, den Schiedsmann, die Schiedsfrau o.ä. geschickt werden.

Gegen sexuelle Belästigung am Arbeitsplatz kannst du dich außerdem durch folgende Maßnahmen wehren:

☐ Berichte der Gewerkschaft oder einer Schiedsperson (Ombudsfrau) von der Belästigung, und versuche, Unterstützung zu erhalten.

☐ Nimm Kontakt mit Frauengruppen, dem Frauennotruf und dem Frauenreferat der Stadt auf.

☐ Falls du Anzeige erstatten willst, engagiere eine Anwältin als deine Interessenvertreterin.

Es kann passieren, daß dich dein Arbeitgeber entläßt, um sich dafür
zu rächen, daß du sein belästigendes Verhalten öffentlich gemacht
hast. Sammle deshalb vorbeugend sämtliche Papiere, die dein
Arbeitsverhältnis bezeugen.

Arbeitgeber müssen gezwungen werden, vorbeugende Maßnahmen
zu ergreifen und eine Politik gegen sexuelle Belästigung zu betreiben.
Sie müssen in verantwortlicher Art und Weise mit den Beschwerden
und Forderungen der Frauen umgehen.

Sexuelle Belästigung an Universitäten und Ausbildungsstätten

Universitäten sind ähnlich hierarchisch strukturiert wie private Unternehmen. Sexuelle Belästigung von Studentinnen durch Professoren
und Assistenten ist an der Tagesordnung.[9] Verwaltungsangestellte,
Professoren und Dozenten mißbrauchen ihre Machtposition, um Studentinnen sexuell zu belästigen und unter Druck zu setzen. 1994 stellten sich einige Frauengruppen gegen einen Präsidentschaftskandida-
ten an der Frankfurter Universität, als bekannt wurde, daß dieser
schon wegen sexueller Belästigung verurteilt worden war. Die sogenannte 'Bett-Schein-Affäre' an der Fachhochschule Fulda 1992
brachte hervor, daß einige Dozenten für die Ausstellung von Scheinen
sexuelle Gegenleistungen forderten.[10]

Für viele Studentinnen steht das Erreichen ihres Berufsziels auf dem
Spiel, wenn sie sich gegen sexuelle Belästigungen wehren – sofern ihr
Protest überhaupt zur Kenntnis genommen wird.[11] Auch bei Auszubildenden reicht die Palette der Belästigungen von alltäglichem Sexismus im Klassenzimmer über sexuellen Mißbrauch bis hin zur Vergewaltigung. Erst in jüngerer Zeit wird das Thema der sexuellen Belästigung an Hochschulen in der Öffentlichkeit diskutiert. 1994 wurde
erstmals eine Arbeitsstelle gegen sexuelle Diskriminierung und
Gewalt am Ausbildungs- und Erwerbsarbeitsplatz (ADE) an der Universität Bremen eingerichtet.

*Eine Gruppe von Jurastudentinnen war wütend und empört über
die offenen sexistischen Bemerkungen eines Professors. Eine der*

Studentinnen schlug in ihrer Studiengruppe vor, bei seiner nächsten frauenfeindlichen Äußerung gemeinsam dagegen vorzugehen. Als der Professor die nächste Stunde mit einer sexistischen Bemerkung eröffnete, standen die Studentinnen auf und beschwerten sich wütend und laut. Sie sagten, daß sie sein erniedrigendes und sexistisches Verhalten nicht länger hinnehmen würden, verließen den Raum und reichten bei der Verwaltung eine offizielle Beschwerde gegen ihn ein. Danach behielt der Professor seine frauenfeindlichen Ansichten für sich.

Sexistische Bilder und Pornographie

Frauenfeindliche Belästigung beinhaltet nicht nur Worte und Verhaltensweisen, sondern auch die Verwendung und Verbreitung erniedrigender und beleidigender Frauenbilder.

Pornographie hat einen starken Einfluß auf das Verhalten von Männern gegenüber Frauen, insbesondere gegenüber Schwarzen Frauen. Pornographie ist die Darstellung der systematischen Demütigung, Unterwerfung, Vergewaltigung, Folter, Verstümmelung und Ermordung von Frauen und Kindern, die von der Pornoindustrie als 'Unterhaltung' vermarktet wird. Durch Pornographie entsteht der Eindruck, daß Frauen es mögen, mißbraucht und verletzt zu werden. Hinzu kommt, daß in der Pornographie vor allem Schwarze und asiatische Frauen erniedrigt und mißbraucht werden, wodurch rassistische Ideologien und Vorurteile bestätigt werden. In pornographischen Filmen oder Zeitschriften wird Männern vermittelt, daß Frauen Sexobjekte sind, derer sie sich bedienen und denen sie Gewalt antun können. Die Unterwerfung und brutale Erniedrigung von Frauen wird als ultimative sexuelle Lust dargestellt.

Sowohl jene Frauen, die u.a. als Modelle oder Schauspielerinnen in der Pornoindustrie arbeiten, als auch alle anderen Frauen sind von der expliziten Gewalt in der Pornographie betroffen und fallen ihr sozusagen zum 'Opfer'. Oft wird behauptet, daß Frauen ja die Wahl hätten und sich gegen Bezahlung bereitwillig mißbrauchen lassen würden. In der Realität ist es jedoch so, daß die meisten Frauen, die in der Sex- und Pornoindustrie arbeiten, kaum eine oder gar keine Wahl in ihrem

Leben haben. Die überwiegende Mehrheit wurde in der Kindheit sexuell mißbraucht. Diese Frauen haben häufig ihr ganzes Leben lang Mißbrauch erfahren und werden nun auf die gleiche Weise von der Pornoindustrie ausgenutzt. Viele Frauen, die so erscheinen, als ob es ihnen Spaß macht, verletzt und gefoltert zu werden, sind in Wahrheit mißhandelte Frauen, die von ihrem Freund, Ehemann oder Zuhälter gefangengehalten werden. Und zahlreiche Frauen aus armen Ländern werden mit Eheversprechen in die Industrieländer gelockt, um dort zwangsprostituiert zu werden.

Wir haben allen Grund, Pornographie abzulehnen. Wir können nicht erwarten, daß unsere Kinder mit einem guten Selbstwertgefühl oder einer positiven Einstellung zur Sexualität als Ausdruck von Liebe und Fürsorge aufwachsen, wenn sie ständig Bilder von Frauen sehen, denen im Namen freier Sexualität Gewalt angetan wird. Ich empfehle jeder Frau, einmal in Videoläden zu gehen und sich genau anzusehen, was dort angeboten wird. Die Anzahl der Männer, die sich solche Filme ansehen, ist sehr hoch. Diese Männer sind unsere Brüder, Ehemänner, Väter und Söhne. Viele mißbrauchte und mißhandelte Frauen und Mädchen berichten, daß sie gezwungen wurden, Pornofilme zu sehen, um dann die gezeigten Szenen zu Hause nachzuspielen.

So widerwärtig und brutal auch die Filme in den Videoläden sein mögen, sind sie nichts im Vergleich zu den illegalen Pornos, die unter dem Tresen gehandelt werden. Reine Gewalt und Folter an Frauen und Kindern bringen bei den sogenannten Snuff-Filmen einen hohen Profit. Häufig werden Frauen und Kinder entführt und für Tage, Jahre oder ihr Leben lang in Gefangenschaft gehalten, Babys und junge Mädchen werden zu Tode vergewaltigt, um davon Videofilme zu drehen. Eine gute Freundin von mir, Mutter eines kleinen Kindes, wurde zu Tode gefoltert, zerstückelt und schließlich ins Meer geworfen. Wir haben gute Gründe anzunehmen, daß sie Opfer eines Snuff-Filmes wurde, in dem die reale Ermordung von Frauen gefilmt und der dann als Unterhaltungsvideo verkauft wurde.

Schon Anfang der siebziger Jahre war es an der Tagesordnung, daß Frauen vergewaltigt und getötet wurden. Seitdem die Pornographie eine riesige Industrie mit Milliardenumsätzen geworden ist, hat sich die Brutalität der Angriffe dramatisch erhöht. Jetzt reicht es nicht mehr, eine Frau 'nur' zu vergewaltigen und zu töten, jetzt wird sie mit Zigaretten verbrannt, man uriniert auf sie, ihre Brustwarzen werden abgebissen oder abgeschnitten, sie wird an Stricken aufgehängt, angekettet, ausgepeitscht und gefoltert, sie wird gezwungen, Fäkalien zu essen, Messer und Gewehre werden in ihre Vagina oder in den Anus gesteckt, sie wird verstümmelt und zerstückelt – und dies alles am besten vor laufender Kamera.

Pornographie lehrt Männer, Frauen abzuwerten und sie zu hassen. Auch wenn nicht jeder Mann, der Pornos sieht, offen gewalttätig gegen Frauen wird, so holt sich fast jeder Vergewaltiger oder Serienmörder in Pornofilmen Anregungen. Ted Bundy, ein Serienmörder in den Vereinigten Staaten, ermordete mindestens 36 Frauen und Mädchen. Vor seiner Hinrichtung sagte er, daß die Pornographie seine Entwicklung stark beeinflußt hätte. Pornographie ist die Theorie, Vergewaltigung und andere sexuelle Angriffe sind die Praxis. In den Gefängnissen tauschen überführte Vergewaltiger ihre Methoden und Techniken aus und werden dort häufig noch aggressiver und gefährlicher.

Es gibt unendlich viele frauenfeindliche und gewalttätige Bilder von Frauen, jedoch gibt es ebenso viele Möglichkeiten, dagegen Protest einzulegen. Bilder von Frauen, die als Objekte dienen, sind alltäglich und greifen unsere Würde an. Es sind nicht nur einschlägige 'Männermagazine', die Pornographie offen darstellen, sondern auch populäre Zeitschriften wie der *Stern*, die nackte Frauenkörper benutzen, um den Absatz zu steigern. Die Herabsetzung von Frauen zu Objekten ist so alltäglich, daß wir sie kaum noch wahrnehmen, geschweige denn darauf reagieren. Stell dir einmal vor, was geschehen würde, wenn Frauen solche Läden boykottierten, in denen sexistische, gewalttätige und rassistische Produkte verkauft werden!

Als Sandy, eine weiße US-Amerikanerin, in einem Eisenwarenladen an der Kasse bezahlen wollte, bemerkte sie am Tresen einen Flaschenöffner in Form einer nackten Frau. Mit diesem Gerät ließ sich z.B. eine Bierflasche zwischen den gespreizten Beinen der Frau öffnen. Sandy ließ den Geschäftsführer kommen und beschwerte sich lautstark

*über die beleidigende und frauenfeindliche Form des Öffners. Aus ver-
schiedenen Richtungen des Geschäftes beobachteten männliche Kunden diese Situation. Der Besitzer verspottete Sandy und versuchte,
ihre Beschwerde zu verharmlosen. Er sagte lachend: »Alle männlichen Kunden mögen das« und schaute sich nach Unterstützung um.
Plötzlich waren alle Männer verschwunden und eifrig damit beschäftigt, sich die Waren anzusehen, um jegliche Stellungnahme zu vermeiden. Sandy antwortete wütend: »Ich werde nicht länger Kundin in
einem Geschäft sein, wo ich und andere Frauen beleidigt werden.«
Sie ließ ihre unbezahlte Ware an der Kasse stehen, ging hinaus und
betrat das Geschäft nie wieder.*

Die Konfrontation von rassistischer, antisemitischer und rechtsradikaler Gewalt

Das in Deutschland und anderen Ländern vorherrschende Klima rassistischer, antisemitischer und rechter Gesinnung hat zu einer Steigerung der Gewalt vor allem gegenüber Schwarzen Menschen und MigrantInnen geführt. Rechtsradikale randalieren in Geschäften und Restaurants, zerstören und verunstalten jüdische Synagogen, Friedhöfe und Denkmäler für die Opfer des Holocaust, verüben Brandanschläge auf Wohnungen von Schwarzen Menschen und MigrantInnen usw. Dabei werden sie durch eine verantwortungslose Haltung und das Nicht-Handeln von PolitikerInnen angespornt, von einem Großteil der Bevölkerung tatkräftig unterstützt und von einer noch größeren schweigenden Mehrheit toleriert. Vor den Augen vieler weißer Passanten greifen Banden von Skinheads und Neonazis Schwarze, Jüdinnen und Juden oder Menschen, von denen angenommen wird, sie seien 'Ausländer', an, schlagen sie zusammen oder töten sie – nicht selten in Gegenwart der Polizei, die weder eingreift noch die Täter festnimmt.

Eines der skandalösesten Beispiele bot die Polizei an Himmelfahrt 1994 in Magdeburg:

Die Polizei sah zu, wie eine Gruppe von Skinheads und Neonazis einige Afrikaner durch die Straßen der Stadt jagten und sie mit Baseballschlägern, Stühlen und Bierflaschen angriffen. Nicht genug, daß sich die Polizei völlig passiv verhielt, sie nahm sogar aktiv an den gewalttätigen Ausschreitungen teil. Statt von der Polizei Schutz zu erhalten, wurden die Opfer angegriffen und verhaftet. Sie wurden zum Polizeirevier gebracht, mußten sich ausziehen, wurden beleidigt und gedemütigt und über Nacht eingesperrt. [1]

Der Begriff 'Ausländerfeindlichkeit' wird dazu benutzt, das eigentliche Problem, nämlich den Rassismus, zu verschleiern. Weiße 'AusländerInnen' – z.B. aus den USA, Großbritannien, Australien – werden weder angegriffen noch diskriminiert. Andererseits sind Schwarze Deutsche, die eindeutig keine 'AusländerInnen' sind, ständig rassistischen Beleidigungen und gewalttätigen Angriffen ausgesetzt. Rassistische Diskriminierung kann sich in vielen Formen äußern: von subtilen Rassismen – z.B. ist 'hautfarbenes' Pflaster automatisch weiß – bis hin zur brutalen Realität lebensbedrohlicher Angriffe oder Mord.

Der Begriff 'Ausländer' ist weniger eine Herkunftsbezeichnung als ein Negativ-Begriff, der aussschließen soll. Auch 'fremd' ist gleichzeitig 'minderwertig', und 'Überfremdung' kennzeichnet nicht den überall vorherrschenden Einfluß amerikanischer und britischer Kultur auf das Leben der weißen Deutschen, sondern bezieht sich auf Döner- und Kebabstände und die Ausbreitung von türkischen und asiatischen Gemüseläden. Begriffe wie 'Scheinasylant' oder 'Überschwemmung' entfachen Emotionen und lenken die Aufmerksamkeit von der eigentlichen Misere der asylsuchenden Menschen ab. Menschen, die der Gewalt, Unterdrückung und Verfolgung in ihrem Heimatland entflohen sind, können sich auch in Deutschland nicht wehren und dienen PolitikerInnen und anderen als Sündenböcke, um von den eigenen, innerdeutschen Problemen abzulenken. In Supermärkten und Kaufhäusern sind Verkaufshinweise für Sonderangebote oder reduzierte Preise nur auf deutsch zu lesen, während die Hinweise für Ladendiebe auf türkisch, rumänisch und jugoslawisch geschrieben sind.

Fast alle Opfer rassistischer Brandanschläge in den letzten Jahren waren Frauen. Einige Mädchen dürfen und können das Haus nicht mehr verlassen, weil ihre Eltern Angst vor rassistisch motivierten Angriffen haben. Der Sexismus wird auf diese Weise durch den Rassismus noch verstärkt.

Auch die Gewalt gegen körperlich und geistig beeinträchtigte Menschen, Lesben und Schwule, arme und obdachlose Menschen hat in beachtlichem Maße zugenommen. Zur Palette der Angriffe gehören

Einschüchterung, Beschimpfung, das Umkippen von Rollstühlen und die Wegnahme von Gehhilfen, körperliche Mißhandlung, Vergewaltigung, Ausrauben und das Anzünden von Obdachlosen.

Ebenso wie sexistische Gewalt kann rassistische, antisemitische und rechtsradikale Gewalt nicht dadurch verhindert werden, daß sich einzelne wehren. Skinheads, Neonazis, rechtsradikale und konservative PolitikerInnen müssen wissen, daß ihre Taten nicht nur abgelehnt werden, sondern daß eine breite Koalition von Menschen, die für soziale Gerechtigkeit einstehen, aktiv Widerstand leisten werden. Auch wenn Rockkonzerte und Lichterketten Versuche sind, das öffentliche Bewußtsein zu verändern, bedeutet dies nicht, daß sich dadurch automatisch die Strukturen einer rassistischen und antisemitischen Gesellschaft verändern. Es liegt in der Verantwortung der Frauen und Männer, die nicht zu den Opfern gehören, die stillschweigende Toleranz rassistischer Denkweisen und Aktivitäten zu beenden. Wenn wir es unterlassen, gegen Rassismus und andere Formen der Diskriminierung aktiv zu werden, schaffen wir Bedingungen, die diese Formen der Gewalt ermöglichen. Es genügt nicht, nicht zu den (aktiven) TäterInnen zu gehören. Es genügt auch nicht, nur die Rechte unserer Gruppe einzufordern, besonders wenn dies auf Kosten anderer geschieht. Unsere Erfahrung als unterdrückte Frauen oder Lesben sollte uns für die Unterdrückung anderer sensibilisieren. Entweder treten wir für die soziale Gerechtigkeit für alle ein, oder wir sind selbst ein Teil des Problems.

Konfrontationstechniken gegen rassistische, antisemitische und rechtsradikale Belästigung und Gewalt

Die Möglichkeiten, rassistischer und antisemitischer Gewalt entgegenzutreten, unterscheiden sich von den Abwehrtechniken gegen sexistische Gewalt darin, daß die Frau, die konfrontiert, entweder zur Zielgruppe der Opfer oder zur herrschenden Gruppe gehören kann. Eine Schwarze oder jüdische Frau wird auf eine rassistische oder antisemitische Bemerkung vermutlich anders reagieren als eine weiße oder nichtjüdische Frau. Sie kann sehr emotional, wütend oder verletzt reagieren. Bist du selbst von der Belästigung betroffen, können die Konfrontationstechniken, die in Kapitel 10 beschrieben werden, angewandt werden. Denke immer daran, daß du als betroffene Frau nicht dafür verantwortlich bist, rassistische, antisemitische oder behindertenfeindliche Vorurteile aus der Welt zu schaffen.

In einem Bus saßen sich zwei weiße Jugendliche und zwei Schwarze Frauen gegenüber. Einer der Jugendlichen machte rassistische Bemerkungen. Die kleinere der beiden Schwarzen Frauen stand auf, zog den Jungen am Ohr und forderte ihn auf, sich für diese Äußerungen zu entschuldigen. Das tat er dann auch mit leiser und schüchterner Stimme. Sie schrie ihn an: »Lauter, ich will, daß der ganze Bus es hört!« Mit knallrotem Kopf wiederholte der Junge seine Entschuldigung.

Oft ist die Sprache, die wir benutzen, diskriminierend und verletzend. Alle Worte, die im Deutschen mit 'schwarz' verbunden werden, sind negativ konnotiert, z.B.:

Schwarzarbeit, schwarze Kasse, schwarzfahren, Schwarzmarkt, anschwärzen, schwarz ärgern, schwarzes Schaf und schwarzer Peter.

Andere negativ besetzte Ausdrücke beziehen sich auf Menschen nichteuropäischer Herkunft oder auf behinderte oder alte Menschen:

getürkt = illegal oder getrickst
bist du blind? = bist du blöd?
du siehst alt aus = du siehst schlecht aus
ich bin doch nicht dein Neger = ich bin nicht dein/e Dienstbote/-botin

Frauenfeindliches Denken offenbart sich in Ausdrücken wie:

herrlich = großartig
dämlich = blöd, bedauernswert

Diese verletzenden, diskriminierenden Bezeichnungen und Ausdrücke sollten wir aus unserem Vokabular streichen und andere darüber aufklären.

Als Karin, eine weiße Deutsche, mittags in eine Bäckerei ging, um Brot einzukaufen, sah sie dort ein Schild mit der Aufschrift 'Negerkuß'. Sie fragte, ob sie die GeschäftsführerIn oder BesitzerIn sprechen könne. Eine weiße ältere Frau kam aus dem hinteren Raum, und Karin erklärte ihr, daß 'Neger' eine diskriminierende Bezeichnung für Schwarze sei und sowohl Schwarze als auch Weiße diesen Begriff als beleidigend empfinden. Da sich Karin sicher war, daß die Bäckerei nicht absichtlich ihre KundInnen diskriminieren oder beleidigen wollte, schlug sie vor, den Begriff einfach durch 'Schokokuß' zu ersetzen. Die Frau antwortete: »'Negerkuß' ist nicht rassistisch, es heißt halt so, und wenn ich 'Schokokuß' schreibe, weiß niemand, was gemeint ist.« Karin bot an, das Schild neu zu beschriften. Die Frau antwortete, sie sei sich noch nicht sicher und müsse erst darüber nachdenken. Als Karin am nächsten Tag wiederkam, war das alte Schild weg.

Wenn wir nicht zur Zielgruppe der Opfer gehören, sollten wir immer versuchen, über Diskriminierung zu diskutieren, falsche Informationen durch die richtigen zu ersetzen und damit die Einstellung und das Verhalten der TäterInnen zu beeinflussen.

Wenn z.B. eine weiße Frau erzählt, daß sie Angst habe, nachts in einer Großstadt auszugehen, weil junge türkische und marokkanische Vergewaltiger und Räuber überall herumlungerten, sollten dieser rassistischen Behauptung die Fakten entgegengesetzt werden. Eine weiße Frau wiederum kann nicht einfach das Verhalten nur benennen und dann die Interaktion einfach abbrechen, denn Rassismus ist das Problem weißer Frauen und Männer. Die Angst vor solch einem Angriff mag durchaus berechtigt sein, aber die Nennung türkischer und marokkanischer Männer als mögliche Angreifer stellt ein Vorurteil dar. Werden weiße Männer verhaftet und vor Gericht gebracht, wird in den Medien weder ihre Hautfarbe noch ihre Herkunft genannt. Handelt es sich jedoch um Schwarze oder 'ausländisch aussehende' Männer, werden diese Eigenschaften regelmäßig genannt, was eine unberechtigte Angst vor Schwarzen Männern und Migranten erzeugt. Durch ihre Bemerkung trägt die Rednerin dieses rassistische Bild weiter. Es ist die Aufgabe anderer weißer Menschen, sie darüber aufzuklären.

Wir sollten dabei immer das Verhalten, nicht die Person kritisieren. Viele Menschen verwenden diskriminierende Ausdrücke oder äußern sich rassistisch, würden sich aber nie als RassistIn oder UnterdrückerIn betrachten. Jemanden so zu bezeichnen erzeugt meistens eine sofortige Abwehrreaktion und verhindert eine weitere konstruktive Diskussion. Die Frage danach, ob die- oder derjenige schon einmal versucht hat, eine andere Erklärung für bestimmte Phänomene zu finden, hilft meist weiter. – Hierzu ein paar Beispiele:

»Hast du dir schon einmal überlegt, daß viele Menschen gezwungen sind, ihr Heimatland zu verlassen, weil dort aufgrund von Kolonialismus und der Ausbeutung der sogenannten Dritten Welt durch die Industrienationen nur noch Armut und Hoffnungslosigkeit herrschen?«

»... daß der Ausdruck 'bis zur Vergasung' seinen Ursprung im Massenmord an Juden und anderen Menschen in der Nazizeit hat?«

»... daß es die Waffen sind, die von Deutschland und anderen Industrieländern in die ganze Welt exportiert werden, die Bürgerkriege und andere Kriege überhaupt erst möglich machen und an erster Stelle für das sogenannte 'Asylproblem' verantwortlich sind?«

»... daß Schwarze Menschen den Begriff 'Negerkuß' als Beleidigung auffassen könnten?«

»... daß es die Deutschen waren, die Gastarbeiter in ihr Land holten, um es wieder aufzubauen, und daß diese einen großen Beitrag zu unserem Sozialprodukt leisten?«

Wir sollten es nicht zulassen, daß in unserem Umfeld beleidigende, rassistische Klischees reproduziert werden. Wenn in unserer Gegenwart diskriminierende Äußerungen gemacht werden, sollten wir die sich so äußernde Person sofort unterbrechen und aufklären. Das setzt natürlich voraus, daß bei dieser Person die Bereitschaft besteht zuzuhören. Ist das nicht der Fall, weil sie sich z.B. bewußt rassistisch oder beleidigend äußert, genügt es zu fordern, daß sie sofort damit aufhört.

Als Andrea, eine weiße deutsche Frau, auf der Suche nach einem Geburtstagsgeschenk für ein Kind war, fiel ihr eine Kopie des Liedes 'Zehn kleine Negerlein' in die Hände. Sie war über die rassistische Botschaft völlig entsetzt. Sie wollte mit der Inhaberin des Geschäfts sprechen. Doch diese, eine ältere weiße Frau, weigerte sich zuzuhören. Sie sagte:»Weder Sie noch irgend jemand anderes kann mir vorschreiben, was ich verkaufe und was nicht.« Andrea antwortete darauf: »Und ich kann einkaufen gehen, wo immer ich will – hier bestimmt nicht mehr.«

Unterdrückende Verhaltensweisen und Einstellungen sollten öffentlich kritisiert werden, um Diskriminierungen keinen gesellschaftlichen oder gar gesellschaftsfähigen Raum zu geben.

Das folgende Beispiel zeigt, daß aufklärende Gespräche weitreichenden Erfolg haben können.

In einer S-Bahn betraten zwei weiße Polizisten das Abteil, gingen direkt auf einen Schwarzen Mann zu und fragten ihn nach seinem Ausweis. Angelika, eine weiße deutsche Frau, war darüber verärgert, daß nur der Schwarze Mann seinen Ausweis zeigen mußte, und griff ein: »Ihr Verhalten ist absolut rassistisch. Sie haben sich hier die einzige Schwarze Person herausgesucht. Was veranlaßt Sie zu glauben, daß er ein Krimineller ist oder sich hier illegal aufhält? Etwa seine schwarze Hautfarbe? Woher wollen Sie wissen, daß ich nicht kriminell bin, nur weil ich weiß und deutsch bin? Wollen Sie nicht auch meine Ausweispapiere sehen?« Sie fuhr fort, den Polizisten eine Szene zu machen und ihren Ausweis zu zeigen, bis diese den Mann in Ruhe ließen.

Strategien für weiße Frauen, um bei rassistischen, antisemitischen oder rechtsradikalen Vorfällen einzugreifen

Weiße Frauen sollten sich der Dynamik rassistischer, antisemitischer, lesben-, schwulen- und behindertenfeindlicher Angriffe bewußt werden und aktiv eingreifen, um sie zu beenden. Nur so wird eine Solidarität mit allen Frauen wirklich wirksam.

Wir kennen alle den Spruch:»Alle gegen eine/n ist unfair.« Männer, die Gruppen oder Banden bilden, sich bewaffnen und dann diejenigen angreifen, die sich am wenigsten widersetzen können, sind feige. Durch Demütigung und Verletzung anderer stärken sie ihr schwaches

Selbstwertgefühl und werden durch die passive Billigung oder gar die aktive Unterstützung anderer darin auch noch ermutigt.

Weiße Frauen entschuldigen ihre Tatenlosigkeit angesichts rassistischer Gewalt mit ihrer eigenen Angst vor Skinheads und Neonazis. Wenn aber weiße deutsche heterosexuelle Frauen schon Angst haben, wie müssen sich dann erst Lesben, Schwarze, MigrantInnen und körperlich oder geistig behinderte Menschen fühlen? Weiße Frauen können die Privilegien, die ihnen ihre Hautfarbe beschert, nutzen. Oft genügt der Mut einer einzigen Person, die laut Widerspruch einlegt, um die Dynamik einer Situation zu verändern.

In der Kölner U-Bahn beschwerte sich ein weißer Fahrgast lautstark über die 'Ausländer' in Deutschland. Eine weiße Frau stand auf und wies ihn an, den Mund zu halten, da alle von seinen rassistischen Tiraden angewidert seien. Daraufhin war er sofort still.

Die Frau in diesem Beispiel deutete in ihrer Aussage das Schweigen der anderen Fahrgäste in ein antirassistisches Klima um. Es war nicht ausschlaggebend, was die anderen wirklich dachten, denn keine/r wagte es, ihr zu widersprechen.

Wenn wir diskriminierenden Äußerungen nichts entgegensetzen, bilden wir stillschweigend eine Koalition mit RassistInnen, homophoben Menschen oder AntisemitInnen. Letztere interpretieren das Schweigen als Zustimmung und fühlen sich ermutigt, fortzufahren und ihre Gewalt noch zu steigern. Auch die Opfer dieser Gewalt können das Schweigen als Zustimmung interpretieren und sehen sich womöglich von einer ganzen Gruppe von Angreifern bedroht.

Nachfolgend ein ermutigendes Beispiel:

Während der Hauptverkehrszeit führte ein Professor mit mehreren seiner StudentInnen in der Berliner U-Bahn ein Experiment durch. Sie stellten eine Belästigungsszene dar, in der zwei spanische Homosexuelle von zwei weißen Männern belästigt wurden. Als die Belästigung anfing, stand eine andere weibliche Studentin auf und unterstützte die Opfer lautstark. Dann wurde die Reaktion der anderen Fahrgäste beobachtet und aufgezeichnet. In der Zeit von Januar bis Mai 1993 wurde diese Szene neununddreißig Mal wiederholt. Das Ergebnis war überraschend: Nur in zwei oder drei Fällen solidarisierten sich die Fahrgäste mit den Belästigern oder reagierten unentschlossen. In der großen Mehrheit der Fälle solidarisierten sie sich mit den Opfern, sobald nur eine Person aufstand und der rassistischen und homophoben Gewalt etwas entgegnete. Meistens waren es Frauen, die die Opfer verteidigten.[2]

Es ist wichtig, schon beim leisesten Verdacht auf rassistisches Verhalten aktiv zu werden und laut zu widersprechen, damit die Opfer nicht sich selbst überlassen bleiben.

Indem wir uns zwischen den Angreifer und das von ihm anvisierte Opfer stellen, können wir manchmal den Angreifer behindern. Wir können uns auch solidarisch zeigen, wenn wir uns einfach neben den oder die Bedrohte stellen. – Ein Beispiel:

Zwei körperlich beeinträchtigte Frauen warteten in München auf die U-Bahn, als eine Gruppe von Skinheads auf sie zusteuerte und sich laut über 'Spastis klatschen' zu unterhalten begann. Die Frauen waren verängstigt und versuchten, den Bahnsteig zu verlassen. Dann traf eine Gruppe autonomer Jugendlicher ein. Die Jugendlichen griffen sofort in das Geschehen ein, stellten sich zwischen die Frauen und die Skinheads und verhinderten einen Angriff.

Wenn du auf einen rassistischen Vorfall oder Angriff aufmerksam wirst, solltest du die Menschen in deiner unmittelbaren Umgebung darauf aufmerksam machen: Mobilisiere andere Leute, indem du sie aufforderst, etwas zu unternehmen. Sprich dabei einzelne Männer und Frauen direkt an, und sage ihnen genau, was sie tun müssen, z.B.: »Versperren Sie den Ausgang.« »Ziehen Sie die Notbremse.«
Oder gib laut Befehle: »Laßt sie uns umzingeln.« »Laßt sie nicht entkommen.« »Wenn ich bis drei gezählt habe, ergreifen wir sie.« Die TäterInnen werden dadurch verunsichert. Während sie damit beschäftigt sind, eine Person anzugreifen, kannst du sie von hinten unbeobachtet attackieren. Ermutige andere, dir zu helfen.

Kannst du nicht direkt in eine Situation eingreifen, hole Hilfe. Ziehe die Notbremse, schreie, mache eine Szene, rufe die Polizei, oder halte eine/n TaxifahrerIn an, die über Funk die Polizei rufen kann. Merke dir genau, wie die Täter oder ihr Fahrzeug aussehen, in welche Richtung sie geflüchtet sind, und tue alles, damit sie gefaßt werden.

Der antirassistische Notruf bietet auch eine Möglichkeit, auf rassistische Angriffe zu reagieren. Mittels einer Telefonkette werden UnterstützerInnen informiert, wenn irgendwo ein rassistischer Angriff erwartet wird. Menschen, die aktiv in das Geschehen eingreifen wollen, versammeln sich an dem Ort des Geschehens, umkreisen und schützen z.B. die BewohnerInnen von Flüchtlingswohnheimen und/oder blockieren rechtsradikalen Angreifern den Zugang.

Wenn du kämpfen mußt:
Selbstverteidigungsstrategien in einer körperlichen Angriffssituation

Sofortiger Widerstand

Einer der wichtigsten Grundsätze der Selbstverteidigung ist es, dem Angreifer keine Zeit zu lassen, Kontrolle über das potentielle Opfer und die Situation zu erhalten. Er darf keine Zeit haben, um Störfaktoren, wie z.b. NachbarInnen, auszuschalten. Schreien, eine Szene machen, kämpfen und wegrennen sind die besten Methoden, um einen Angreifer zur Aufgabe und Flucht zu zwingen.

Zu Beginn einer Angriffssituation ist der Angreifer noch sehr verunsichert. Er erwartet, daß sein sorgfältig ausgewähltes Opfer verängstigt und passiv reagiert und ihm nachgibt. Wenn eine Frau oder ein Mädchen aber von Anfang an schreit und kämpft, verwehrt sie dem Angreifer die Kontrolle über sich. Untersuchungen zufolge verhindert die überwiegende Mehrzahl der Frauen, die schreien, eine Vergewaltigung, da der Angreifer befürchtet, daß dadurch Aufmerksamkeit erregt wird und andere Personen zu Hilfe kommen könnten.

Schreien irritiert den Angreifer, macht andere auf die Situation aufmerksam, setzt Energien in unserem Körper frei und fungiert für uns als 'Startsignal'. Wenn wir schreien, haben wir bereits die Entscheidung getroffen, uns zu verteidigen.

Wir kennen alle den 'Opferschrei', das hohe Kreischen einer Frau, wenn sie angegriffen wird. Dieser Schrei aus der Kehle, die vor Angst zugeschnürt ist, ist ungeeignet, da wir dadurch nur unsere Hilflosigkeit ausdrücken. Angst kann uns daran hindern, richtig zu atmen, und deshalb will auch richtiges Schreien geübt sein. Wichtig ist dabei, daß wir den Unterleib anspannen und den Schrei tief aus der Mitte unseres

Körpers, dort, wo die Quelle unserer Kraft sitzt, herausbrüllen. Wir
lassen unserer Wut und Energie freien Lauf und zeigen dem Angreifer
unsere Entschlossenheit und Unbeugsamkeit.
Zwei Beispiele:

*Eine weiße Frau in Columbus, Ohio, erwachte eines Nachts und sah
einen Einbrecher, der sich über ihr Bett beugte. Ihre erste Reaktion
war, aus tiefster Lunge heraus zu schreien. Sie beschrieb ihren Schrei
als derart laut, daß er wie Farben, die den Raum füllten, aus ihr her-
auskam. Der Angreifer war so irritiert, daß er sich sofort umdrehte
und aus dem Haus rannte. Hätte sie nicht geschrien und und ihm Zeit
gegeben, sie unter seine Kontrolle zu bringen, hätte er leicht entdecken können, daß sie allein im Haus war. Auch die Nachbarn waren
alle außer Haus. Niemand außer dem Angreifer hörte ihren Schrei.*

*In Wiesbaden kam eine Frau spätabends nach Hause und sah zwei
Männer, die im Schatten ihres Hofes herumschlichen. Einer der Männer packte sie am Arm und forderte sie auf, ihm 'einen zu blasen'. Als
sie um Hilfe schrie und sich wehrte, bekam der andere Mann Angst
und bedrängte seinen Freund, lieber zu verschwinden: »Irgend
jemand ruft bestimmt die Polizei.« Die Männer rannten aus dem Hof,
und die Frau lief in ihre Wohnung, um die Polizei zu benachrichtigen.
Als die Polizei mit den Nachbarn sprach, stellte sich heraus, daß alle
die Scheie der Frau gehört hatten, sich aber niemand weiter darum
gekümmert hatte. Aber auch ohne die Hilfe der Nachbarn bewahrte
das Schreien der Frau sie vor einer Vergewaltigung, da die Täter Angst
bekamen, erwischt zu werden.*

Sofortiger Widerstand kann auch die Aufmerksamkeit anderer erregen, so daß der Angriff gemeinsam abgewehrt werden kann. Das
zeigt folgendes Beispiel:

*Lautes Schreien rettete in Köln eine weiße Frau vor der Gewalttätig-
keit eines Mannes, den sie seit einigen Wochen kannte und regelmäßig
traf. Eines Abends sagte sie ihm, daß sie ihn nicht wiedersehen wolle.
Als er sie später nach Hause brachte, gab er vor, sein Portemonnaie
bei ihr in der Wohnung vergessen zu haben. In der Wohnung warf er
sie zu Boden, stürzte sich auf sie und versuchte, sie zu erwürgen.*

*Die Schreie der Frau alarmierten ihre MitbewohnerInnen, die den
Mann von ihr zerrten und ihn aus der Wohnung warfen.*

Besonders in Situationen, in denen sich Angreifer und Opfer kennen,
kann ein sofortiger und heftiger Widerstand der Frau den Angreifer
davon abhalten, seinen Plan auszuführen. Sobald die Frau Widerstand
leistet, wird der Täter wahrscheinlich versuchen, sein Gesicht zu
wahren, und behaupten, daß sie die Situation 'falsch verstanden'
hätte.

*Die Nachtschwester eines Krankenhauses in Worms wurde von einem
Pfleger angegriffen, der ihr in den Vorratsraum folgte und die Tür hinter sich zuzog. Sie merkte sofort, daß etwas nicht stimmte, und ver-
traute ihren Gefühlen. Sie schrie und begann, auf ihn einzuschlagen.
Der Krankenpfleger ging sofort einen Schritt zurück und behauptete,
sie hätte die Situation völlig mißverstanden. Einige Monate später
wurde er verhaftet, weil er eine Schwesternschülerin auf dem Parkplatz des Krankenhauses vergewaltigt hatte.*

Wenn eine die Frau gleich zu Beginn einer Angriffssituation Widerstand leistet, kann sich der Angreifer immer noch aus dem Geschehen
herausziehen, ohne befürchten zu müssen, für ein schweres Verbrechen verhaftet und verurteilt zu werden. Diese Frau ist dann ohnehin
nicht das geeignete Opfer, und der Angreifer kann sich jederzeit eine
andere Frau oder ein anderes Mädchen suchen, das auf seine Gewalt
mit Passivität, Angst und Unterwürfigkeit reagiert – eben so, wie er
sich ein 'richtiges' Opfer vorstellt. Je mehr Zeit der Angreifer mit
einer Frau verbringt, desto mehr macht er sich eines schweren Verbrechens schuldig. Wenn er sein Opfer erst einmal entführt und vergewaltigt hat, hat er bei einer Verhaftung viel zu verlieren. In dem
Maße, wie sich die Folgen seines Verbrechens für ihn verschlimmern,
steigt seine Motivation, sein Opfer zu töten, um die Spuren zu verwi-
schen. Er hofft dadurch vermeiden zu können, entdeckt, identifiziert,
verfolgt und verurteilt zu werden.

Eine Frau sollte nie mit dem Angreifer mitgehen. Er wird sie auf
jeden Fall an einen entlegeneren Ort bringen, der ihm mehr Sicherheit
bietet und wo sie weniger Möglichkeiten hat, Hilfe von anderen zu

erhalten. Wir sollten alles dafür tun, zu verhindern, von einem Angreifer in ein Auto oder ein Gebäude verschleppt zu werden. Selbstverteidigung ist im Freien immer erfolgreicher als in geschlossenen Räumen, da hier die Möglichkeit, daß eine dritte Person eingreift, erheblich größer ist.[1]

Der beste Zeitpunkt, Widerstand zu leisten, ist sofort und vor Ort. Wenn eine Frau von Anfang an Widerstand leistet und dabei verletzt wird, kann sie dort, wo sie ist, eher medizinische Hilfe erhalten als an einem entlegenen Ort, wo der Angreifer sie und die Situation völlig unter Kontrolle hat.

Wenn der Angreifer versucht, die Frau zu fesseln, zu knebeln oder einzusperren, sollte sie wie um ihr Leben kämpfen, um dies zu verhindern, da ihre Verteidigungsmöglichkeiten dadurch stark eingeschränkt werden.

Die Vorbereitung auf eine körperliche Konfrontation: Den Angreifer einschätzen

Wenn wir mit der Möglichkeit eines körperlichen Angriffs rechnen, sollten wir uns den Mann zuerst ganz genau ansehen. Du wirst feststellen, daß alle Männer eine ganze Reihe an Schwachpunkten aufweisen. Die meisten haben zwei Augen, eine Nase, einen Hals, einen Unterleib und Knie. Es ist ganz wichtig, daß wir uns das immer vor Augen halten, denn durch die Medien haben wir ein völlig anderes Bild von Männern: Sie werden als stark, muskelbepackt und unbesiegbar dargestellt, Frauen dagegen als schwache, hilflose Wesen. Zwei Beispiele zur Illustration:

Filmszene 1: Eine Schlägerei in der Kneipe.
Unser Held wird niedergeschlagen, kommt aber schwankend wieder hoch. Jemand schlägt ihm eine Bierflasche über den Kopf. Er geht erneut zu Boden, ergreift im Fallen aber noch das Bein seines Gegners, der mit ihm fällt. Ein weiterer Angreifer zerschmettert einen Stuhl auf dem Rücken unseres Helden. Er ist für einen Augenblick etwas benommen, steht dann aber auf und tritt zu. Dann trifft ihn

wieder ein Schlag, und er fliegt über den Tresen in einen Spiegel. Alle Flaschen aus dem Regal darüber fallen herunter und zersplittern auf seinem Kopf. Unser Held ist aber ein 'echter' Mann, dem nichts etwas anhaben kann. Er ist in wenigen Sekunden wieder kampfbereit. Er kämpft sich seinen Weg frei, läuft die Treppen hinunter, springt über eine Mauer, überquert den Güterbahnhof ... usw. Echte Männer werden nie ernsthaft verletzt, sie zeigen nie Schmerz, kämpfen bis zum Tod und feiern triumphierend ihren Sieg über an sich unbesiegbare Mächte.

Filmszene 2: Schlafzimmer.
Eine blonde (komplett geschminkte) Frau liegt schlafend in ihrem Bett. Sie trägt ein enganliegendes, schwarzes Negligé. Das Fenster im Erdgeschoß wird plötzlich gewaltsam geöffnet, und wir sehen den Schatten eines großen Mannes, der das Haus betritt, langsam die Treppe hinaufsteigt und auf das Schlafzimmer im ersten Stock zusteuert. Die Szene wird von Musik untermalt, die die Spannung langsam aufbaut. Erst als der Angreifer schließlich am Bett der Frau steht und sich über sie beugt, erwacht sie. Aus weit aufgerissenen, flehenden Augen sieht sie ihn an und ringt hilflos nach Luft, während er sie zu Tode würgt.

In Kapitel 5 haben wir bereits gesehen, wie Frauen in den Medien immer wieder in dasselbe Schema gepreßt werden. Die oben beschriebene Filmszene zeigt uns wieder das Opfer Frau: Von Gewalt bedroht, ringt sie nach Luft, sieht den Angreifer aus bittenden Augen an und wird gnadenlos getötet. Wenn Frauen sich in solchen Szenen überhaupt verteidigen, ohrfeigen sie den Angreifer mit der offenen Hand, was ihre Kraft über eine große Oberfläche verteilt und ineffektiv macht. Gerne wird auch gezeigt, wie Frauen den Männern auf der Brust herumtrommeln – natürlich ohne Erfolg, weil die männliche Brust keine empfindliche Körperstelle ist.

Männer demonstrieren Frauen gegenüber gerne ihre Stärke und verschweigen dabei natürlich, daß sie auch viele Schwachstellen haben. 'Harmlose' Spielchen sind dazu bestens geeignet:

Z.B. der Mann, der sagt: »Komm Süße, schlag mir so fest du kannst in den Bauch.« Er wird daraufhin seine Bauchmuskeln anspannen, und auch wenn die Frau all ihre Kraft zusammennimmt, werden ihre Schläge ohne Wirkung bleiben. Wenn das Spiel richtig funktioniert, wird sie von seiner Stärke unglaublich beeindruckt sein und ihre eigene Hilflosigkeit nochmals bestätigt sehen. Es ist erstaunlich, daß viele Frauen dieses Machtspiel nicht als das erkennen, was es ist, nämlich als Opfertraining. Kein Mann würde jemals sagen: »Hey Baby, tritt mir doch mal so stark, wie du kannst, in die Genitalien.« Schließlich kann nichts seine Verletzbarkeit in diesem Bereich vermindern, auch keine Muskelanspannung.

In der Kampfkunst ist es verboten, auf den Unterleib zu zielen. Männer, die selbst keine Skrupel haben, ihre Stärke und ihre Größe im Kampf gegen eine kleinere Gegnerin zu ihrem Vorteil zu nutzen, werden rasend vor Wut, wenn Frauen es wagen, auf ihren Unterleib zu zielen und sie so an ihre Verwundbarkeit erinnern. Der Unterleib des Mannes gilt als heilig und unberührbar. Denken wir z.B. an Fußball und daran, wie sich die Spieler bei einem Freistoß zu einer Mauer aufstellen: Sie wissen ziemlich genau, wo sie am leichtesten zu verletzen sind.

Die Forschung zu Selbstverteidigung hat gezeigt, daß die Größe des Angreifers keinen Einfluß darauf hatte, ob eine Frau sich erfolgreich zur Wehr setzen und entkommen konnte.[2] Solange wir daran festhalten, daß ein Angreifer zwangsläufig ein uns überragender Kraftprotz sein muß, spielt es keine Rolle, wie groß oder klein er tatsächlich ist und wie viele Schwachpunkte er hat: Wir sind zum Scheitern verurteilt. Als Pflichtverteidigerin war ich immer wieder über die hohe Zahl der Vergewaltiger erstaunt, die viel kleiner waren als die Frauen, die sie vergewaltigt hatten. Die Mehrheit der Männer ist nicht besonders stark oder muskulös, die meisten sind sogar in schlechter körperlicher Verfassung. Wir müssen das angsteinflößende Bild von Männern, das uns mit unserer Erziehung mitgegeben wurde, durch eine realistische Einschätzung ersetzen. Jeder Mann hat viele Schwachpunkte.

Und wo liegen deine Stärken? Du wirst überrascht sein festzustellen, wie viele Waffen dein Körper hat: deine Hände können schlagen und stoßen, deine Daumen können Augen ausdrücken, dein Knie kann einen äußerst wirksamen Stoß versetzen, dein Kopf kann stoßen, deine Füße können treten, stampfen und rennen, mit den Augen kannst du deine Entschlossenheit vermitteln, deine wütende Stimme kann Trommelfelle zum Platzen bringen, und dein Gehirn kann darüber nachdenken, wie du aus der Situation herauskommst.

Merke:
Die wichtigste Vorbereitung für unsere Verteidigung findet im Kopf statt. Wir sollten die Bilder, die wir von Männern und uns selbst haben, ändern und selbstzerstörerische Vorstellungen durch eigene Bilder von Stärke ersetzen.

Entschlossenheit ist entscheidend

Körperliche Techniken zur Selbstverteidigung sind ziemlich einfach und erfordern keine jahrelange Übung. Wir richten unsere Waffen gegen die Schwachpunkte der Männer. Entscheidend ist unsere Entschlossenheit, nicht unsere Körpergröße oder unsere Trainingserfahrung. Ein altes amerikanisches Sprichwort besagt: »Im Kampf ist nicht die Größe des Hundes wichtig, sondern die Größe des Kampfes im Hund.«

Ist die Situation so weit eskaliert, daß eine körperliche Auseinandersetzung unvermeidlich ist, solltest du die erste sein, die zuschlägt. Frauen ohne körperliche Behinderungen sollten nicht warten, bis sie angegriffen werden und dadurch eventuell den Vorteil des Überraschungsmoments verlieren. Eine Frau im Rollstuhl muß warten, bis der Angreifer nahe genug ist, um nach ihm greifen zu können, ihn zu sich heranzuziehen und einen Schlag oder Tritt zu plazieren. Eine blinde Frau muß den Angreifer zuerst mit ihrem Stock oder den Händen ausfindig machen, um ihn schlagen und/oder treten zu können. Frauen mit Gleichgewichts- oder Gehproblemen sollten einen Arm um den Angreifer legen, um sich zu stützen, während sie mit der anderen Hand zuschlagen.

Setze deine ganze Kraft und deinen ganzen Willen in deine Verteidigung. Während du laut schreist, sammle deine gesamte Energie

und deine Wut aus deinem Inneren. Jeder Schlag, jeder Tritt muß
sitzen. Stelle dir vor, daß jeder Schlag und jeder Tritt durch den
Angreifer hindurchgeht. Bleibe nahe an ihm und über ihm, dränge
ihn mit der ganzen Kraft deines Körpers nach hinten. Stelle dir vor,
dein Leben läge auf der anderen Seite des Angreifers und du müß-
test dich durch ihn hindurchkämpfen, um zu überleben. Du hast all
deine Körperwaffen und deinen Schrei und kannst immer einen
freien Körperteil gegen ihn einsetzen. Höre nicht auf zu kämpfen,
und gib deinem Gegner keine Chance. Laß dich nicht von Gedanken über Handlungen oder Reaktionen des Angreifers ablenken.
Du hast genug damit zu tun, deinen eigenen Plan durchzuführen.
Du mußt dich nur auf dich und deine Verteidigung konzentrieren,
wobei du ein einziges Ziel verfolgst: aus der Situation herauszukommen und dein Leben zu retten.

Wenn wir uns verteidigen, wollen wir den Angreifer kampfunfähig
machen. Das bedeutet, daß wir bereit sein müssen, ihn zu verletzen. Wir setzen unseren entschlossenen Kampf so lange fort, bis
wir die sichere Möglichkeit haben zu entkommen oder bis der
Angreifer selbst wegrennt bzw. das Bewußtsein verliert. Glaube
keinem Angreifer, der angibt, verletzt zu sein, oder verspricht, aufzuhören, dann aber nicht geht. Er versucht dich möglicherweise zu
täuschen, damit du aufhörst zu kämpfen und er erneut angreifen
kann. Du bist nur für dich selbst verantwortlich. Gib nicht auf,
bevor du in Sicherheit bist.

Den Angreifer zu beißen galt immer als eine gute Möglichkeit der
Selbstverteidigung. Seit der Verbreitung von HIV und dem Auftreten
von Aids ist dies gefährlich geworden. Dem Angreifer auf den Mund
zu schlagen kann zur Folge haben, daß er blutet oder du dir deine
Hand an seinen Zähnen schneidest und so mit seinem möglicherweise
infizierten Blut in Berührung kommst. Diese Angst sollte uns aber im
Kampf gegen einen Angreifer nicht allzusehr behindern, denn eine
vollzogene Vergewaltigung birgt ebenso die Gefahr einer HIV-Infek-
tion.

Die Schwachpunkte des Angreifers

Die Augen
Ein Schlag ins Auge verursacht immer, daß das Auge tränt, so daß dein Gegner vorübergehend abgelenkt wird oder nichts sehen kann. Ein Angreifer wird eher von seinem Vorhaben ablassen, als eine Verletzung seiner Augen zu riskieren.

Wenn dich ein Angreifer würgt, konzentriert er sich völlig auf seine Hände an deinem Hals. Wenn du mit deinen Daumen seine Augen ausdrückst, muß er zwangsläufig deinen Hals loslassen, um seine Augen zu retten, und kann dich nicht mehr würgen.

Obwohl wir wissen, daß es unser wirkungsvollstes und einziges Mittel sein kann, unser Leben zu retten, die Augen des Angreifers auszudrücken, zögern viele Frauen, diese Technik anzuwenden. Der Mann, der dich angreift und würgt, beabsichtigt, dich zu vergewaltigen oder gar zu töten. Was mit seinen Augen geschieht, hängt ausschließlich von seinem Verhalten ab: Wenn Männern etwas an ihren Augen liegt, sollten sie Frauen und Mädchen nicht angreifen. Solange Männer eine Gefahr für unser Leben und unser Wohlbefinden darstellen, müssen wir darauf vorbereitet sein, sie an ihren schwächsten Punkten zu verletzen.

Bereite dich geistig und körperlich darauf vor, die Augen des Angreifers zu verletzen. Während du mit den Daumen seine Augen ausdrückst, kannst du mit den restlichen Fingern seine Ohren festhalten, um zu verhindern, daß er dir seinen Kopf entzieht. Wenn du ihm mit den Fingern in die Augen stichst, kannst du entweder Zeige- und Mittelfinger einer Hand spreizen und auf beide Augen gleichzeitig zielen oder mit jeweils beiden Fingern beider Hände zustechen. Deine Finger müssen dabei fest und angespannt sein. Wenn der Angreifer sehr nahe vor dir steht, kannst du ihm mit den Fingernägeln die Augen zerkratzen oder dich in sie krallen. Trägt der Angreifer eine Brille, nimm sie ihm sofort weg – ohne sie ist er auf jeden Fall im Nachteil.

Die Nase
Wenn die Nase von einem heftigen Schlag getroffen wird (der Winkel
ist dabei egal), tränen sofort die Augen. Die Nase blutet leicht, und
durch einen Schlag kann das Nasenbein gebrochen werden. Direkt
unterhalb der Nase gibt es einen Punkt, der, wenn er von unten hart
getroffen wird, eine Person ohnmächtig werden läßt.

Du schlägst dafür mit dem Handballen von unten nach oben.
Dabei hältst du das Handgelenk gebeugt und ziehst die Finger wie
Krallen an. Für einen Faustschlag zur Nase muß das Handgelenk
gerade sein, die Finger fest zu einer Faust geschlossen, und der
Daumen sollte niemals in der geschlossenen Faust, sondern zur
Unterstützung quer über den Fingern auf dem zweiten Fingerglied
liegen. Ziele mit den oberen beiden Knöcheln, denn es ist besser,
deine Schlagkraft auf eine kleine Fläche zu konzentrieren. Sehr
wirkungsvoll ist es auch, von oben nach unten mit dem Faustrücken
auf die Nase des Angreifers zu schlagen. Wenn er sich hinter dir
befindet, kannst du in einer diagonalen Bewegung über deine
Schultern einen Schlag in sein Gesicht plazieren oder mit dem
Faustrücken, der in einem Halbkreis aus dem Ellbogen direkt nach
oben schnappt, zuschlagen. Auch ein Schlag mit dem Ellbogen
direkt nach hinten in das Gesicht des Angreifers ist sehr effektiv.
Steht der Angreifer vor oder hinter dir, kannst du deinen Kopf
benutzen und damit seiner Nase einen Stoß versetzen.

Der Hals
Ein ebenso äußerst verletzbarer Angriffspunkt ist der Hals. Jeder
Schlag, der von unten nach oben ausgeführt wird, kann Würgegefühle
und extreme Schluckbeschwerden auslösen.

Der Hals kann mit der Faust getroffen werden (Adamsapfel), von
der Seite mit der äußeren Handkante oder von vorne mit der Innen-
seite des Zeigefingers, wenn Daumen und Zeigefinger ein V bilden.
Wenn du die Finger fest zusammenhältst, kannst du sie durch die
Luftröhre stoßen. Versuche das einmal an deinem eigenen Hals: Du
wirst feststellen, wie wenig Druck nötig ist, um Schmerzen und
Hustenreiz zu verursachen.

Ein Beispiel:
Eine Italienerin verhinderte ihre Vergewaltigung dadurch, daß sie ihren Schuhabsatz in die Luftröhre des Angreifers schlug. Sie verletzte ihn so sehr, daß sie entkommen konnte und er gefaßt wurde.

Die Finger
Die Finger des Angreifers können zurückgebogen und gebrochen werden.

Du greifst dafür mit deinen Fingern zwischen seine, nimmst dann einen Finger, legst von oben deinen Daumen auf das Gelenk, das den Finger mit der Hand verbindet, und biegst dann den Finger ruckartig nach hinten. Diese Technik kann dazu benutzt werden, seinen Griff an deinem Hals oder Mund zu lockern, wenn er dich von hinten würgt.

Der Solarplexus
Ein Schlag in den Solarplexus ist besonders wirkungsvoll, wenn er von unten nach oben geführt wird. Steht der Angreifer hinter Dir, kannst du einen kleinen Schritt zur Seite gehen und dann mit dem Ellbogen gerade nach hinten in den Solarplexus schlagen. Um die maximale Kraft auszunutzen, darfst du deine Hüfte nicht drehen, da sonst der Ellbogen sein Ziel verfehlt und seitlich vorbeigeht. Deine Hüfte sollte nach vorne zeigen und dein Ellbogen an deinen Rippen entlang nach hinten den Solarplexus treffen. Steht der Angreifer vor dir, kannst du mit der Faust in seinen Solarplexus schlagen.

Ein Schlag auf dieses kleine Dreieck zwischen den Rippenbogen kann sehr schmerzhaft sein, allerdings sind Augen, Hals, Knie und Unterleib wesentlich verletzbarer.

Der Unterleib
Der wirkungsvollste Schlag in den Unterleib ist ein Kniestoß.

Der Kniestoß sollte aus einer stabilen Stellung heraus erfolgen, wobei das hintere Bein zum Schlag benutzt wird, damit die ganze Kraft aus der Hüfte eingesetzt werden kann. In den Unterleib zu treten ist nur dann eine gute Möglichkeit, wenn der Angreifer mit seinen Händen beschäftigt ist, dich also anfaßt oder würgt. Ansonsten besteht die Gefahr, daß er deinen Fuß ergreift und dich aus dem Gleichgewicht bringt. Die Chance, daß er dein Knie zu fassen bekommt, ist sehr gering, und die Verteidigungsstellung beim Kniestoß ist wesentlich stabiler als bei einem Tritt. Von vorne können auch Schläge mit dem Arm erfolgen, wobei der Schlag immer von unterhalb der Hoden nach oben durchgeführt werden sollte, gleichgültig, ob du mit der Hand, Faust, Innenhandkante oder dem Unterarm zuschlägst. Ist der Angreifer sehr nahe, kannst du seine Hoden oder seinen Penis greifen, verdrehen und mit einem heftigen Ruck daran ziehen.

Eine neunundsechzigjährige Frau ohne Beine verteidigte sich gegen einen jungen Mann, der in ihre Wohnung eingebrochen war, ihr die Prothesen wegnahm und sie zu vergewaltigen versuchte. Sie griff in seine Hoden und drückte so lange zu, bis er ohnmächtig wurde.[3]

Eine junge türkische Frau wurde beim Joggen von hinten von einem Mann angegriffen. Er versuchte, sie mit der Schnur ihres Kapuzensweatshirts zu erwürgen. Jedesmal wenn er heftig an der Schnur zog, zog sie ebenfalls heftig an seinem Hoden. Als er vor Schmerzen zusammenbrach, konnte sie entfliehen.

Gerade die Tatsache, daß immer wieder orale Vergewaltigungen begangen werden, zeigt, wieviel Angst wir vor Männern haben und wie sehr uns diese Angst beherrscht. Ohne Bedenken steckt der Mann sein empfindlichstes (in seinen Augen auch sein wertvollstes) Körperteil in den Mund der Frau. Er vertraut darauf, daß sie ihre Zähne, ihre stärkste Waffe, vor lauter Angst nicht einsetzen wird und ihm nicht den Penis abbeißen wird. Natürlich sollten wir eine Situation gar nicht erst soweit kommen lassen, daß wir das Maß unserer Gegenwehr derart steigern müssen. Wenn die Situation aber bereits zur Vergewaltigung eskaliert ist, haben wir nichts mehr zu verlieren – im Gegensatz zu unserem Angreifer. Beiß zu!

Das Knie
Das Knie ist ein Gelenk und somit der schwächste Teil des Beins. Da sich das Knie nur in eine Richtung beugen läßt, erzielen wir die größte

Wirkung, wenn wir von vorne oder der Seite treten und es so in eine Richtung beugen, die physiologisch nicht vorgesehen ist. Kann der Angreifer nicht mehr laufen, kann er dich auch nicht mehr verfolgen.

Die effektivste Wirkung erziehlen wir, wenn wir vor dem Angreifer stehen und mit einem Schnapptritt mit dem Fußballen oder der Schuhspitze durch die Knie treten. Von der Seite ist ein Stampftritt mit der Ferse oder der Außenkante des Fußes sehr wirkungsvoll. Wenn du einen Angreifer, der direkt hinter dir steht, treten willst, hebst du dein Knie an und stampfst mit der Seite deines Fußes nach hinten.

Ohren, Genick, Rücken, Nieren, Rippen
Wenn sich der Angreifer nach vorne beugt oder im Begriff ist zu fallen, kannst du seinen Kopf nehmen und mit einem Kniestoß zerschmettern. Liegt er auf dem Boden, können wir noch weitere Schwachpunkte verletzen. Mit dem Schlag einer gewölbten Handfläche auf das Ohr kannst du das Trommelfell des Angreifers zerstören und sein Gleichgewichtsgefühl ausschalten. In die Wirbelsäule, die Nieren, das Genick oder die kurze Rippe kannst du treten oder mit dem Ellbogen oder der Hand schlagen.

Die Methoden der Selbstverteidigung sind keine Tricks oder ausgefallene Fertigkeiten, sondern einfache und wirkungsvolle Techniken. Die beste Möglichkeit, den Glauben an sich selbst zu stärken und körperliche Techniken zu üben, besteht in der Teilnahme an einem feministischen Selbstverteidigungskurs.

Wenn du nicht weglaufen kannst

Es gibt Situationen, in denen der Angreifer trotz unserer Versuche, ihn abzuwehren und wegzurennen, die Kontrolle über uns behält. Wenn es uns nicht gelingt zu flüchten, sollten wir nicht aufgeben und nicht an Entschlossenheit verlieren. Wir haben immer noch unsere Phantasie und unseren starken Willen, aus der Situation herauszukommen.

In Vergewaltigungssituationen distanzieren sich Frauen häufig innerlich von dem, was geschieht, da sie die Situation nicht ertragen können.

Wenn wir innerlich Abstand von der Situation nehmen, uns herausziehen, sind wir wie betäubt, und unser Widerstand ist geschwächt. Versuche daher einen klaren Kopf zu behalten, und suche nach dem best-
möglichen Fluchtweg für dich.

Wenn der Angriff in einem Auto stattfindet, während du irgend-
wohin gefahren wirst, konzentriere dich, und merke dir folgende
Dinge: das Autokennzeichen, die Automarke, weitere Merkmale
des Fahrzeugs und seines Inhalts (Farbe, Anzahl der Türen, die Art
der Stoßstangen, Aufkleber, Antenne, Anzahl der Innen- und
Außenspiegel, Farbe der Sitze, Art der Sitze, Überzug, Fabrikat
des Radios, Tachometer, Benzinanzeige, Fußmatten, Gangschal-
tung, Lautsprecheranbringung, Art der Schlösser und Türen, Fen-
sterkurbeln, Sicherheitsgurte sowie herumliegende Dinge wie beispielsweise Bierflaschen, Bücher, Kassetten, Werkzeug, Zeitungen,
Sonnenbrille oder Kleidung).

Wenn du entführt wirst, versuche, dir den Weg und die Dauer der
Fahrt zu merken. Achte darauf, wann und ob sich die Straßenober-
fläche verändert hat, ob ihr angehalten habt (eine Ampel), Kurven
und Wendungen der Straße. Wenn du nichts sehen kannst, achte
auf Geräusche. Merke dir alles, was einen Hinweis darauf geben
könnte, wie ihr gefahren seid: Baustellen, Maschinenlärm, Kirchen-
glocken, das Pfeifen eines Zuges, das Muhen von Kühen, das Signal
von rückwärtsfahrenden Lkws, besondere Gerüche wie Rauch,
Abgase, ein Fluß oder eine Brauerei.

Wenn du von einer unbekannten Person angegriffen wurdest,
merke dir genau die Körpergröße, Gewicht, Haar- und Augenfarbe,
Haarschnitt, Gesichthaar, andere Gesichtsmerkmale, möglicherweise Nationalität, Akzent, Hautfarbe, Tätowierungen, Narben,
Schmuck usw. Schaue dir seine Kleidung genau an, und versuche
festzustellen, von welchem Hersteller seine Schuhe, seine Jacke
oder Jeans stammen. Merke dir ebenso die Farbe und Art seiner
Hose und seines Hemdes. Jeder Versuch, sich den Angreifer genau
anzusehen, muß heimlich stattfinden, so daß er nicht auf die Idee
kommt, du könntest ihn wiedererkennen oder vorhaben, ihn strafrechtlich zu verfolgen.

Versuche, Beweisstücke zu sammeln, die auf den Angreifer hinwei-
sen. Reiße ihm Haare aus, zerkratze ihm das Gesicht, so daß du
Hautproben unter deinen Nägeln hast. Merke dir so viele Einzelheiten wie möglich über den Tatort. Wenn es ein Haus ist, merke
dir die Anzahl der Räume, ob es Teppichboden oder Parkett gibt,
wo die Ausgänge sind, welche Schlösser an den Türen sind. Wenn
du die Chance hast wegzurennen, kann dir dieses Wissen bei der
Flucht behilflich sein. Merke dir so viele Details wie möglich über
Dinge im Haus: Zeitungen und Zeitschriften, die herumliegen,
Milchflaschen, Bücher und Bilder.

Behauptet der Angreifer, eine Waffe zu haben, versuche, sie zu
Gesicht zu bekommen. Merke dir die Größe, das Gewicht und die
Farbe. Insbesondere die Form und Länge einer Waffe und even-
tuelle Markierungen sind von Bedeutung.

Versuche, Beweismaterial am Tatort zurückzulassen, z.B. einen
Handschuh, einen Schal, einen Ring, einen Knopf oder auch
Haare von dir. Versuche ebenso, etwas vom Tatort mitzunehmen,
denn wenn der Angriff im Haus oder im Auto des Täters stattgefunden hat, kannst du damit beweisen, dort gewesen zu sein.

Verbaler Widerstand und Verhandlungen mit dem Angreifer

Vergewaltiger geben sich gerne der Illusion hin, daß Frauen es eigentlich mögen, vergewaltigt zu werden.

Wiederhole deshalb immer wieder: »Nein«, »Hör auf«, so daß der
Angreifer sich nicht vormachen kann, daß du seinen Versuch, dich
zu vergewaltigen, genießt. Er soll mit seiner schäbigen Phantasie
nicht davonkommen.

Tue, was du tun mußt, um lebend aus der Situation herauszukommen. Versuche alles und jede Strategie, die dir einfällt, um den
Angreifer oder die Situation unter Kontrolle zu bekommen. Alles –
außer bitten und flehen, da diese Strategien die Wahrscheinlichkeit, vergewaltigt zu werden, erhöhen.[4] Es ist auch nicht ratsam,
den Angreifer herabzusetzen oder sich über ihn lustig zu machen.

In einigen Fällen können Verhandlungen mit dem Angreifer hilfreich sein. Manchen Frauen ist es auf diese Weise gelungen, den Angreifer zu veranlassen, seine Waffe wegzulegen, ihn von bestimmten sexuellen Praktiken wie Anal- oder Oralsex abzuhalten oder zum Tragen eines Kondoms zu überreden.

Wenn du mit dem Angreifer verhandeln willst, versuche ihn in ein Gespräch zu verwickeln, um zu erreichen, daß er dich als eigenständige Person wahrnimmt und nicht als sein Phantasieobjekt. Sage ihm, wie du heißt, erzähle ihm von dir, deinem Leben, deinen Hoffnungen und Träumen, von deiner Familie, deinen Kindern und deinen Eltern.

Sage ihm, daß du eine Geschlechtskrankheit, Aids oder Krebs hast oder eine Infektion an der Gebärmutter oder daß du schwanger bist. Bestehe darauf, daß er zu 'seinem' Schutz ein Kondom trägt. Erzähl ihm, daß du noch Jungfrau bist und nächste Woche heiratest. Sag ihm, daß er ins Gefängnis kommt. Überlege dir genau, worauf du dich beim Erzählen konzentrieren willst. Es ist dabei vor allem wichtig, daß du überzeugend bist.

Versuche, durch Reden Zeit zu gewinnen. Unternimm alles, um die Chance zu vergrößern, daß andere auf die Situation aufmerksam werden. Erzähle dem Angreifer, daß dein Mitbewohner/Dein Freund Polizist ist und bald von der Arbeit kommt.

Oder erzähle ihm, daß du erst einmal etwas trinken mußt, um dich zu entspannen. Biete ihm auch etwas an. Sobald du in der Küche bist, suche nach einer Waffe.

Biete dem Angreifer Geld an. Sage ihm, daß er dich zur Bank begleiten kann und daß du ihm deine gesamten Ersparnisse gibst. Versuche alles, um an einen Ort zu gelangen, an dem noch andere Menschen sind und du eine Chance hast zu entkommen.

Sage dem Angreifer, daß du auf die Toilette mußt. Läßt er dich gehen, versuche, die Tür von innen zu verschließen und aus dem Fenster zu springen. Befindet sich das Badezimmer im ersten oder zweiten Stock, hänge dich außen ans Fenstersims und laß dich fallen. Wenn das Badezimmer noch weiter oben gelegen ist, hänge dich aus dem Fenster und rufe um Hilfe. Bitte jemanden, die Polizei zu rufen. Wenn du nicht durch das Fenster entkommen kannst, sieh dich nach einer verwendbaren Waffe um, beispielsweise einer Rasierklinge.

Wenn du die Möglichkeit hast, an deine oder die Waffe des Angreifers zu kommen, zögere nicht, sie sofort zu benutzen. Ziele mit der Absicht, ihn zu töten, nicht, ihn nur zu verletzen.

Sage dem Angreifer, daß du dich schämst, einer anderen Person von der Vergewaltigung zu erzählen, und daß du Angst hast, dein Ehemann, Freund oder Vater könnte davon erfahren. Sag ihm, daß du Angst um deine Kinder und deinen Arbeitsplatz hast. Vermittle ihm, daß du dir so große Sorgen um die Auswirkungen, die die Vergewaltigung auf deine Beziehung, dein Ansehen und deine Familie haben könnte, machst, daß du niemandem davon erzählen würdest. Du mußt so überzeugend sein, daß er glaubt, du würdest ihn unter keinen Umständen anzeigen.

Wenn du zu irgendeinem Zeitpunkt die Chance hast zu fliehen, ergreife sie. Deutet dir der Angreifer an, daß er dich eventuell gehen läßt, geh sofort. Warte nicht, bis du angezogen bist oder deine Sachen eingesammelt hast. Verschwinde, bevor er seine Meinung ändern oder dich zurückholen kann. Laufe so schnell du kannst, und hole Hilfe.

Nach einer Vergewaltigung oder einem Angriff

Wenn du dir sicher bist, daß du Anzeige erstatten willst, benachrichtige sofort die Polizei. Auch wenn du keine Anzeige erstatten willst oder dir darüber noch nicht im klaren bist, solltest du in ein Krankenhaus gehen und dich behandeln lassen. Du solltest den Frauennotruf um Rat fragen und eine Beraterin, eine Freundin oder eine Person aus deiner Familie bitten, dich im Krankenhaus zu treffen.

Du solltest nach einer Vergewaltigung oder einem Angriff weder duschen noch deine Kleidung wechseln, da du dadurch Beweismaterial vernichten könntest. Im Krankenhaus können deine Verletzungen behandelt werden, und du kannst dich wegen einer möglichen HIV-Infizierung, einer Geschlechtskrankheit oder einer Schwangerschaft testen und beraten lassen. Falls du dich erst später dazu entscheidest, Anzeige zu erstatten, können die Beweisstücke gesammelt und die Vergewaltigung oder der Angriff dokumentiert werden.

Mache Photos von deinen blauen Flecken, Kratzern und anderen Verletzungen, und schreibe so schnell wie möglich alle Details, an die du dich erinnern kannst, auf, oder sprich alles auf Band. Versuche dich an alles zu erinnern, ob es dir nun wichtig erscheint oder nicht.

Suche dir Unterstützung

Nach einem Angriff oder einer Vergewaltigung solltest du auf jeden Fall mit den Frauen vom Frauennotruf sprechen und dich beraten lassen oder dich einer Selbsthilfegruppe anschließen. Deine Familie oder FreundInnen können von dem Angriff völlig überfordert sein und sind eventuell nicht in der Lage, dir die Unterstützung zu geben, die du brauchst. Die Frauen des Notrufs sind sehr erfahren und kompetent. Sie wissen, was eine Frau nach einem Angriff durchmacht, und können dich unterstützen. Sie können dir sagen, was im Laufe deines Heilungsprozesses auf dich zukommt.

Es gibt nicht *den* richtigen Weg, um mit den Nachwirkungen einer Vergewaltigung fertig zu werden. Einige Frauen weinen, andere arbeiten viel, einige müssen darüber sprechen, andere verdrängen das Geschehen, einige werden in der Frauenbewegung aktiv. Allgemein gilt: Je mehr Zeit vergeht, desto weniger wird der Angriff dein Leben bestimmen. Du bist dieselbe Frau, die du vor dem Angriff warst. Du trägst keine Verantwortung für die Vergewaltigung. Nichts, was du getan oder unterlassen hast, ist in irgendeiner Form für die Gewalt des Angreifers verantwortlich. Alles, was du getan hast, um zu überleben, war richtig. Du bist stark, und du bist eine Überlebende.

Viele wissen nicht, wie sie dir helfen können. Deshalb werden dir vielleicht FreundInnen, Familienmitglieder oder die Polizei vorschlagen, einen Selbstverteidigungskurs zu belegen. Für viele Frauen ist jedoch der Zeitpunkt direkt nach einem Angriff viel zu früh, um an einem Kurs teilzunehmen. Nein zu sagen ist ein Zeichen von Stärke, nicht von Schwäche. Am wichtigsten ist es, zuerst die Seele zu heilen. Ein Selbstverteidigungskurs ist nur dann gut, wenn du dich dazu bereit fühlst.

Waffen

Wenn der Angreifer bewaffnet ist

In jeder Angriffssituation, in der der Angreifer uns mit einer Waffe bedroht, müssen wir versuchen, einzuschätzen, welche Absichten er damit verfolgt. Unsere Abwehrstrategien unterscheiden sich danach, ob der Angreifer ein Räuber, Skinhead oder Vergewaltiger ist.

Wenn ein Angreifer dich nur ausrauben will, gib ihm, was er haben will. Versuche, das Geld oder die Autoschlüssel weit von dir weg zu werfen, und laufe schreiend in eine andere Richtung. Wir sollten weder unsere Gesundheit noch unser Leben für materielle Werte, die wieder ersetzt werden können, riskieren. Wenn der Angreifer allerdings mehr fordert, ist es Zeit, uns mit allen uns zur Verfügung stehenden Mitteln zu verteidigen.

Bei sexuellen Angriffen ist die Mehrheit der Vergewaltiger unbewaffnet. Eine Untersuchung der Hannoverschen Polizei über Vergewaltigung und versuchte Vergewaltigung ergab, daß nur 8,7 Prozent der Angreifer bewaffnet waren; wenn mehrere Täter beteiligt waren, wurden keine Waffen eingesetzt.[1]

Bei rassistisch motivierten Angriffen werden wesentlich häufiger Waffen eingesetzt. Schwarze Menschen und MigrantInnen müssen davon ausgehen, daß der Angreifer sie töten will. Neonazis und Skinheads treten häufig in Gruppen auf und sind meist bewaffnet. Bei einer Auswertung der Zeitungsberichte über rassistische Gewalt wurde genau dokumentiert, welche unterschiedlichen Waffen bei den Überfällen zum Einsatz kamen: Bleikugeln, Schreckschußpistolen, Ketten, Steine, Messer, Reizgas, Samurai-Schwerter, Baseballschläger,

Stahlkugeln, Molotowcocktails, Kracher, Feuerlöscher, Feuerwerkskörper, Leuchtspurmunition, Steine, Eisenstangen, Fahrradketten. Beschlagnahmt wurden u.a. Mannschaftsbusse, Funkgeräte und Videokameras.[2]

Die US-amerikanische Forschung zur Selbstverteidigung hat gezeigt, daß die Tatsache, ob ein Angreifer bewaffnet ist oder nicht, keinen Einfluß darauf hat, ob eine Vergewaltigung vollzogen wird. Mit dem Vollziehen einer Vergewaltigung hängt viel stärker das Maß der ausgeübten Gewalt oder die Androhung von Gewalt zusammen. Männer brauchen keine Waffen, um eine Frau einzuschüchtern. Ihre körperliche Stärke und ihre größere Erfahrung mit körperlicher Gewalt genügen vollkommen.[3] Die Studie von Bart und O'Brien (in Kapitel 2 näher ausgeführt) belegt, daß Frauen häufig entkommen können, wenn sie sich zur Wehr setzen. 44 Prozent der Frauen in ihrer Studie leisteten gegen einen bewaffneten Angreifer Widerstand und konnten ihre Vergewaltigung verhindern. Im Gegensatz zu Frauen anderer ethnischer Herkunft ließen sich Schwarze Frauen nicht durch eine Waffe davon abhalten, sich zu verteidigen.[4]

Häufig tragen Männer eine Waffe, um sich vor anderen Männern zu schützen. In einem Selbstverteidigungskurs fragte mich einmal ein fünfjähriges Mädchen: »Was soll ich denn machen, wenn mir ein Mann ein Gewehr an den Kopf hält und will, daß ich mit ihm gehe?« Die Angst des Mädchens vor einem bewaffneten Mann war zunächst berechtigt. Wir wissen aber alle, daß erwachsene Personen im Grunde keine Waffen brauchen, um einem kleinen Mädchen ihren Willen aufzuzwingen. Die meisten Männer halten es nicht für notwendig, gegen Frauen Waffen einzusetzen, denn sie glauben, sich auf deren Angst vor körperlicher Gewalt verlassen zu können. Sie schüchtern ihre Opfer ein und zwingen sie, sich ihnen zu unterwerfen. Dies ist eine sehr realistische Einschätzung der Männer – vor allem, wenn wir unsere anerzogene Angst vor Männern, kombiniert mit erlernter Passivität und dem Mangel an Selbstverteidigungsfertigkeiten, mit in Betracht ziehen. Die meisten Frauen und Mädchen leisten nicht einmal einem unbewaffneten Angreifer gegenüber Widerstand.[5] Dennoch wurde uns eine unverhältnismäßige Angst vor bewaffneten Angreifern beigebracht. Der Gedanke daran, sich einem bewaffneten Angreifer zu widersetzen, fällt sogar Frauen, die sich vorstellen können, einen unbewaffneten Täter in die Flucht zu schlagen, sehr schwer.

Die Regel, einem Angreifer sofort Widerstand entgegenzusetzen, gilt auch im Falle eines bewaffneten Angriffs. Zu Beginn kann der Angreifer die Situation noch nicht genau einschätzen. Er weiß nicht, wie die Frau reagieren wird, ob sie sich körperlich wehren wird, schreien wird oder ob andere Leute in der Nähe sind, die ihr helfen könnten. Wenn eine Frau sofort Widerstand leistet, hat sie die größten Chancen, daß der Täter flieht, weil er auf keinen Fall das Risiko eingehen will, gefaßt zu werden. Auf den 'richtigen' Augenblick zu warten ist nicht ratsam, denn je länger eine Frau mit dem Täter zusammen ist, desto größer werden seine Möglichkeiten, die Situation vollständig zu kontrollieren. Je länger wir mit einem Angreifer zusammen sind, desto schwerwiegender wird sein Verbrechen und desto größer seine Motivation, die Spuren zu beseitigen.

In jeder Angriffssituation ist die Angst, getötet zu werden, groß. Bei einem bewaffneten Angriff ist sie selbstverständlich noch viel größer. Wenn Frauen in solchen Situationen getötet werden, dann meistens *nach* der Vergewaltigung. Wir haben Angst, der Täter könnte seine Waffe benutzen und seine Drohung, uns zu töten, wahr machen, wenn wir nicht mit ihm kooperieren. Da wir glauben, daß unser Widerstand ohne Waffe zwecklos sein könnte, unterwerfen wir uns und hoffen, nach einer Vergewaltigung nicht umgebracht zu werden.

Auf den guten Willen des Vergewaltigers zu vertrauen ist unrealistisch. Sein Hauptziel ist es, uns zu verletzen und zu vergewaltigen. Wie kommen wir da auf den Gedanken, in ihm stecke auch nur ein Fünkchen guter Wille oder gar Mitleid?

Bestünde das einzige Ziel des Angreifers, der uns mit einer Waffe bedroht, darin, uns zu töten, wären wir schon tot. Er will – wie jeder Vergewaltiger – Macht und Kontrolle über uns. Der Wille, uns zu verteidigen, und unsere Entschlossenheit, nicht mit ihm zu 'kooperieren', können für ihn Anlaß genug sein, sich nach einem geeigneteren Opfer umzusehen.

Wenn der Angreifer bewaffnet ist, gibt es keine guten oder einfachen Strategien. Wir sind gezwungen, uns für das geringere Übel zu entscheiden. Wenn wir keinen Widerstand leisten, legen wir unser Schicksal in seine Hände. Mag der Gedanke an Widerstand gegenüber einem bewaffneten Angreifer noch so erschreckend sein: Was kann schlimmer sein, als sich seinen Forderungen zu unterwerfen und völlig unter seine Kontrolle zu geraten? Beabsichtigt der Angreifer, uns zu töten, haben wir überhaupt keine Chance, wenn wir uns nicht wehren. Wenn wir Widerstand leisten, haben wir zumindest eine Chance zu entkommen, und mag sie noch so gering sein. Auch wenn der Gedanke, sich gegen einen Mann mit einem Messer zur Wehr zu setzen, bedrohlich ist, ist das immer noch besser als die Vorstellung, wie er kaltblütig und überlegt die Kehle einer gefesselten Frau durchtrennt, die er vorher vergewaltigt hat.

Häufig wird argumentiert, daß der Mann, der sein Opfer tatsächlich 'nur' vergewaltigen will, durch den Widerstand provoziert wird und deshalb die Frau aus Wut oder 'aus Versehen' tötet. Jeder angeklagte Frauenmörder wird dasselbe behaupten – wer würde denn auch zugeben, einen kaltblütigen Mord begangen zu haben? Die immer wieder eingesetzte Strategie, das Opfer für die Taten des Vergewaltigers verantwortlich zu machen, ist besonders wirkungsvoll, wenn die Frau tot ist und nicht mehr für sich selbst sprechen kann.

Da wir den Beschreibungen angeklagter oder überführter Mörder nicht glauben können, müssen wir uns die Situationen, in denen Frauen ermordet wurden, genau ansehen. Fälle, in denen Frauen einfach tot aufgefunden werden, sind sehr selten, und mit Ausnahme der häuslichen Gewalt mit Todesfolge wurden die meisten Frauen vor ihrer Ermordung sexuell angegriffen.

Die Entscheidung, sich zur Wehr zu setzen, muß *vor* einem Angriff getroffen werden. Wenn wir durch den Angriff erst einmal in einen Schockzustand geraten sind, ist es sehr schwer, eine rationale Entscheidung zu treffen. Wenn du dir vorher nicht in Ruhe die Möglichkeiten überlegt hast und dich bewußt zur Gegenwehr entschieden hast, kann dich der Anblick eines Gewehrlaufs vielleicht schnell überzeugen, zu tun, was der Angreifer verlangt.

Vergleiche einmal die beiden folgenden Situationen, die mir Frauen
aus meinen Selbstverteidigungskursen erzählt haben:

*Eine ältere weiße Frau war dabei, Lebensmittel in den Kofferraum
ihres Fahrzeuges zu laden, als plötzlich ein Mann ein Gewehr auf sie
richtete und ihr befahl einzusteigen. Sie gehorchte, da sie große Angst
hatte, er könnte sie erschießen. Er brachte sie in eine einsame Gegend
und vergewaltigte sie. Dann fesselte und knebelte er sie, sperrte sie in
den Kofferraum und fuhr ziellos umher, bevor er sie wieder vergewaltigte. Die ganze Nacht lang ging das so, bis er sie schließlich aus dem
Auto in einen Straßengraben warf.*

*Eine junge weiße US-Amerikanerin fuhr nachts per Anhalter. Als ein
Auto anhielt, sie die Tür öffnete und den Kopf in das Fahrzeug steckte,
blickte sie in einen Gewehrlauf, der nur wenige Zentimeter von ihrem
Gesicht enfernt war. Der Angreifer befahl ihr einzusteigen: »Steig ein,
du Hure, oder du stirbst.« Daraufhin schlug sie die Autotür zu und
rannte schreiend davon. Der Angreifer entfernte sich schnell in eine
andere Richtung.*

Wenn der Angreifer will, daß wir mit ihm kommen, ist klar, daß er
uns an einen Ort bringen will, wo er uns leichter kontrollieren kann
und wo das Risiko auszuschließen ist, daß wir Hilfe holen können
oder daß Außenstehende eingreifen. Eine Geschichte, die sich vor
einigen Jahren in Cleveland ereignete, verdeutlicht die Gefahr, in die
wir uns begeben, wenn wir den Aufforderungen des Angreifers Folge
leisten:

*Zwei Frauen kamen gerade aus einer Bar und gingen über den Park-
platz auf ihr Auto zu, als sie von einem Mann, der sie mit einem
Gewehr bedrohte, aufgefordert wurden, in ihren VW-Bus einzusteigen
und loszufahren. Er dirigierte sie in ein einsam gelegenes Industriegebiet, wo er einer der beiden Frauen befahl, sich auszuziehen. Als
sie sich weigerte, hielt er den Gewehrlauf an die Schläfe ihrer Freundin, drückte ab und tötete sie auf der Stelle. Dann vergewaltigte der
Mann die andere Frau, die unter Schock stand, und feuerte die restlichen Kugeln seines Magazins auf sie ab. In der Annahme, die Frau
sei tot, ließ er sie an Ort und Stelle liegen. Dort wäre sie beinahe*

*verblutet, wäre nicht am nächsten Morgen ein Jogger über ihren fast
leblosen Körper gestolpert. Auf wundersame Weise überlebte sie und
konnte so die Umstände des Angriffs berichten.*

Es ist schwer, die Angst zu überwinden und sich gegen einen bewaffneten Angreifer zu wehren. Die beiden Frauen haben in einer
schwierigen Situation das ihnen Bestmögliche getan. Wir haben die
Möglichkeit, etwas Positives aus der Tragödie dieser beiden Frauen
zu ziehen, wenn wir sie analysieren und daraus lernen.

Es war zwar schon spät am Abend, aber der Parkplatz war im Zentrum Clevelands gelegen, das durch den Gaststättenbetrieb und viele
PassantInnen belebt war. Wenn die Frauen geschrien hätten, in unterschiedliche Richtungen davongerannt wären oder sich schlichtweg
geweigert hätten, in den Bus einzusteigen, hätte der Angreifer – durch
ihre Gegenwehr irritiert – höchstwahrscheinlich nicht geschossen.

Es ist ernsthaft zu bezweifeln, daß der Angreifer die Absicht hatte, die
Frauen auf der Stelle zu erschießen. Er hatte nicht das Ziel zu töten,
sondern wollte Macht und Kontrolle ausüben; schließlich gibt es
Männern einen gewissen Nervenkitzel, wenn sie uns demütigen und
erniedrigen können. Aber selbst wenn wir annehmen, daß der Mann
beide Frauen auf der Stelle töten wollte, wären seine Chancen, dies zu
bewerkstelligen, ziemlich gering gewesen, wenn die Frauen sich
sofort wütend zur Wehr gesetzt hätten. Wie hätte er zwei Frauen
erschießen sollen, die schreiend in verschiedene Richtungen davon-
laufen? Es ist schon nicht einfach, ein, geschweige denn zwei beweg-
liche Ziele zu treffen.

Was wäre wohl geschehen, wenn die Frauen sich gewehrt hätten? Sie
hätten auf jeden Fall eine Chance gehabt, und jede Chance ist es wert,
genutzt zu werden. Schlimmstenfalls wären beide Frauen verletzt
worden, doch wären sie an einem Ort gewesen, an dem sie sofort ärztliche Hilfe hätten bekommen können. Erinnern wir uns daran, daß die
überlebende Frau im entlegenen Industriegebiet beinahe verblutet
wäre.

Ein anderes Beispiel:

Als Rezwan, eine deutsche Frau türkischer Herkunft, abends spät nach Hause kam, wurde sie vor ihrer Wohnungstür von einem ihr unbekannten Mann, der mit einem Messer bewaffnet war, angegriffen. Ihr war klar, daß er es nicht schaffen durfte, sie in ihre Wohnung zu drängen, da sie allein lebte. Obwohl sie zu dieser Zeit noch nicht an einem Selbstverteidigungskurs teilgenommen hatte, fing sie reflexartig sofort an, zu schreien, zu treten und den Angreifer mit der Faust zu schlagen. Während dieser versuchte, Rezwan unter seine Kontrolle zu bekommen, verletzte er sie am Kopf. Es gelang ihm jedoch nicht, ihren Widerstand zu brechen. Schließlich wurde er nervös und flüchtete. Rezwans NachbarInnen riefen einen Krankenwagen, der sie sofort in ein Krankenhaus brachte. Dort wurde sie ambulant versorgt. Rezwan ist fest davon überzeugt, daß ihr Schreien vergebens gewesen wäre und der Angreifer sie getötet hätte, wenn er es geschafft hätte, sie in ihre Wohnung zu drängen.

Ein weiteres Beispiel einer jungen gehbehinderten Kolumbianerin:

Melinda kam eines Abends in Columbus nach Hause. Ihre beiden Mitbewohnerinnen schliefen schon, und das Haus war dunkel. Als Melinda in die Küche ging, wurde sie von einem Mann angegriffen, der sich hinter der Tür versteckt hatte. Er hielt ihr ein Messer an die Kehle und drohte, sie zu töten, wenn sie auch nur einen Laut von sich gäbe. Melinda schrie jedoch so laut sie konnte, um die anderen zu wecken und gleichzeitig zu warnen. Der Täter ließ sie sofort los und lief aus der zuvor aufgebrochenen Hintertür. Hätte Melinda nicht geschrien, hätte der Angreifer sie fesseln oder auf andere Weise unter seine Kontrolle bringen können. Möglicherweise hätte er das Haus durchsucht und die anderen Mitbewohnerinnen bedroht.

Gute Verteidigungsstrategien sind immer: Schreien, kämpfen, wegrennen oder sich einfach weigern, das zu tun, was der Täter verlangt.

Py Bateman, eine Selbstverteidigungslehrerin aus Portland, wurde 1984 brutal von einem mit einem Messer bewaffneten Mann angegriffen. Zunächst verletzte er sie knapp über den Augen und drängte sie in ihre Wohnung. Obwohl Py nichts mehr sehen konnte, kämpfte sie weiter, ergriff mit ihren bloßen Händen das Messer an ihrer Kehle und zog sich dadurch erhebliche Schnittwunden zu. Zwanzig Minuten lang kämpfte sie mit Entschlossenheit um ihr Überleben. Sie berichtete: »Während ich gekämpft habe, verspürte ich keine Schmerzen. Nicht einmal dann, als ich mit meinen Händen das Messer ergriff. Mein Bewußtsein wurde von zwei Dingen beherrscht: Der Entschlossenheit, lebend aus dieser Situation herauszukommen, und dem Gedanken, wie ich das erreichen sollte.« Hätte ihre Entschlossenheit zu kämpfen auch nur für eine Sekunde nachgelassen, hätte der Angreifer sie getötet.[6]

Während wir kämpfen, erhöht sich der Adrenalinspiegel in unserem Blut. Dadurch empfinden wir in diesen Momenten oft keinen körperlichen Schmerz. Von unserem Überlebenswillen beherrscht, wird uns oft nicht einmal bewußt, daß wir verletzt wurden. Meist spüren wir den Schmerz erst dann, wenn der Schock nachläßt.[7] Deshalb müssen wir uns sofort nach einer körperlichen Auseinandersetzung unbedingt sorgfältig untersuchen.

Wenn wir selbst eine Waffe haben

Wenn du in einer Angriffsituation die Chance hast, an die Waffe, z.B. eine Pistole, des Angreifers heranzukommen, benutze sie sofort. Versuche nicht, ihn damit nur zu bedrohen, mit ihm zu verhandeln, ihn wegzujagen oder nur zu verletzen. Ziele mit der Absicht, ihn zu töten. Manche SelbstverteidigungslehrerInnen geben Frauen den Rat, die Waffe wegzuwerfen, damit sie nicht gegen uns verwendet werden kann. Dieser Ratschlag fördert unsere Opfermentalität, die wir ablegen müssen. Da unsere Erziehung es uns meist verbietet, andere Menschen zu verletzen, ist es für die meisten Frauen und Mädchen unvorstellbar, eine Waffe zu besitzen, geschweige denn, sie einzusetzen. Wir sollten eine Waffe auf jeden Fall *benutzen.*

Waffen, die sich Männer für den eigenen Gebrauch geschaffen haben, z.B. Gewehre, Messer und Schlaghölzer, sind zum Töten bestimmt. Dagegen sind Waffen, die für Frauen hergestellt werden, *nicht* dazu bestimmt, einen potentiellen Angreifer zu verletzen. Gas aus der Spraydose, Schreialarm, Trillerpfeifen und Schreckschußpistolen sind ziemlich wirkungslos, und viele Frauen benutzen gerade solche harmlosen Waffen, weil sie Angst haben, jemanden zu verletzen. Auch wenn viele Frauen sich für ihren Schutz auf Tränengas verlassen und sich damit sicherer fühlen, haben viele Experimente gezeigt, daß sie dabei einer Illusion erliegen.[8] Einige Waffen, die für Frauen konstruiert wurden, sind schlichtweg eine Beleidigung. So bietet z.B. eine Firma aus Kalifornien den 'Safe-T-Man', eine lebensgroße aufblasbare Puppe, an. Den Bodyguard aus Plastik sollen Frauen zum Schutz im Auto mit sich führen oder in ihrer Wohnung aufstellen.[9] Hier in Deutschland können sich Frauen für 58 DM Kapseln kaufen, die sie dann im BH tragen(!). Bei einem körperlichen Angriff zerplatzen die Kapseln und strömen einen fürchterlichen Geruch aus, der den Vergewaltiger abschrecken soll.[10]

Würde sich ein Geschäftsmann, der eine große Summe Geld mit sich führt, mit einem Schreialarm schützen? Würde sich der Inhaber eines Juweliergeschäfts auf eine Stinkbombe verlassen, um seine kostbare Ware vor Diebstahl zu schützen? Wohl kaum. Frauen, deren Leben durch die Gewalt von Männern bedroht ist, wird dies jedoch angeraten. Abgeraten wird ihnen dagegen davon, eine richtige Waffe zu tragen, weil ihnen diese vom Angreifer entwendet und gegen sie gerichtet werden könnte. Das ist keine befriedigende Lösung. Anstatt von vornherein vom Gebrauch von Waffen ausgeschlossen zu werden, sollten wir darin geschult werden, Waffen richtig und gezielt anzuwenden, und lernen, die geistigen Barrieren, die uns von einer wirkungsvollen Verteidigung abhalten, zu überwinden.

Die Debatte, ob Frauen sich bewaffnen sollen oder nicht, wird heute sehr heftig geführt. Allerdings ist sie relativ irrelevant, wenn wir bedenken, daß wir in den meisten Fällen von uns bekannten Männern angegriffen werden. In solchen Situationen sind wir nicht bewaffnet. Die wenigsten Frauen tragen ein Gewehr bei sich, wenn sie ihren Onkel besuchen oder den Abend mit ihrem Mann verbringen. Selten verstecken wir ein Messer im Hosenbund, wenn wir zu einem Geschäftsessen gehen oder einen Zahnarzttermin wahrnehmen (auch wenn die Erfahrungen vieler Frauen uns lehrt, daß wir das tun sollten!).

Wenn sich Frauen dazu entschließen würden, eine Waffe zu tragen, muß diese wirkungsvoll sein und die Frau sollte sowohl körperlich als auch psychisch bereit sein, sie anzuwenden.

Die Rollenzuweisung beginnt schon sehr früh im Kindesalter. Auch, wer eine Waffe tragen darf und wer nicht, ist schon früh festgelegt. Jungen spielen mit Gewehren und sehen sich als Soldaten, Kämpfer, Cowboys, Ninjas und Banditen. Mädchen lernen, Waffen zu meiden, und spielen eher die Rolle derer, auf die geschossen wird. Bevor ich Selbstverteidigung erlernte, habe ich am eigenen Körper erfahren, wie gründlich uns die Angst vor Waffen anerzogen wurde:

Ein Autofahrer, der mich in den Vereinigten Staaten beim Trampen mitgenommen hatte, zog plötzlich eine Pistole unter seinem Sitz hervor und legte es demonstrativ auf die Ablage. Auch wenn er das Gewehr nicht direkt auf mich gerichtet oder mich damit bedroht hatte, wollte er mich offensichtlich einschüchtern – was ihm auch gelang. Weiter geschah nichts, und er setzte mich am vereinbarten Ziel ab. Erst einige Jahre später begriff ich, daß eine Waffe an sich ein neutraler Gegenstand ist. Theoretisch hätte ich das Gewehr nehmen und auf den Fahrer richten können. Doch durch meine Rollenzuweisung war ich derart konditioniert, daß ich erst gar nicht auf die Idee kam, in der Waffe eine Möglichkeit eigener Macht und nicht nur eine Bedrohung zu sehen.

Anfang der siebziger Jahre berichtete der Frauennotruf in Pennsylvania von einem Mann, der mehr als siebzig Frauen vergewaltigt hatte:

Der Täter, ein gutaussehender, charmanter junger Mann, traf seine Opfer in Diskotheken, Bars und an anderen öffentlichen Orten und lud sich dann zu ihnen nach Hause ein. Er ging selbstverständlich in die Küche, nahm sich dort das größte Messer und gab es den Frauen mit folgenden Worten: »Ich werde dich vergewaltigen. Du kannst es benutzen, wenn du willst.« Sämtliche Frauen wurden vergewaltigt. Keine von ihnen war fähig, das Messer zu nehmen und zu ihrer Verteidigung einzusetzen.

Diese Geschichte verdeutlicht sehr gut, wie perfekt Frauen auf die
Opferrolle konditioniert werden. Ich kenne keinen Mann, der darauf
verzichten würde, ein Messer zu gebrauchen, um seine Vergewaltigung zu verhindern. Der Gebrauch von Waffen könnte für Frauen eine
Möglichkeit darstellen, in einer Angriffssituation körperliche Unterschiede zu Männern auszugleichen. Doch anstatt daß Frauen bereitwillig Waffen einsetzen, um dieses Ungleichgewicht an Stärke auszugleichen, verwenden Männer Waffen, um ihren Vorteil gegenüber
Frauen noch auszubauen.

Die Vorstellung, einem Menschen einen Messerstich zuzufügen, auf
ihn zu schießen oder einzuschlagen, ist unangenehm. Manchmal
müssen wir diese Möglichkeiten jedoch als gerechtfertigte Mittel für
unsere Verteidigung in Betracht ziehen. Ich betone hier nochmals die
Notwendigkeit, sich *vor* einem Angriff zu überlegen, wie wir uns verteidigen können, und sich körperlich und psychisch darauf vorzubereiten, unsere Möglichkeiten auch zu nutzen.

Eine Frau verteidigte sich gegen einen mit einem Messer bewaffneten
Vergewaltiger, der in ihre Wohnung eingebrochen war und sie dort
gefangenhielt. Als er versuchte, sie zu vergewaltigen, fügte er ihr Mes-
serstiche zu und brach ihr das Nasenbein. Die Frau konnte an eine
Schere gelangen und stach zwanzig Mal auf seinen Brustkorb und
Rücken ein. Erst neun Stunden später konnte sie entfliehen und die
Polizei benachrichtigen, die den Täter festnahm.

Wir können nur Vermutungen darüber anstellen, ob und inwieweit
Sozialisation und Angst Gründe dafür waren, daß die Frau nicht in
der Lage war, dem Angreifer in die Augen, den Hals, das Genick oder
in den Unterleib zu stechen. Hätte einer der zwanzig Stöße einen dieser Schwachpunkte getroffen, wäre der Mann keine Bedrohung mehr
für sie gewesen.

Wenn wir lernen wollen, bei unserer Verteidigung Waffen einzusetzen,
sollten wir uns Situationen vorstellen, in denen wir sie wirklich
benutzen würden. Wir halten die Waffe in unseren Händen, stellen
uns den Angreifer deutlich vor und bereiten uns darauf vor, ihn zu verletzen oder zu töten, damit er uns nicht verletzen kann.

Es ist wichtig, daß wir Selbstliebe und Selbstwertgefühl entwickeln und unsere eigenen Bedürfnisse und unser Recht auf Sicherheit über die Sorge um den Angreifer stellen. Nachdem wir in Sicherheit und außer Gefahr sind, können wir uns um das körperliche Wohlbefinden des Angreifers kümmern – aber erst dann, wenn unser Leben nicht mehr bedroht wird.

Viele Dinge können als Waffe benutzt werden, z.B. Gegenstände, die sich im Haus, im Auto oder am Arbeitsplatz befinden:

Spitze Gegenstände (Bleistift, Kugelschreiber, Scheren, Gabeln, die Spitze eines Regenschirms) sollten auf die Augen oder den Hals des Angreifers gezielt werden.

Flache Gegenstände (Bücher, Aschenbecher, Haarbürsten, Teller) können von unten nach oben durch seine Nase gestoßen werden.

Kleinere und mittelgroße Gegenstände können in einer Hand gehalten werden, jedoch sollten beide Hände benutzt werden, um den Angreifer zu schlagen.

Schwere oder harte Gegenstände (Lampen, Bierflaschen, Bügeleisen, Reifenpumpen) können in das Gesicht des Angreifers gestoßen werden. Ein direkter Stoß ist wirkungsvoller als eine schwingende Bewegung, die leicht abgeblockt werden kann. Ist ein Gegenstand zu sperrig oder zu schwer, laß ihn lieber liegen, und kämpfe mit deinen eigenen Händen – das ist wirkungsvoller.

Ein schwerer Gegenstand wie beispielsweise eine Lampe oder ein Aschenbecher kann auch durch ein Glasfenster oder eine Windschutzscheibe geworfen werden, um andere auf dich aufmerksam zu machen und um zu erreichen, daß deine Hilfeschreie gehört werden.

Große und sperrige Gegenstände (kleine Rucksäcke, Stühle, Mülleimer und kleine Tische) können als Schutzschild benutzt oder in den Weg des Angreifers geschleudert werden, um ihn so aufzuhalten.

Sehr kleine Gegenstände (Geldstücke, Schlüssel, Dreck oder andere Dinge wie Musikkassetten, Taschenrechner, Pflanzen) sollten dem Angreifer ins Gesicht geworfen werden, um ihn abzulenken, während du zuschlägst, ihn trittst oder wegläufst.

Ketten, Gürtel, Hundeleinen und Kleidung können durch kraftvolle Schwingbewegungen in Form einer Acht in das Gesicht des Angreifers geschlagen werden. Sollte er den Gegenstand zu fassen kriegen, laß sofort los, denn so verliert er vielleicht das Gleichgewicht. Größere Kleidungsstücke können wiederum in sein Gesicht geworfen werden, damit er zeitweilig nichts mehr sehen kann und du die Möglichkeit hast, schnell zuzuschlagen oder die Zeit zu nutzen wegzulaufen.

Heiße Gegenstände und Flüssigkeiten (Kaffee, Tee, Zigaretten, Essen oder ein Bügeleisen) können dazu benutzt werden, den Angreifer zu verbrennen. Sie sollten ihm vor allem ins Gesicht geschüttet oder gedrückt werden. Ein Feuerzeug kann dazu benutzt werden, die Haare des Angreifers oder seine Kleidung anzuzünden. Benutze diese Ablenkung, um erneut zuzuschlagen oder zu treten.

Spraydosen oder Tuben (Haarspray, Reinigungsflüssigkeiten, Insektenspray oder Spülmittel sowie puderartige Substanzen, z.B. Salz, Pfeffer, Waschmittel) können in die Augen des Angreifers gesprüht oder geworfen werden, damit er eine Zeitlang sehunfähig ist, abgelenkt wird und du die Möglichkeit hast, auf ihn einzuschlagen oder wegzulaufen.

Vorbereitungsmaßnahmen

Gehe durch die Zimmer deines Hauses oder deiner Wohnung (dasselbe solltest du an deinem Arbeitsplatz oder in deinem Auto tun), und überlege, welche Dinge du als Waffe einsetzen könntest. Nimm jeden Gegenstand in die Hand, und überlege, wie du ihn gegen den Angreifer einsetzen könntest. Stelle dir auch vor, was das für Konsequenzen haben könnte: Der Angreifer wird verletzt, blutet oder wird bewußtlos. Bereite dich darauf vor, trotz seiner Verletzungen oder seiner eventuellen Versprechungen so lange weiterzukämpfen, bis der Angreifer entweder gegangen oder völlig kampfunfähig ist und du definitiv außer Gefahr bist.

Mehrere Angreifer

Der Unterschied zwischen sexistischer und rassistischer Gewalt

Sexistische Gewalttaten werden meistens von einzelnen Tätern begangen. Eine Polizeistudie aus Hannover untersuchte 289 Fälle versuchter und vollzogener Vergewaltigung in den Jahren 1991 und 1992. Die Studie ergab, daß die Frauen in 91,3 Prozent der Fälle von einem Täter angegriffen wurden. In 5,5 Prozent der Fälle waren es zwei Angreifer, und in 3,1 Prozent der Fälle waren es mehr als zwei Täter. In keinem der Fälle mit mehreren Beteiligten waren die Täter bewaffnet.[1]

Die alltägliche Lebensrealität für Schwarze Frauen, Jüdinnen, Lesben und behinderte Frauen sieht so aus, daß sie oft mehreren Angreifern gegenüberstehen. Auch wenn jede dieser Gruppen ihre eigenen Selbstverteidigungsstrategien entwickeln muß, die auf ihren spezifischen Erfahrungen beruhen, können bestimmte Strategien, Konfrontations- und Körpertechniken auf jeden gewalttätigen Angriff angewendet werden.

Auch wenn es Frauen gibt, die aktive Mitglieder neonazistischer Gruppen sind, werden direkte Gewalttaten meistens von männlichen Gruppenmitgliedern verübt. Rassistische, antisemitische oder rechtsradikale Gewalt ist geplant. Gruppenmitglieder sind häufig bewaffnet und gehen gezielt los, um Schwarze Menschen anzumachen und anzugreifen. Als Reaktion auf eine wachsende Bedrohung bewaffnen sich viele Betroffene.

Wut und Zorn, nicht Angst sollten uns veranlassen, vorbeugende Maßnahmen zu ergreifen und in gefährlichen Situationen zu handeln. Folgendes Beispiel verdeutlicht, wie wichtig ständige Aufmerksamkeit für unsere Sicherheit ist:

Eine Schwarze Frau fuhr eines Abends, vom gleichmäßigen Rattern der U-Bahn eingelullt und völlig in Gedanken versunken, nach Hause. Plötzlich war sie von einer Gruppe grölender Skinheads umzingelt. Nur ihr sofortiger und heftiger Widerstand und die Unterstützung anderer verhinderten eine Eskalation.

Leider kann es sich keine Frau leisten, in eigene Gedanken versunken zu sein, wenn sie sich in der Öffentlichkeit bewegt. Frauen, die zur Zielscheibe rassistischer Gewalt werden können, können es erst recht nicht.

Einige Frauen haben Angst, daß sie eine Gruppe von Männern, Skinheads oder Neonazis provozieren könnten, wenn sie ihnen in die Augen sehen und sich dabei selbstbewußt verhalten. Diese Angst beruht auf der Annahme, daß Angreifer uns in Ruhe lassen werden, wenn wir uns unscheinbar verhalten. Die Tatsache, daß rassistische Gewalt meist von Gruppen ausgeübt wird, zeigt deutlich, daß die Täter sich nach angeblich Schwächeren umsehen. Für den Angreifer ist die Hautfarbe, die Behinderung oder die sexuelle Orientierung schon die eigentliche 'Provokation'. Die Motivation von Skinheads und Neonazis für ihre Gewalt ist Haß. Sie glauben, im 'Recht' zu sein, wenn sie ihre Opfer quälen. Alle Forschungsergebnisse zu Gewalt und Viktimisierung bestätigen, daß starkes Selbstbewußtsein und offensives Auftreten die besten Mittel sind, einen solchen Angriff abzuwehren oder gar nicht erst zustande kommen zu lassen.

Abwehrstrategien gegen mehrere Angreifer

Jede gewalttätige Situation kann am besten in der Anfangs- oder 'Testphase' konfrontiert werden. Wenn du das Gefühl hast, daß etwas nicht stimmt, versuche, der Situation gleich zu entkommen. Bewahre eine starke und selbstsichere Körperhaltung, halte festen Augenkontakt, und wende die Konfrontationstechniken an.

Analysiere die Situation, und bestimme selbst, wohin du laufen und wo du Hilfe bekommen könntest. Schreie laut, und mache eine Szene. Wenn andere Menschen in der Nähe sind, appelliere an ihre Verantwortung, etwas zu unternehmen. Sage ihnen, was gerade passiert und wie sie helfen und eingreifen können. Z.B.: »Helfen Sie mir!«; »Dieser Mann greift mich an.« oder: »Rufen Sie die Polizei!« Keine Frau – besonders keine Schwarze Frau, Lesbe oder behinderte Frau – kann mit der Unterstützung von BeobachterInnen und PassantInnen rechnen.[2] Greift jemand ein, um dir zu helfen, solltest du möglichst trotzdem weglaufen und nicht aus Solidarität bleiben. Es gibt nur ein Ziel: am Leben zu bleiben. Wenn ein Rückzug ausgeschlossen ist, stelle dich, wenn möglich, hinter andere Menschen. Handelt es sich um einen rassistisch motivierten Angriff, stelle dich hinter weiße Leute (beispielsweise hinter ein gut gekleidetes Paar), da die Wahrscheinlichkeit, daß sie angegriffen werden, geringer ist. Sieh dich nach einer einsetzbaren Waffe um.

Laß dich nicht von einer Gruppe umzingeln, anfassen oder an einen anderen Ort treiben. Versuche dich immer so zu positionieren, daß du nur mit einem Angreifer fertig werden mußt.

Es mag so aussehen, als ob du einer Gruppe gegenüber 'keine Chance' hast, du kannst dir aber durch Kämpfen statt Abwarten auf jeden Fall eine Chance schaffen. Reagiere als erste, und nutze den Überraschungsmoment. Eine Gruppe von Angreifern rechnet wahrscheinlich noch weniger mit Widerstand als ein einzelner Vergewaltiger. Kämpfe mit deiner ganzen Kraft und Entschlossenheit. Du mußt den ersten Mann, dem du entgegentrittst, verletzen und kampfunfähig machen: Drücke ihm z.B. die Augen aus. Wenn du eine Waffe hast, zögere nicht, sie zu benutzen. Wenn du einen Angreifer aus der Gruppe tötest oder so schwer verletzt, daß er ärztliche Hilfe braucht, lenkt das die Aufmerksamkeit der anderen auf den Verletzten und gibt dir die Möglichkeit zu fliehen.

Eine Frau wurde von vier Angreifern gegen eine Wand gedrängt. Sie nahm einen Kugelschreiber und stieß ihn kraftvoll von unten durch das Kinn des Anführers. Sie nutzte die Verwirrung, die sein heftiges Bluten bei den anderen Männern auslöste, um zu entfliehen.[3]

Versuche Wände, Ecken, Autos, Hecken und Möbel taktisch so zu nutzen, daß immer nur ein Angreifer nach dem anderen auf dich zukommen kann. Versuche, einen Mann zu fassen und ihn gegen die andern zu schleudern oder ihn so zu schlagen, daß er auf einen anderen fällt. Wenn jemand dich von hinten umklammert oder deine Hände festhält, tritt mit den Füßen auf den Angreifer vor dir ein. Gib niemals auf. Nichts, was du unternimmst, kann die Situation verschlimmern; sie kann sich durch deinen entschlossenen Widerstand nur verbessern. Du hast nichts zu verlieren, wenn du kämpfst, und du kannst so wahrscheinlich dein Leben retten.

Gruppenvergewaltigungen

Szenen von Gruppenvergewaltigungen sind in der Pornographie an der Tagesordnung. Diese Bilder tragen zur Desensibilisierung von Männern gegenüber den Gefühlen und dem Schmerz von Frauen bei. Frauen werden werden so dargestellt, daß sie entweder die Vergewaltigung im Stillen genießen oder es sowieso nicht anders verdient haben. In der Pornographie erfüllen Frauen ohnehin nur zwei Rollen: Entweder sind sie Nymphomaninnen, die nie genug bekommen können, oder Sexualobjekte, die Männer für ihre Befriedigung benutzen. In der Realität gehören Gruppenvergewaltigungen zu den brutalsten Formen von Gewalt gegen Frauen. Das Opfer fühlt sich durch die Anzahl der Angreifer, die entweder aktiv teilnehmen oder zusehen, unendlich gedemütigt und erniedrigt. Männer benutzen solche Vergewaltigungen, um ihre Männlichkeit zu beweisen und ihre Position in der Gruppe zu stärken. Oft ist der Gruppenführer der erste, der die Frau vergewaltigt, dann erst sind die anderen dran. Da die Männer ihren Status festigen wollen, versucht einer den anderen in der Demütigung des Opfers zu übertreffen.

Die Opfer von Gruppenvergewaltigungen sind in viel stärkerem Maße Beleidigungen ausgesetzt als Frauen, die von einem Täter vergewaltigt werden. Oft müssen sie einen der Angreifer mit der Hand stimulieren oder zusehen, wie in ihrer Gegenwart masturbiert wird. Frauen, die von einer Gruppe vergewaltigt werden, werden auch viel häufiger erniedrigende Sexualpraktiken aufgezwungen – z.B. wird auf sie uriniert oder Sperma auf sie abgespritzt, werden ihre Brustwarzen verletzt usw. Zudem werden sie doppelt so häufig zu oralem Sex gezwungen.[4]

Obwohl sich Gruppenvergewaltigungen durch ein unglaubliches Maß
an Gewalt auszeichnen, werden sie von der Öffentlichkeit nicht für so
'pervers' gehalten wie die Tat eines einzelnen.

Vor kurzem wurde z.B. in einem Fall von Gruppenvergewaltigung
vom Landgericht Frankfurt anerkannt, daß bei der Tat eine »gewisse
Gruppendynamik« wirksam war, was sich für die Angeklagten straf-
mildernd auswirkt.[5] Es ist unwahrscheinlich, daß eine solche Dynamik auch bei Banküberfällen oder Geiselnahmen anerkannt würde.

Männer benutzen Gruppenvergewaltigungen, um sich zu verbünden:

*In einem der bekanntesten Fälle wurde eine Frau 1983 in New Bed-
ford, Massachusetts, auf einem Billiardtisch in einer Bar vergewaltigt. Keiner der Anwesenden unternahm den Versuch, einzugreifen
oder die Polizei zu holen, obwohl sich die Frau wehrte und weinte.
Vier der sechs Männer wurden wegen Vergewaltigung verurteilt. Die
Verteidigung hatte zu beweisen versucht, daß das Opfer die Vergewaltigung 'herausgefordert' habe. Sie sei arm, lebe von der Sozialhilfe
und sei einfach keine achtenswerte Person. Als das Urteil verkündet
wurde, gingen viele Menschen auf die Straße, um die 'mißhandelten'
Vergewaltiger zu unterstützten![6]*

Die meisten Gruppenvergewaltigungen werden von Freunden oder
Bekannten des Opfers geplant und durchgeführt. Besonders bei gesellschaftlichen Ereignissen werden Alkohol und Drogen bewußt eingesetzt, um eine Frau in einen Zustand zu versetzen, in dem sie sich
nicht mehr wehren kann. Die Männer versuchen dann, die betrunkene oder bewußtlose Frau für die Vergewaltigung verantwortlich zu
machen. Eine Untersuchung über diese Einstellung junger Männer
zeigt, daß 39 Prozent von ihnen der Meinung sind, es sei völlig in
Ordnung, eine betrunkene oder unter Drogen stehende Frau zu vergewaltigen.[7]

Häufig benutzen Männer Alkohol und Drogen, um ihre eigenen Hemmungen, eine Frau zu vergewaltigen, abzubauen. Einzelne Männer
aus einer Gruppe, die möglicherweise nicht an der Vergewaltigung teil-
haben wollen, fürchten sich meist mehr vor den drohenden Sanktionen

ihrer Freunde als vor der noch abstrakt bleibenden Vorstellung einer späteren strafrechtlichen Verfolgung. Wenn sie sich weigern, mitzumachen, werden sie von den anderen Männern verhöhnt und müssen Angst haben, daß ihre Potenz in Frage gestellt wird oder daß man sie für schwul hält.[8]

Auch Gruppen von Vergewaltigern 'testen' eine Frau zuerst auf ihre Opfertauglichkeit, daraufhin, ob von ihr Widerstand zu erwarten ist oder nicht. Sie suchen sich Frauen aus, die besonders verletzbar sind, naiv wirken, angeblich nicht gut aussehen oder neu in der Stadt sind.[9] Oft wird ein Gruppenmitglied regelrecht 'losgeschickt', um eine Frau auszusuchen, von der kein Widerstand zu erwarten ist und die 'geeignet' ist, der Gruppe als Sexobjekt zu dienen:

Auf einer Party willigte eine Frau ein, mit einem Mann zu schlafen, der sie dann, nachdem er fertig war, an seine Freunde 'weiterreichte'.

Es überrascht nicht, daß Männer ihre Taten fast nie als Vergewaltigungen ansehen. Sie versuchen zu beweisen, daß die Frau eingewilligt habe oder daß sie ohnehin eine Prostituierte war, die ihrer Ansicht nach gar nicht vergewaltigt werden kann. Oft benutzen Männer den mangelnden Widerstand der Frau, um ihre Annahme zu rechtfertigen, daß alles mit ihrer Einwilligung geschah.

Die Vergewaltiger prahlen häufig noch lange mit ihrer Tat – sie reichen Fotos und Videos herum und erzählen Geschichten, die das Leid der Frau noch verschlimmern.

Verteidigungsstrategien bei Gruppenvergewaltigungen

Wenn du von einer Gruppe von Männern angegriffen wirst, die dich vergewaltigen wollen, mache sie ständig darauf aufmerksam, daß du dich nicht freiwillig in die Situation begeben hast. Sage ihnen, daß sich das, was sie tun, Vergewaltigung nennt. Möglicherweise gibt es Männer in der Gruppe, die unter Gruppenzwang stehen, aber eigentlich unentschlossen sind und sich ihr Vorhaben noch einmal überlegen.

Es kann bei Gruppenvergewaltigungen auch vorkommen, daß einer der Männer der Frau anbietet, sie vor den anderen zu 'beschützen', wenn sie als Gegenleistung mit ihm schläft. Du solltest ihm auf keinen Fall glauben oder dich auf eine Verhandlung einlassen. Er ist ein Vergewaltiger.

Auf Partys beginnt eine Gruppenvergewaltigung häufig damit, daß eine Gruppe von Männern beschließt, zu versuchen, eine der anwesenden Frauen betrunken zu machen. Achte deshalb immer darauf, was und wieviel du auf einer Party trinkst. Wenn du beobachtest, daß eine andere Frau betrunken oder bewußtlos ist, laß nicht zu, daß sie von einer Gruppe von Männern in einen anderen Raum gebracht wird. Bei Gruppenvergewaltigungen wissen die anderen Frauen oft, was vor sich geht, haben jedoch Angst einzugreifen oder versuchen, sich von dem Opfer zu distanzieren. Viele Frauen haben das Vorurteil verinnerlicht, betrunkene Frauen hätten es 'nicht anders gewollt' und verdienten es, vergewaltigt zu werden.[10] Denken wir doch daran, daß sich auch Männer auf Partys betrinken, dafür aber nicht von ihren Freunden mit einer Gruppenvergewaltigung 'bestraft' werden.

Wenn du siehst, daß sich eine Gruppenvergewaltigung anbahnt, handle sofort. Hole dir von anderen Frauen Unterstützung, und ziehe die Männer zur Verantwortung. Mache eine Szene, mache Licht an und die Musik aus, und verlasse die Party. Hole dann Hilfe, oder rufe die Polizei.

Sei dir bewußt, daß eine Situation, in der du dich anfangs noch wohl fühltest, jederzeit unbehaglich oder sogar gefährlich werden kann. Wenn du mit einem Mann in seiner Wohnung verabredet bist, dort aber feststellen mußt, daß er noch ein paar andere männliche Gäste hat, verlasse sofort das Haus.

Wenn dir ein Mann anbietet, dich nach Hause zu fahren, in seinem Auto aber noch zwei weitere Freunde sitzen, steige nicht in das Auto. Befinden sich Männer und Frauen im Auto, sollte nie eine Frau allein mit dem Fahrer oder den Männern übrigbleiben.

Auch bei Gruppenvergewaltigungen gilt: Schlage als erste zu, und gib niemals auf. Auch hier gibt es, wie US-amerikanische Untersuchungen gezeigt haben, keinen Zusammenhang zwischen dem Verhalten der Frau und der Schwere ihrer Verletzungen. Passivität schützt uns nicht vor Verletzungen, und wir haben nichts zu verlieren, wenn wir uns verteidigen. Auch wenn die Verteidigung die Vergewaltigung nicht verhindern konnte, haben vergewaltigte Frauen, die sich gewehrt haben, weniger gravierende psychische Probleme als Frauen, die Angst hatten, sich zu verteidigen.

Wenn es nicht möglich ist, eine Gruppenvergewaltigung zu verhindern, muß sich die betroffene Frau darauf konzentrieren, ihr Leben zu retten. Versprich den Tätern, die Vergewaltigung (in ihrer Vorstellung ist es schlicht 'Sex') geheimzuhalten. Verhalte dich so, als ob du beschämt und gedemütigt bist. Überzeuge sie davon, daß dir das, 'was du getan hast', sehr peinlich ist und daß du nicht möchtest, daß je ein Mensch davon erfährt.

Gemeinsame Verteidigung

1960 brach Richard Speck in Chicago in ein Schwesternwohnheim ein. Er trieb neun Frauen in einen Raum und holte dann eine nach der anderen heraus, um sie zu vergewaltigen und zu töten. Aus irgendeinem Grund verlor er den Überblick, und die neunte Frau konnte sich unter dem Bett verstecken und entkommen. Alle Frauen waren völlig verängstigt und nicht in der Lage, sich zu wehren. Ihnen kam in dieser Situation nicht der Gedanke, daß sie zu neunt waren und damit eindeutig in der Überzahl. Hätten sie gekämpft, hätte auch der stärkste und noch so trainierte Kämpfer nichts gegen sie ausrichten können.

Wir haben nicht gelernt, uns selbst und andere Frauen als stark zu erleben. Häufig konkurrieren heterosexuelle Frauen um die Aufmerksamkeit der Männer, anstatt sich gegenseitig zu unterstützen und miteinander zu solidarisieren. Männer lernen dagegen im organisierten Sport und Wettkampf, sich sowohl auf ihre Teamkameraden als auch auf sich selbst zu verlassen – eine Erfahrung, die leider nur wenige Frauen teilen. Sie wurden dazu erzogen, ihr Selbstwertgefühl nur aus ihren Erfahrungen in bezug auf Männer, sei es nun im Familienzusammenhang, mit Freunden oder Bekannten, zu bewerten und zu beurteilen. Noch immer gilt im gesellschaftlichen Wertesystem: Eine Frau ohne Mann ist alleine – zwei Frauen ohne Mann sind es ebenso. – Ein Beispiel:

Dreizehn Frauen besuchten gemeinsam eine Dinnerparty. Ein Mann kam auf eine der Frauen zu und fragte im Auftrag seines Vorgesetzten, ob sie denn allein sei. Die ganze Gruppe Frauen stand geschlossen auf und rief: »Alleine? ALLEINE? Sieht diese Frau aus, als ob sie ALLEINE ist?!« Eingeschüchtert zog sich der Mann schnell zurück.

Mit der Veränderung des traditionellen Rollenbildes haben Frauen begonnen, ihre Qualitäten zu erkennen und sich eher wertzuschätzen. In der Frauenbewegung haben wir gelernt, daß unsere Stärke in der Gemeinsamkeit liegt: Was wir als einzelne nicht erreichen, können wir als Gruppe viel leichter durchsetzen. Ein Sprichwort der *Native Americans* besagt: »Als einzelne Finger sind wir schwach, und jeder kann gebrochen werden. Erst wenn wir gemeinsam eine Faust bilden, können wir unsere wahre Stärke entdecken.«

Im Zuge der Frauenbewegung wurden in vielen Städten Sicherheitsprogramme von Frauen für Frauen entwickelt: Nachbarschaftsprojekte, in denen Nachbarinnen aufeinander aufpassen, Notrufketten, wodurch Nachbarinnen mittels einer Trillerpfeife alarmiert werden, Frauentaxen, Frauenmitfahrzentralen, Vermittlungsagenturen für Frauen, die gemeinsam etwas unternehmen wollen, Frauenreiseunternehmen usw.
Für lesbische Paare oder Frauen, die zusammen leben, arbeiten oder viel Zeit miteinander verbringen, ist es besonders wichtig, über die Möglichkeit gewalttätiger Angriffe zu sprechen und einen gemeinsamen Verteidigungsplan zu entwickeln.

Katrin und Michaela, ein weißes lesbisches Paar, trampten durch die Vereinigten Staaten. Sie wurden von einem Mann mitgenommen, der plötzlich von der Autobahn abbog und in eine ländliche Gegend fuhr. Er sagte, er müsse noch etwas von einem Freund abholen. Obwohl beide Frauen wußten, daß der Mann log, protestierten sie nur schwach und mit wenig Überzeugung. Irgendwann hielt der Mann an, öffnete seine Hose und sagte zu Michaela, die vorne neben ihm saß: »Zuerst bist du dran, dann sie.« Katrin saß direkt hinter dem Angreifer auf dem Rücksitz. Sie fing an zu schreien und stemmte mit aller Kraft beide Füße gegen die Lehne des Fahrersitzes (zu der damaligen Zeit waren die Rückenlehnen der Sitze noch beweglich), so daß der Mann ins Lenkrad fiel. Währenddessen blieb Michaela völlig erstarrt sitzen. Katrin konnte sich aus dem Auto befreien, bekam aber Angst, als sie merkte, daß nur sie sich befreit hatte. Sie lief um das Auto herum und zog ihre Freundin, die wie versteinert war, heraus. Nach diesem Angriff sprachen die beiden Frauen viel über Verteidigungsmöglichkeiten und beschlossen, an einem Selbstverteidigungskurs teilzunehmen.

Wenn es die Situation erfordert, sollten Frauen gemeinsam reagieren. Freundinnen oder Mitbewohnerinnen sollten gemeinsam an einem Selbstverteidigungskurs teilnehmen, um zu klären, wie einzelne Frauen in einer belästigenden oder potentiell gefährlichen Situation reagieren und was sie in einer solchen Situation voneinander erwarten. Eine Frau kann sich beispielsweise schon dann sehr belästigt und in ihrer Privatsphäre verletzt fühlen, wenn sich in einem Restaurant ein Mann ihrem Tisch nähert. Sie will von Anfang an jede Unterhaltung verhindern. Eine andere Frau ist möglicherweise eher bereit, mit ihm zu sprechen. Solche unterschiedlichen Verhaltensweisen können sehr leicht zu einer Situation führen, in der der Mann die eine Frau gegen die andere ausspielt. Wenn sich beide Frauen jedoch einig sind, daß ihre Privatsphäre verletzt wird, ist es viel wahrscheinlicher, daß sie der Belästigung gemeinsam etwas entgegensetzen.

Wenn eine einzelne Frau aus einer Gruppe belästigt wird, ist es sinnvoll, wenn sie selbst den Mann konfrontiert und andere Frauen zu ihrer Unterstützung da sind. Jede Frau kann für sich selbst sprechen, und auch in solchen Situationen sollte keine andere für sie sprechen – auch wenn sie schon mehr Erfahrung im Konfrontieren hat oder ihr die Konfrontation leichter fällt. Stelle dich, wenn möglich, neben die Frau, um eine gemeinsame, starke Front darzustellen.

Auf einer Kundgebung für Frauenrechte wurde die Rednerin von einigen jungen Männern belästigt. Eine Gruppe von Frauen stand auf und stellte sich schweigend, aber machtvoll zur Unterstützung hinter sie. Die Männer verließen das Gelände.

Am Nachtschalter einer Tankstelle in Frankfurt wurde eine weiße US-Amerikanerin von zwei betrunkenen Männern belästigt. Sie konfrontierte sofort heftig das Verhalten der Männer. Ihre weiße deutsche Freundin war im Auto geblieben, merkte aber an der Körperhaltung ihrer Freundin, daß eine Auseinandersetzung stattfand. Sie stieg aus dem Auto, stellte sich in unmißverständlicher Körperhaltung neben ihre Freundin und schaute den Männern stark und entschlossen in die Augen. Die Männer wichen zurück und verließen die Tankstelle.

Wir brauchen Solidarität:
Wenn sich mehrere Frauen in einer belästigenden Situation befinden, sollte die jeweils Konfrontierende in der Mehrzahl, nicht im
Singular sprechen. Sage zum Beispiel: »Laßt uns in Ruhe.« »Hör
auf, uns zu belästigen.« Laßt den Mann nicht zwischen euch treten,
weder physisch noch im übertragenen Sinn.

Ein beliebtes 'Spiel' von Männern ist es, zwischen zwei nebenein-
anderstehenden Frauen hindurchzugehen. Laßt euch nicht einschüchtern, bleibt zusammen, Schulter an Schulter, und laßt nicht
zu, daß ein Mann euch euren Raum streitig macht.

Wenn jemand in eine Wohnung einbricht, in der mehrere Menschen leben, kann der Einbrecher auch gemeinsam konfrontiert
werden.

Überlege, was du und deine Freundin, deine Mitbewohnerinnen,
deine Kinder oder andere Familienmitglieder in einer solchen
Situation tun könnten. Überlegt, wie ihr euch am besten verständi-
gen könnt. Schaltet kein Licht ein, auch wenn es draußen schon
dunkel ist. Rufe viele Namen, auch männliche, selbst wenn du nur
mit einer Frau zusammenwohnst.[1] In manchen Situationen kann es
auch ratsam sein, daß eine Frau versucht, zu entkommen und Hilfe
zu holen. In einer anderen Situationen wiederum ist gemeinsame
Abwehr die bessere Möglichkeit. Überlege, was du tun würdest,
wenn du gezwungen wirst, klein beizugeben, damit einer anderen
nichts geschieht, z.B. wenn der Angreifer sagt: »Wenn du auch nur
einen Ton von dir gibst, töte ich sie.« Wenn das Leben einer Person,
die du liebst, gefährdet ist, ist es fast unmöglich zu entscheiden, ob
du wegrennen oder versuchen solltest, mit ihr gemeinsam zu käm-
fen. Die Entscheidung wird euch leichter fallen, wenn ihr euch im
voraus darauf geeinigt habt, daß der Angreifer auf keinen Fall die
Kontrolle über euch und die Situation erlangen darf. Sprecht auch
darüber, was ihr tun würdet, wenn eine Frau die Möglichkeit hätte
zu fliehen und die andere alleine zurücklassen müßte. Wenn es so
aussieht, als ob, wenn sie gemeinsam kämpften, beide Frauen entkommen könnten, kämpft zusammen. Scheint der gemeinsame
Kampf hingegen vergeblich, ist die Flucht einer Frau die bessere

Alternative. Bist du in einer schwierigen Situation gezwungen, eine Entscheidung zu treffen, rette dich zunächst selbst, und hole dann Hilfe. Laß keine Schuldgefühle zu, denn du hast die richtige Entscheidung getroffen. Eine Flucht verunsichert den oder die Angreifer und kann dazu führen, daß sie aufgeben.

Wenn ihr gemeinsam kämpft, ist es vielleicht notwendig, daß eine Frau Anweisungen gibt: »Ziele auf seine Augen, tritt ihm durchs Knie.« »Laß uns hier abhauen.« Wenn euch mehrere Männer angreifen, versucht zusammenzubleiben, und laßt euch nicht von ihnen einkreisen. Haben euch die Angreifer umzingelt, stellt euch Rücken an Rücken und kämpft. Sobald du eine Lücke im Kreis entdeckst, greife deine Freundin, und laufe so schnell du kannst durch sie hindurch. Gelingt es euch, gemeinsam zu fliehen, haltet euch an den Händen.

Konfrontiert eine größere Gruppe von Frauen einen oder mehrere Männer, kann die Situation chaotisch werden. Gerade in Frauendiscos, in Frauenkneipen oder bei Demonstrationen ist es wichtig, vorher abzusprechen, was zu tun ist, wenn Männer das Fest stören oder unerlaubt die Bar betreten wollen. Die Organisatorinnen von Frauenfesten sollten auf jeden Fall Sicherheitsvorkehrungen treffen und von vornherein überlegen, mit welcher Art von Belästigung sie alleine fertig werden und wann Unterstützung notwendig ist. Es genügt nicht, einfach zu sagen, daß wir die Polizei zu unserem Schutz nicht wollen oder brauchen und die Verantwortung für unsere Sicherheit selbst übernehmen. Bei vielen schlecht organisierten Frauenfesten gibt es kein Sicherheitskonzept, und Situationen mit Belästigern geraten völlig außer Kontrolle.

Nach einer einer Demonstration junger Lesben und anderer Frauen sollte ein Frauenfest stattfinden. Ein betrunkener Mann weigerte sich, den Platz zu verlassen, der für das Frauenfest abgesperrt worden war. Obwohl er zunächst keine Gefahr darstellte, war seine Gegenwart doch eine Provokation. Durch das unüberlegte Verhalten einer Frau eskalierte die Situation. Sie übergoß den Mann mit Wein und gab ihm anschließend eine Ohrfeige, wobei seine Brille zerbrach. Eine viertel Stunde später fuhr der Mann mit seinem Auto gezielt in die abgesperrte

Zone auf eine Gruppe von Frauen zu. Dieselbe Frau ging erneut auf den Mann los und gefährdete dadurch die Sicherheit der ganzen Gruppe. Sie versuchte, ihn durch das Seitenfenster seines Fahrzeuges hindurch zu schlagen. Hätte er Gas gegeben, wären unzählige Frauen verletzt oder getötet worden.

Um zu vermeiden, daß eine potentiell gefährliche Situation durch das Eingreifen überaggressiver Frauen eskaliert und die Gruppe gefährdet wird, versuche, diese Frauen unter Kontrolle zu behalten. Bei einer gemeinsamen Konfrontation können nicht alle auf einmal reden. Eine Frau sollte die Gruppe anführen und mit klaren Anweisungen die Aufgaben delegieren. »Ruf die Polizei.« »Schreib sein Kennzeichen auf.« »Laßt die Luft aus seinen Reifen.«

Umkreist den Angreifer in sicherem Abstand. Kommt einem wütenden oder emotional aufgeregten Mann nicht zu nahe, denn jede körperliche Auseinandersetzung bedeutet auch, möglicherweise geschlagen, getreten oder auf eine andere Weise verletzt zu werden. Unüberlegte Konfrontationen in einer Gruppe führen fast immer zu chaotischem Verhalten und enden schließlich in einem heftigen Kampf, weil weder der angemessene Abstand noch die notwendige Gruppendisziplin eingehalten wurden. Der Angreifer kann sich eingeschüchtert fühlen (was wir ja auch beabsichtigen), er kann aber auch durchdrehen, wenn er sich bedroht fühlt. Deshalb sollten wir eine Lücke im Kreis lassen und ihn auffordern zu gehen. Wenn er sich weigert zu gehen und seine Gegenwart die Gruppe gefährdet, beginnt, bis drei zu zählen, geht dann gemeinsam auf ihn zu, haltet seine Arme und Beine fest und tragt ihn hinaus.

Wenn auf einem Frauenfest eine Konfrontation stattfindet oder einige Männer auftauchen, die Frauen belästigen, dürfen wir nicht vergessen, an die Sicherheit der Frauen zu denken, die das Fest verlassen wollen. Wird der Angreifer nicht mit einer ganzen Gruppe fertig, sucht er sich möglicherweise einzelne Frauen, die auf dem Nachhauseweg sind, heraus.

Gewalt in Beziehungen

Das Märchen vom unbekannten Täter

In Deutschland wird durchschnittlich jede vierte verheiratete Frau von ihrem Ehemann vergewaltigt, 35 Prozent der verheirateten Frauen werden von ihren Ehemännern geschlagen. Laut offizieller Kriminalstatistik des Bundeskriminalamtes werden pro Jahr ungefähr 1.200 Frauen ermordet. Neun von zehn dieser Frauen werden von Männern getötet. 70 bis 90 Prozent der Morde finden innerhalb einer Beziehung statt: Ehefrauen, die von ihren Ehemännern ermordet werden, und andere Frauen, die von ihren Freunden getötet werden. Die Wahrscheinlichkeit, daß ein weibliches Mordopfer von einem Liebhaber oder Ehepartner getötet worden ist, ist zweieinhalb Mal so hoch wie bei einem männlichen Mordopfer.[1]

Trotzdem bleibt das Bild vom unbekannten Vergewaltiger hartnäckig bestehen und beherrscht unser Denken und Tun, so daß wir darauf fixiert sind und die Realität aus dem Blick verlieren: Die meisten Mädchen und Frauen werden von Männern, die sie kennen, angegriffen; von Männern, denen sie vertrauen, Männern, die sie lieben, von Männern, deren Gesichter und Namen ihnen bekannt sind.

Es ist sehr wichtig zu begreifen, wie und warum wir die falschen Bilder des unbekannten Vergewaltigers verinnerlichen. In der Zeitung steht z.B. folgende Nachricht: »Heute wurde in einem Waldstück außerhalb der Stadt der nackte und verstümmelte Körper einer Frau gefunden.« Der Artikel flößt uns Angst ein, denn leicht hätten wir das Opfer dieses verrückten, frauenhassenden Mörders sein können, der noch immer auf freiem Fuß ist. Wäre die Frau in unserer unmittelbaren Nähe gefunden worden, wären wir besonders aufmerksam. Wir würden uns auf dem Weg zur Arbeit genauer umsehen als zuvor und die Wohnungsschlösser zweimal überprüfen. Einige Zeit später lesen wir, daß der kürzlich verschwundene Ehemann der Hauptverdächtige ist. Da atmen wir gleich entspannt auf. Es war doch kein willkürlicher Mord, der irgend etwas mit dem allgemein herrschenden Frauenhaß zu tun haben könnte. Der Mann haßte nur seine Frau, und deshalb hat er sie getötet. Damit stellt er für uns keine Bedrohung mehr dar. Er ist nicht mehr der unbekannte Mörder, und der Mord wird zur Folge eines Ehedramas. Die Gewalt wird gesellschaftlich 'normalisiert', wenn Täter und Opfer in Beziehung standen.

Ein Beispiel für dieses Phänomen ist die Ermordung der Grünen-Aktivistin Petra Kelly durch ihren langjährigen Lebensgefährten Gert Bastian. Während sie schlief, hatte er ihr ein geladenes Gewehr an den Kopf gehalten und abgedrückt. Dann erschoß er sich selbst. In der Öffentlichkeit, von den Grünen und sogar von einigen ihrer FreundInnen wurde der Tod von beiden als schreckliche Tragödie betrauert. Fast nie wurde Gert Bastian als *Mörder* und Petra Kelly als das unschuldige Opfer seiner Gewalt benannt. Nur Alice Schwarzer wies auf die Geschmacklosigkeit hin, dem Mörder und seinem Opfer auf derselben Trauerfeier zu gedenken.

Die Gewalt eines Ehemannes gegenüber seiner Frau oder eines Mannes gegenüber seiner Freundin scheinen wir als weniger bedrohlich zu empfinden, da wir ja keine Beziehung mit dem Mann haben. Wir würden nicht auf die Idee kommen, keine intimen Beziehungen zu Männern einzugehen, weil wir Angst haben, ermordet zu werden. Viel eher distanzieren wir uns von Frauen, die von ihren Ehemännern oder Freunden geschlagen, vergewaltigt oder mißbraucht werden, und machen sie dafür verantwortlich: Sie sind selbst schuld, wenn sie sich mit einem Vergewaltiger, Mißhandler oder Mörder einlassen. Sie hat sich eben den Falschen ausgesucht. Wir wären niemals so dumm und passen besser auf.

Diese Haltung hat zweierlei Konsequenzen: Da wir selbstverständlich davon ausgehen, daß wir von unserem Partner niemals angegriffen werden, wissen wir auch nicht, wie wir uns verhalten sollen, wenn er es doch tut. Diese Gewalt trifft uns gänzlich unvorbereitet. Wir

erkennen die Warnsignale nicht und unterdrücken jedes Gefühl von
Unbehagen. Wir rechnen überhaupt nicht damit, eine Person, die wir
kennen und lieben, zu verletzen – selbst dann nicht, wenn sie beabsichtigt, uns umzubringen. Die zweite Konsequenz unserer Schuldzuweisungen an die mißhandelten Frauen ist, daß wir, wenn wir selbst
Gewalt in unseren Beziehungen erleben, auch an unsere Schuld glauben und uns für das Geschehene schämen. Unser Schweigen in bezug
auf diese Gewalt ermöglicht es den Ehemännern, Verlobten und
Freunden, ungestraft damit fortzufahren. Wenn wir uns aus Scham
weigern, die Namen der Täter preiszugeben, schützen wir sie, nicht
uns. Scham ist nur ein weiterer Bestandteil der verinnerlichten Opferrolle.

Gewalt in Beziehungen

Gleichberechtigte Beziehungen zwischen den Geschlechtern werden
durch die gesellschaftliche Benachteiligung von Frauen sehr erschwert:
Ungleiches Einkommen, schlechtere berufliche Einstiegschancen für
Frauen usw. begünstigen die bekannten Rollenmuster und die Abhängigkeit der Frauen.

In Deutschland ist Vergewaltigung in der Ehe noch immer nicht straf-
bar. Verheiratete Frauen haben ihren gewalttätigen Männern gegenüber nur ein eingeschränktes Notwehrrecht. Wenn Frauen vor dem
Traualtar nicht nur nach ihrem Versprechen gefragt würden, den Gat-
ten – auch in schlechten Tagen – zu lieben und zu ehren, sondern auch
nach ihrer Bereitschaft, seine Übergriffe zu tolerieren, ist fraglich,
wie viele Frauen tatsächlich »Ja, ich will« sagen würden. »Stimmst du
darin überein, daß dieser Mann deinen Körper mit Gewalt und gegen
deinen Willen sexuell penetriert und dies dann nicht als Vergewaltigung angesehen wird, weil er dein Ehemann ist?« »Bist du bereit, dein
unbegrenztes Recht auf Notwehr aufzugeben, wenn dieser Mann dich
brutal angreift, nur weil er dein Ehemann ist?«

Lenore Walker, eine US-amerikanische Psychologin, führte als erste
den Begriff des 'Syndroms mißhandelter Frauen' ein. Sie beschreibt
damit das Verhalten und die Denkweisen von Frauen, die die über

Jahre andauernde, eskalierende Gewalt in ihren Beziehungen ertragen haben. Sie hat festgestellt, daß die Gewaltausbrüche in einem bestimmten Zyklus erfolgen, der oft mit dem Tod des Opfers und nur äußerst selten mit dem Tod des Mannes endet.[2] Hier ein typischer Ablauf:

Erste Phase: Die Spannung wächst

Das Paar streitet sich immer häufiger. Er hat auf der Arbeit viel Streß. Beide sind unzufrieden und unglücklich. Die Spannung wächst, und die Auseinandersetzungen werden immer heftiger.

Zweite Phase: Gewaltausbruch

Er schlägt sie zum ersten Mal. Daraufhin weint er und bittet sie um Verzeihung. Allerdings hätte sie es ja auch besser wissen und nicht mit einem anderen Mann tanzen sollen (oder das Essen anbrennen lassen sollen o.ä.) Im gleichem Atemzug, in dem er sie um Verzeihung bittet, macht er sie für seinen Gewaltausbruch verantwortlich. Er hat sie ja nur deshalb geschlagen, weil er sie so liebt und sich völlig verletzlich und hilflos fühlt. Er hat einfach die Kontrolle verloren, es tut ihm leid, und es wird nie wieder geschehen. Sie ist niedergeschmettert, verletzt und durcheinander, denn schließlich liebt sie ihn. Vielleicht war es ja tatsächlich ihre Schuld, und sie hat nicht geahnt, daß er so eifersüchtig werden kann. Er scheint es ehrlich zu meinen und ist so hilflos. Eigentlich ist er ja gar nicht so, er hat es wirklich nicht so gemeint. Sie kann doch nicht einfach eine jahrelange Beziehung aufgeben, nur weil er einmal einen Fehler gemacht hat. Sie verzeiht ihm.

Dritte Phase: Versöhnung

Es folgt die Zeit der 'zweiten Flitterwochen'. Er bringt ihr Blumen und ist sehr aufmerksam. Er ist ganz romantisch und liebevoll, fast so wie am Anfang der Beziehung. Der Sex war nie besser. Es war wirklich die richtige Entscheidung, ihm zu vergeben.

Erste Phase: Die Spannung wächst

Die Euphorie klingt wieder ab. Sie beginnen erneut, mehr zu streiten. Sein Arbeitsstreß läßt nicht nach. Ein Baby ist unterwegs. Er ist gereizt. Sie versucht, ihn zu beschwichtigen und auf keinen Fall zu provozieren. Doch nichts hilft. Er fängt an, sie zu beschimpfen: Sie sei

*fett und häßlich und könne dankbar dafür sein, daß er überhaupt bei
ihr bliebe. Dumm und faul sei sie außerdem. Die Spannung baut sich
auf.*

Zweite Phase: Gewaltausbruch

*Er schlägt sie wieder. Erneut weint er und bittet sie um Verzeihung.
Das Problem ist: sie bringt ihn einfach dazu. Sie hat ihn absichtlich
gereizt. Er liebt sie so sehr und ist einfach hilflos. Es soll nie wieder
passieren. Sie ist wie betäubt, verletzt, durcheinander. Sie liebt ihn,
und außerdem ist es wirklich zum Teil ihre Schuld. Sie kann ihn
anscheinend nicht glücklich machen. Jetzt muß sie außerdem an das
Baby denken. Ein Kind braucht einen Vater. Was sollte sie alleine mit
dem Kind machen? Sie vergibt ihm.*

Dritte Phase: Versöhnung

*Er ist dankbar. Die Zeit der zweiten Flitterwochen ist wunderbar. Er
beweist ihr seine Liebe auf tausend verschiedene Arten. Sie sind
glücklich und sich näher als je zuvor, solange diese Phase andauert.
Wenn der Zyklus erst einmal in Gang gesetzt ist, wird der Mann die
Frau immer wieder schlagen. Die Abstände zwischen den Gewaltaus-
brüchen werden immer kürzer, die Schläge werden heftiger, und der
Mann entschuldigt sich immer seltener. Die Frau fühlt sich abhängig,
verängstigt, hilflos und allein. Schlag für Schlag wird ihr Selbstwertgefühl zerstört. Inzwischen glaubt sie fest daran, daß die Gewalt zum
Teil ihre Schuld sei. Sie schämt sich dafür und weiß nicht, wem sie
davon erzählen kann. Ihre Familie konnte ihn sowieso nie leiden. Ihre
FreundInnen würden nicht verstehen, wieso sie ihm nicht schon beim
ersten Mal den Laufpaß gegeben hat. Sie selbst hatte einmal gesagt:
»Wenn ein Mann es jemals wagen sollte, mich zu schlagen, fliegt er
hochkant die Türe hinaus.« Das hatte sie ernst gemeint. Und wo sollte
sie denn hingehen, ohne Geld und mit dem kleinen Baby? Sie bleibt
bei ihm und versucht, ihn glücklich zu machen, ihn nicht zu provozieren, ihn zu ändern. Es gelingt ihr nicht.*

Mißhandelte Frauen beschreiben die erste Phase, in der sich die Spannung aufbaut, als die schlimmste: Sie haben Angst, verkriechen sich
und warten. Sie versuchen den Mann zu besänftigen, sich seinen
Erwartungen anzupassen und ihm aus dem Weg zu gehen. Nichts, was

sie tun, ändert etwas an der Situation. Für viele Frauen ist die Spannungsphase so unerträglich, daß sie den Mann sogar 'provozieren', um das Unvermeidliche hinter sich zu bekommen, was allerdings ihre Gefühle von Schuld und Scham noch verstärkt. Gewaltbeziehungen sind mit schleichenden Vergiftungsprozessen zu vergleichen: Nicht die einzelne Dosis ist tödlich, aber in ihrer Summe führen die einzelnen Dosen zum Tod. Dem Opfer wird langsam das Leben entzogen.

Gewalterfahrung beschränkt sich nicht nur auf heterosexuelle Beziehungen. Dasselbe kann in schwulen oder lesbischen Beziehungen geschehen. Allerdings sprechen Lesben noch weniger über ihre Gewalterfahrungen als heterosexuelle Frauen. Meistens wird ihnen noch weniger Glauben geschenkt, und sie erhalten weniger Unterstützung.[3]

Frauen bleiben meist aus Angst in Mißhandlungsbeziehungen. Die Angst ist begründet, denn Fälle, in denen Männer ihre Ehefrauen zu Tode geschlagen, erwürgt, erstochen oder erschossen haben, sind häufig. Die Polizei bietet mißhandelten Frauen und Kindern kaum Schutz. Wenn Frauen versuchen, ihren gewalttätigen Partner zu verlassen, nimmt seine Brutalität noch zu. Auch in Beziehungen, in denen Gewalt anfangs keine Rolle spielte, weigern sich die Männer, einer Scheidung zuzustimmen oder ihre Frauen gehen zu lassen. Sie spionieren ihren Frauen nach, schüchtern sie durch Drohanrufe ein oder schicken ihnen Blumen, Geschenke und Briefe – ein ständiger Wechsel zwischen Liebeserklärung und Morddrohung. Wenn Männer das Gefühl haben, die Kontrolle über eine Frau zu verlieren, werden sie oft aggressiv und gewalttätig. In neunundneunzig von hundert Fällen, in denen Männer ihre Partnerinnen erschossen, erwürgt, erstochen oder verbrannt haben, hatte die Frau vorher versucht, aus der Beziehung auszubrechen.[4]

Selbstverteidigungsstrategien in Mißhandlungsbeziehungen

Wenn es um Mißhandlungsbeziehungen geht, ist der beste Ratschlag, den ich Frauen geben kann, folgender: Wir müssen uns über die Dynamik gewalttätiger Beziehungen bewußt werden, sie erkennen, um uns gar nicht erst in diesem Zyklus zu verfangen bzw. uns möglichst früh wieder daraus befreien zu können.

Die Kontrolle eines Mannes beginnt meist ganz subtil und eskaliert dann in körperlicher Mißhandlung. Zuerst wird die Frau von Außenkontakten und damit von potentiellen UnterstützerInnen isoliert: Ihr wird verboten, auszugehen oder den Kontakt mit ihrer Familie oder FreundInnen aufrechtzuerhalten. Der Mann wird eifersüchtig und beschuldigt die Frau der Untreue. Dann fängt er an zu bestimmen, welche Kleidung sie tragen darf, und wirft ihr vor, die Aufmerksamkeit anderer Männer auf sich ziehen zu wollen. Sie darf keinen Kontakt zu anderen Männern haben, weder mit dem Nachbar, dem Metzger oder dem Tankwart. Dann beginnt er, ihren Tagesablauf zu kontrollieren und führt z.B. Kontrollanrufe durch, um zu überprüfen, was sie gerade tut. Er zwingt sie, ihren Beruf aufzugeben, damit er noch größere Kontrolle über sie hat. Sie muß über jeden ausgegebenen Pfennig Rechenschaft ablegen. Es gibt auch Fälle, in denen Männer das Telefon abschließen oder ihre Ehefrauen im Haus einsperren, um ihre vollständige Isolation zu garantieren.

Bei den ersten Anzeichen von kontrollierendem oder gewalttätigem Verhalten solltest du den Mann sofort verlassen. Hiebe sind kein Zeichen von Liebe. Wir können unsere gewalttätigen PartnerInnen nicht ändern – das können sie nur selbst tun, und sie werden sich niemals dazu veranlaßt sehen, wenn wir bei ihnen bleiben.

Frauen, die schon lange in gewalttätigen Beziehungen leben, brauchen psychische und finanzielle Unterstützung und einen sicheren Zufluchtsort, um aus der Situation ausbrechen zu können. Allerdings müssen die betroffenen Frauen selbst den ersten Schritt machen und das Schweigen brechen. Die besten Anlaufstellen sind Frauennotrufstellen und Frauenhäuser, wo Frauen arbeiten, die selbst das Trauma der Gewalt durchlebt haben und die psychischen und physischen Bedürfnisse mißhandelter Frauen am besten verstehen können. Vor allem werden sie unerschütterlich und ohne jegliche Vorbehalte hinter den mißhandelten Frauen stehen. Hilfsprogramme, die darauf ausgerichtet sind, die Gewaltbeziehung 'zu retten', sollten gemieden werden. Die Gewalt ist nicht das Problem der betroffenen Frau oder

das Resultat von Verständigungs- oder Beziehungsproblemen. Die
Verantwortung für die Gewalt trägt allein der Mißhandler. Er hat seine
Familie oder die Beziehung zerstört, als er das erste Mal zuschlug. Er
wird es immer wieder tun, und eine Familienberatung wird nur die
Agonie verlängern.

Frauen, die mißhandelt werden, sollten einen ganz konkreten Plan
erarbeiten, um aus dieser Beziehung herauszukommen: Spare ein
bißchen Geld, und halte es versteckt. Versuche, die Mißhandlungen
zu dokumentieren. Erzähle anderen davon, zeige deine blauen
Flecken, und belege mit Fotos deine körperlichen Verletzungen
und die Sachschäden in der Wohnung. Bewahre medizinische
Berichte gut auf. Wenn es um Scheidung und elterliches Sorgerecht
geht, können solche Unterlagen entscheidend sein. Geld, Kleidung,
Windeln und wichtige Medikamente solltest du an einem sicheren
Ort außerhalb der Wohnung aufbewahren. Solltest du mit deinen
Kindern mitten in der Nacht fliehen müssen, bist du vorbereitet.
Außerdem solltest du die Telefonnummern der Taxizentrale, der
nächsten Polizeistation und des Frauenhauses im Kopf haben.

Wenn du einen gewalttätigen Mann verlassen hast und dich in
einem Frauenhaus oder an einem anderen Zufluchtsort befindest,
behalte die Adresse für dich. Vermeide jeglichen Kontakt mit dem
Mann, rufe ihn nicht an, und triff dich nicht mit ihm. Sage deinen
ArbeitskollegInnen, FreundInnen und deiner Familie, ihm keinerlei
Informationen über dich zu geben und sich nicht als Vermittler ein-
zuschalten. Jeder Kontakt, auch über Dritte, ruft Emotionen hervor, zu denen du erst einmal Abstand gewinnen solltest. Glaube
dem Mann nichts, schon gar nicht seinen Versprechungen. Wenn
er dir vorschlägt, sich an einem neutralen Ort zu treffen, kann das
für dich auch sehr gefährlich werden. Es gibt Männer, die ihre Frau
an deren Arbeitsplatz, bei ihrem Anwalt oder während der Ge-
richtsverhandlung getötet haben. Versuche, den Bruch so sauber
wie möglich zu vollziehen. Wenn es dir möglich ist, verlasse die
Stadt für eine Weile.

Nimm die Warnungen und Drohungen von verlassenen Männern
sehr ernst. Häufig schrecken sie nicht davor zurück, Frau und Kinder

aufzuspüren und auch wirklich zu töten. Auf den Schutz deiner Kinder solltest du besonders achten und Vorkehrungen treffen, denn sie werden von den Männern oft als Faustpfand benutzt oder verletzt, um sich an der Mutter zu rächen.

Suche dir eine Anwältin, um auf Unterlassung zu klagen und, wenn du willst, Strafanzeige zu erstatten. Alle finanziellen Angelegenheiten und das Sorgerecht für die Kinder sollten über die Anwältin geregelt werden.

Wenn du umziehst, lasse dir eine geheime Telefonnummer geben. Beantrage beim Postamt und beim Einwohnermeldeamt, daß deine neue Adresse nicht ohne dein Einverständnis herausgegeben werden darf.

Gehe durch deine neue Wohnung, und überlege, was du als Waffe benutzen könntest. Versuche, deine Wohnung so gut wie möglich abzusichern, damit dein ehemaliger Partner sich nicht ohne weiteres Zutritt zu deiner Wohnung verschaffen kann. Wenn er trotz aller Vorsichtsmaßnahmen vor der Tür steht, lasse ihn unter keinen Umständen herein. Sollte es ihm dennoch gelingen, rufe die Polizei. Erzähle den BeamtInnen auf keinen Fall, daß der Angreifer dein Ex-Ehemann oder Ex-Freund ist. Sie werden schneller handeln und helfen, wenn sie vermuten, daß es sich um einen unbekannten Angreifer handelt. Bitte deine NachbarInnen, dich zu warnen, wenn sie deinen Ex-Ehemann oder Ex-Freund in der Gegend sehen, und ihn nicht ins Haus zu lassen. Da viele Menschen zögern, sich in 'Familienangelegenheiten' einzumischen, ist es besonders wichtig, sie ausdrücklich zu bitten, die Polizei zu rufen oder einzugreifen, wenn sie aus deiner Wohnung verdächtige Geräusche, Schreie oder Hilferufe hören.

Sei beim Verlassen oder Betreten deiner Wohnung besonders vorsichtig. Ändere deine Wege zur Arbeit und die Zeiten, zu denen du das Haus verläßt und zurückkehrst, damit er nicht abschätzen kann, wann und wo du dich irgendwo aufhältst. Erzähle deinen ArbeitskollegInnen und Vorgesetzten, daß du bedroht wirst und daß sie den Betreffenden unter keinen Umständen empfangen sollen. Fordere deinen Personalchef auf, niemandem deine Telefonnummer und Adresse zu geben.

Kaufe dir eine Waffe, und lerne, sie zu benutzen. Nimm an einem Selbstverteidigungskurs teil. Bereite dich sowohl körperlich als auch seelisch darauf vor, deinen Ex-Ehemann oder Ex-Freund zu verletzen.

Pat arbeitete schon seit einigen Jahren als Beraterin im Frauennotruf. Sie war sich sehr wohl bewußt, daß Freunde und Ehemänner besonders gefährlich werden können, wenn eine Frau versucht, die Beziehung zu beenden. Sie hatte allerdings nie daran gedacht, daß sie selbst in eine solche Situation geraten könnte. Ihr Freund, mit dem sie schon einige Jahre zusammenlebte, war bisher noch nie gewalttätig geworden. Zwar hatten sie sich schon hin und wieder angeschrien, aber er hatte sie nie geschlagen oder bedroht. Als Pat ihm vermittelte, daß sie sich von ihm trennen wolle, weigerte er sich, dies zu akzeptieren. Er wurde wütend, warf sie auf das Bett und begann, sie zu würgen. Später sagte Pat: »Während der ganzen Zeit, in der er mich würgte, dachte ich, daß es einfach nicht wahr sein könne. Diesen Mann liebte ich doch. Es ist einfach nicht wahr.«

Hätte ein Unbekannter versucht, sie zu töten, hätte Pat nicht gezögert, sich zu wehren und ihm die Augen auszukratzen. Da es aber ihr Freund war, verwendete sie ihre ganze Energie darauf, die Realität zu verleugnen. Sie konnte und wollte seine Gewalt nicht begreifen. Während Pat mit Verdrängen beschäftigt war, hatte ihr Freund freie Hand und würgte sie, bis sie das Bewußtsein verlor. Er hätte sie töten können. Aber er entschied sich, sie leben zu lassen. Es war seine Entscheidung.

Es ist sehr verständlich, daß keine von uns glauben will, daß jemand, den wir lieben oder einst geliebt haben, uns weh tun könnte. Wenn wir uns aber weigern, Realitäten wahrzunehmen, liefern wir uns der Gewalt von Ehemännern und Freunden aus. Wir müssen der Realität ins Auge sehen und unsere Verteidigung gegen *jeden* möglichen Angreifer vorbereiten. Es macht keinen Unterschied, ob die Hand, die uns das Leben nehmen will, einem namen- und gesichtslosen Fremden gehört oder unserem Ehemann.

Vergewaltigung durch Freunde und Bekannte

Die neunzehnjährige Darla freute sich sehr, als Karl sie zum Essen einlud. Sie hatte sich zwar schon einige Male mit Männern verabredet, aber bisher war keiner so aufregend gewesen wie der zehn Jahre ältere Karl. Darla fühlte sich großartig, und als Karl sie nach Hause brachte, lud sie ihn noch auf einen Drink zu sich ein. Sie hatte gehofft, daß der Abend nicht nur mit einem Essen und einer Unterhaltung enden würde, und Karl hatte anscheinend die gleiche Idee. In Darlas Wohnung öffnete Karl eine Flasche Wein, und Darla legte sanfte Musik auf. Als sich beide auf das Sofa setzten, begann Karl, Darlas Nacken zu massieren. Es tat gut, und so stimmte Darla freudig zu, als Karl ihr vorschlug, sie richtig zu massieren. Sie zog ihr Hemd aus und legte sich auf den Teppichboden. In dem Augenblick, in dem sie sich entspannte, begann Karl sie zu würgen. Darla weinte und protestierte, aber Karl drückte sie zu Boden und drang in sie ein. Als er ejakuliert hatte, rollte er sich zur Seite, zog sich an, sagte, daß er sie nächste Woche anrufen werde, und ging. Darla war wie betäubt. Sie konnte sich nicht erklären, was gerade mit ihr geschehen war. Sie hatte so viele Hoffnungen in diesen Abend gesetzt und von einer Beziehung geträumt. Jetzt fühlte sie sich gedemütigt, mißhandelt, schmutzig und voller Scham.
Jahrelang sprach sie nicht über das, was geschehen war, und bezeichnete es auch niemals als Vergewaltigung.

Die Bezeichnungen 'Vergewaltigung während einer Verabredung' und 'Vergewaltigung durch Freunde und Bekannte' drücken weder die Grausamkeit des Angriffs noch das Ausmaß des Vertrauensbruchs, der dabei stattfindet, aus. Das Risiko, von einem Freund oder Bekannten vergewaltigt zu werden, ist viermal so groß wie das, von einem unbekannten Täter angegriffen zu werden.[1] Frauen, die von

ihrem Freund oder einem Bekannten vergewaltigt wurden, fallen vollkommen ins Leere. Sie zögern, ihre Erfahrung als Vergewaltigung zu
bezeichnen, sind beschämt und fühlen sich noch schuldiger als
Frauen, die von einem Unbekannten vergewaltigt wurden, da sie sich
bewußt auf diesen Mann eingelassen haben.

Von der *MS Foundation* wurde die bisher größte Studie zu Vergewaltigung während einer Verabredung und Vergewaltigung durch Freunde /
Bekannte durchgeführt. Dieser Untersuchung zufolge ist das Risiko,
Opfer solcher Verbrechen zu werden, für junge Frauen im Alter von
sechzehn bis sechsundzwanzig viermal so groß wie für Frauen jeder
anderen Altersgruppe.[2] Mehr als dreitausend Frauen an zweiund-
dreißig Universitäten wurden für die Studie befragt – davon war
bereits jede vierte Frau Opfer einer versuchten oder vollzogenen Vergewaltigung gewesen. In 87 Prozent der Fälle kannten die Frauen den
Täter, und 57 Prozent der Vergewaltigungen geschahen während einer
Verabredung.

Ein üblicher Einflußfaktor für Vergewaltigungen während Verabredungen ist der Gebrauch von Alkohol und anderen Drogen. Die Studie der *MS Foundation* brachte zutage, daß 75 Prozent der Männer
und 55 Prozent der Frauen kurz vor dem Angriff entweder getrunken
oder andere Drogen genommen hatten. Mit Alkohol oder anderen
Drogen überwindet der Täter eigene Hemmungen. Gleichzeitig setzt
er diese Hilfsmittel ein, um das Opfer zu schwächen und wehrlos zu
machen. Außerdem benutzen Männer ihre Trunkenheit als Entschuldigung für ihr gewalttätiges Verhalten, und nur allzuoft lassen Frauen
diese Entschuldigung auch gelten, statt das Verhalten als das zu
benennen, was es ist. Wenn die Frauen getrunken oder Drogen konsu-
miert haben, benutzen die Männer auch dies als Entschuldigung für
ihre Übergriffe.

Angesichts dieser Tatsachen sollten wir nie vergessen, daß Männer
ihre Gewalt von vornherein planen: Obwohl jeder zwölfte Mann in
der MS-Studie zugab, Handlungen unternommen zu haben, die der
legalen Definition von Vergewaltigung oder versuchter Vergewaltigung
entsprechen, betrachteten sie sich nicht als Vergewaltiger. Anderen
Untersuchungen zufolge ist aggressives Sexualverhalten von Männern

eher die Norm als die Ausnahme: 30 Prozent der befragten Männer
behaupteten von sich, daß sie eine Frau vergewaltigen würden, wenn
sie absolut sicher sein könnten, nicht gefaßt zu werden. Als in der
Befragung das Wort 'vergewaltigen' durch 'eine Frau zu Sex zwingen'
ersetzt wurde, waren es sogar über 50 Prozent der Männer.[3]

Die große Mehrheit der in der MS-Studie befragten Frauen, die von
einem Freund oder Bekannten zum Geschlechtsverkehr gezwungen
worden waren, benannten dies nicht als Vergewaltigung. Die psychischen Folgen sagen uns jedoch etwas anderes: Ein Drittel der betroffenen Frauen hatte erwogen, Selbstmord zu begehen, ein Drittel
besuchte eine Therapie, 22 Prozent lernten Selbstverteidigung, und
88 Prozent sagten, daß diese Gewalterfahrung ihr Leben dauerhaft
verändert hätte.

Irritierend und beunruhigend ist, daß laut MS-Studie 42 Prozent der
vergewaltigten Frauen erneut mit dem Täter Sex hatten. 55 Prozent
der Männer, die eine Frau vergewaltigt hatten, sagten, daß sie ein
weiteres Mal mit dem Opfer geschlafen hätten. Da in unserer Gesellschaft nur eine Vergewaltigung durch einen Unbekannten als 'echte'
Vergewaltigung angesehen wird, haben Frauen, die von einem Freund
oder Bekannten vergewaltigt worden sind, große Schwierigkeiten,
dies tatächlich als Vergewaltigung zu definieren: Sie machen entweder sich selbst für den Vorfall verantwortlich oder versuchen, Entschuldigungen für das Verhalten des Mannes zu finden. Oder noch
schlimmer: Sie sind derart uninformiert, unerfahren und naiv, daß sie
das gewalttätige Verhalten des Mannes als normales sexuelles Verhalten ansehen.

Keine der befragten Frauen der MS-Studie, die das Verhalten des
Mannes richtigerweise als Vergewaltigung benannt hatten (27 Prozent), hatte erneuten Geschlechtsverkehr mit dem Täter. Sie konnten
auch mit den Nachwirkungen des Angriffs besser umgehen und hatten
einen leichteren Heilungsprozeß.

Die meisten vergewaltigten Frauen erzählen niemandem von dem
Vorfall. Im allgemeinen erhalten Frauen, die von einem Freund oder
Bekannten vergewaltigt worden sind, weniger Unterstützung durch

die Familie und durch Freunde als diejenigen, die Opfer eines unbekannten Täters wurden, obwohl die Folgen für erstere noch schlimmer sind. Bei einer Vergewaltigung durch einen Freund oder Bekannten erfährt die betroffene Frau einen Vertrauensmißbrauch, der sie an ihrem eigenen Urteilsvermögen zweifeln läßt und ihr das Gefühl gibt, niemandem mehr trauen zu können.

Anke, eine Polin Mitte Zwanzig, fuhr mit einigen guten FreundInnen in den Skiurlaub. Nach einem anstrengenden Tag auf der Piste kehrten sie in ihre gemietete Hütte zurück. Sie aßen zu Abend und tranken dann noch gemeinsam etwas am Kamin. Um Mitternacht zog sich Anke in ihr Zimmer zurück. Als sie schon im Bett lag, torkelte Joachim, ein Freund, ins Zimmer, schloß die Tür und tat kund, daß er mit Anke schlafen wolle. Anfangs dachte sie, er würde nur Spaß machen, und sagte ihm, er solle verschwinden. Er ignorierte aber ihren verbalen Protest und wurde immer fordernder. Als er gewalttätig wurde, stellte Anke mit Schrecken fest, daß er tatsächlich die Absicht hatte, sie zu vergewaltigen. Sie schrie und wehrte sich, indem sie ihn schlug und trat. Mit einem Tritt konnte sie ihn aus dem Bett und gegen die Wand schleudern. Beim Fallen verletzte sich Joachim, und erst dann gab er sein Vorhaben auf. Anke beendete ihren Urlaub eineinhalb Wochen früher als geplant und fuhr am nächsten Tag nach Hause. Sie stand unter Schock. Sie kannte Joachim schließlich schon seit der Schule und hatte ihn für einen guten Freund gehalten. Von seinem gewalttätigen Wesen hatte sie nichts geahnt. Danach erzählte sie ihren Freundinnen: »Ich wußte ja, daß die meisten Angreifer Männer sind, die wir kennen. Und doch habe ich immer gedacht: nicht in meinem Freundeskreis. Ich kenne meine Freunde. Keiner dieser Männer würde eine Frau vergewaltigen. Bis jetzt dachte ich immer von mir, ich könnte den Charakter eines Menschen gut einschätzen. Aber jetzt weiß ich nicht mehr, wem ich überhaupt noch trauen kann.«

Auch ältere Frauen sind vor Angriffen von ihren Freunden nicht gefeit. Eine fünfundsechzigjährige weiße Deutsche erzählte folgendes:

»Ich hatte mich vor einigen Monaten, nach vierzig Jahren Ehe, von meinem Ehemann getrennt. Eines Abends kam ein gemeinsamer Freund vorbei und wollte, wie er sagte, nach mir sehen. Es ging mir

ganz gut, und das sagte ich ihm auch. Plötzlich, ich weiß nicht einmal
genau, wie das alles kam, war er über mir, faßte mir an die Brüste, riß
meine Bluse hoch und versuchte, mich zu küssen. Er drückte mich auf
das Sofa und lag auf mir. Er sagte, er wüßte, daß ich ihn wollte und
daß er mich schon immer gewollt hätte. Ich kannte diesen Mann und
seine Frau seit über dreißig Jahren, sie waren gute Freunde von mir
und meinem Mann. Er hatte sich mir gegenüber niemals daneben
benommen. In dieser Nacht aber griff er mich an. Ich wußte nicht,
was ich tun sollte. Ich war schockiert und wie betäubt, einfach nicht
darauf vorbereitet, daß mir so etwas passieren könnte.«

Die Frau konnte ihre Vergewaltigung verhindern, weil sie dem Mann
drohte, seiner Frau davon zu erzählen, wenn er nicht von ihr abließe.
Es gelang ihr, ihn irgendwie aus der Wohnung zu bekommen und die
Tür hinter ihm zu verriegeln. – Diese Geschichte hatte die Frau zuvor
keinem Menschen erzählt.

Selbstverteidigungsstrategien bei Vergewaltigungen durch Freunde oder während einer Verabredung

Je mehr Informationen Frauen über Vergewaltigungen während einer Verabredung oder durch Freunde haben, desto geringer ist die Wahrscheinlichkeit, von einer solchen Situation überrascht zu werden. Die wichtigste Verteidigungsstrategie, die uns hier zur Verfügung steht, ist, die Vergewaltigung öffentlich zu machen.

Wenn wir uns mit einem Mann verabreden, können wir einige Vorkehrungen treffen, um das Risiko eines sexuellen Angriffs zu verringern. Es ist z.B. etwas sicherer, mit einem Mann auszugehen, den wir über unseren FreundInnenkreis kennengelernt haben. Frage bei deinen FreundInnen nach, wer den Mann kennt, wer seine Freunde sind und mit wem er vorher ausgegangen ist. Versuche, so viele Informationen wie möglich über ihn zu bekommen. Du willst sicher gehen können, daß er derjenige ist, für den er sich ausgibt.

Triffst du dich mit einem Mann zum ersten Mal, versuche, möglichst nicht alleine mit ihm auszugehen. Trefft euch vorzugsweise an einem neutralen, öffentlichen Ort, nicht in seiner oder in deiner Wohnung. Bezahle selbst, und nimm genügend Geld mit, um dir notfalls ein Taxi nehmen zu können. Telefongeld sowie eine Telefonkarte solltest du auch immer bei dir haben.

Da Alkohol und andere Drogen deine Wahrnehmungs- und Verteidigungsfähigkeit stark einschränken, sei vorsichtig, wenn Männer exzessiv trinken, dich ermutigen, mitzutrinken oder andere Drogen zu nehmen.

Überlege dir schon vor einer Verabredung mit einem Mann, wie weit du dich auf sexuelle Handlungen mit ihm einlassen willst.

Es kann sein, daß wir überhaupt keine Intimität wollen oder daß wir nur küssen und ein bißchen Petting haben wollen, aber keinen Geschlechtsverkehr, oder daß wir sexuell aktiv werden wollen. Frauen, die sich entschieden haben, sexuell aktiv zu werden, haben jederzeit das Recht zu entscheiden, unter welchen Umständen sie dies tun wollen. Keine Frau muß auf dem Rücksitz eines Autos in Ekstase geraten. Wenn wir einer sexuellen Praktik zustimmen, heißt das noch lange nicht, daß wir mit jeder Praktik einverstanden sind. Jede Frau hat das Recht, frei von Gewalt oder Zwang für sich zu entscheiden, was sie mit ihrem Körper tun will. Wir haben außerdem ein Recht auf sichere sexuelle Praktiken und eine entsprechende Schwangerschaftsverhütung. Nur weil eine Frau schon vorher mit einem Mann oder gar dem gleichen Mann geschlafen hat, heißt das noch lange nicht, daß sie damit ihr Recht auf Selbstbestimmung aufgegeben hat. Wir müssen auf Respekt bestehen und nicht vergessen, daß ein 'Nein' in jedem Fall 'nein' bedeutet.

Vertraue deinem Gefühl. Eine Vergewaltigung bei einer Verabredung beginnt – wie die meisten anderen Vergewaltigungen auch – mit einer Testphase. Reagiere sofort auf jede ungewollte Intimität, auf jede frauenfeindliche, rassistische oder erniedrigende Äußerung oder jeden Kommentar, der dir Unbehagen bereitet. Eine recht häufige Testfrage von Männern lautet: »Was würdest du tun, wenn ich jetzt versuchen würde, dich zu vergewaltigen?« Diesen offensichtlichen Versuch, dich zu verunsichern und dir Angst einzujagen, darfst du nicht ignorieren.

Eine blinde Frau bat einen Freund, der sie von der Universität nach Hause gebracht hatte, noch auf einen Kaffee in ihre Wohnung. Der Mann fragte: »Was würdest du tun, wenn ich jetzt versuchen würde, dich zu vergewaltigen?« Obwohl die Frage sie erschreckte, antwortete die Frau wütend: »Was wäre, wenn ich dir die Augen auskratzen würde und du dann blind wärst?« Er versuchte nicht, sie zu vergewaltigen, und sie brach nach diesem Vorfall den Kontakt zu ihm ab.

Beobachte deine Umgebung genau, und halte dich nur in Gegenden auf, in denen du dich auskennst und wohl fühlst. Wenn sich eine Situation mit einem Mann anders entwickelt, als du erwartet hast, sei wachsam. Männer denken sich alles mögliche aus, um eine Frau an einen Ort zu bringen, wo sie allein mit ihr sind. Wenn du ein Abendessen und einen gemeinsamen Kinobesuch geplant hattest und dich plötzlich vor der Wohnung des Mannes oder bei einem seiner Freunde wiederfindest, hast du jeden Grund, dich zu weigern, dort zu bleiben. Hast du auch nur den geringsten Zweifel daran, daß du mit dem Mann allein sein willst, tue es nicht. Männer wissen selbst, daß wir jeden Grund haben, sie zu fürchten. Sie versuchen bewußt, uns unsere Bedenken auszureden und sie zu entkräften. Wenn wir dann, trotz unserer Bedenken, auf einen Mann hereingefallen sind, hinterläßt das bei uns Schuldgefühle und Selbstzweifel.

Claudia, eine fünfunddreißigjährige weiße Deutsche, war mit einer Gruppe von FreundInnen auf einer Party bei Otto. Aufgrund einer fortschreitenden Krankheit hat Claudia eine starke Gehbehinderung, die sie zwingt, immer häufiger einen Rollstuhl zu benutzen. Als ihre Freundin gehen wollte, überredete Otto Claudia, noch eine Weile zu bleiben, und bot ihr an, sie später nach Hause zu fahren. Als Claudia dann gegen Mitternacht nach Hause wollte, ging sie noch einmal auf die Toilette, während Otto das Auto anlassen wollte. Wenige Minuten später kam er zurück und sagte, daß das Auto nicht anspringe. Claudia wollte ein Taxi rufen, aber Otto meinte, daß das Wetter doch so schlecht sei und sich bestimmt noch verschlechtern würde; außerdem sei es schon sehr spät. Er machte ihr den Vorschlag, doch bei ihm zu übernachten. Er würde die Nacht auf dem Sofa verbringen, und sie könne im Bett schlafen. Claudia gefiel dieses Arrangement nicht so

recht, aber Otto überzeugte sie: Sie hätte nichts zu befürchten. Er
sagte: »Ich verstehe, daß du dir Gedanken machst. Einige Typen würden eine solche Situation ausnutzen, aber bei mir mußt du dir keine
Sorgen machen. Ich will nur nicht, daß du bei diesem schlechten Wetter alleine unterwegs bist.« Von seiner einfühlsamen Art völlig ent-
waffnet, stimmte Claudia unter der Bedingung zu, daß sie auf dem
Sofa schlafen dürfe. Otto gab ihr schließlich ein Kissen und eine
Decke und sagte »Gute Nacht«. Claudia schlief ein. Als sie auf-
wachte, lag Otto auf ihr. Von seiner Einfühlsamkeit war jede Spur verschwunden. Claudia war schockiert. Sie hatte Otto für einen Freund
gehalten. Sie war wie betäubt von der Erkenntnis, daß er so gewalttätig werden konnte und keinerlei Respekt vor ihr hatte. Sie kämpfte
und versuchte, sich zu wehren, aber Otto war stärker. Sie versuchte,
mit ihm zu reden, aber er hörte nicht zu. Er sagte, daß er ihr einen
Gefallen tue, wenn er mit ihr schlafe, und sie solle ihm dankbar sein.
Als Claudia anfing, laut zu schreien, gab er aus Angst vor den Nach-
burn auf. Claudia verbrachte eine schlaflose Nacht auf der Couch,
und Otto brachte sie am nächsten Morgen nach Hause. Er tat so, als
ob nichts geschehen sei. Das Auto sprang sofort an, was Claudia ver-
anlaßte zu glauben, daß er den Angriff geplant hatte.

Vorbeugung, Vorsichtsmaßnahmen und Sicherheitsüberlegungen zu Hause

Ein sicheres Zuhause

Die Mehrheit aller Vergewaltigungen findet in der Wohnung des Opfers statt. Dies korrespondiert mit der Tatsache, daß die meisten Frauen von Männern angegriffen und vergewaltigt werden, die sie kennen. Dennoch ist es wichtig, unsere Wohnungen so zu sichern, daß wir vor ungewollten Besuchern geschützt sind.

Erdgeschoßwohnungen oder Wohnungen in unteren Stockwerken sind für einen Einbrecher von außen leicht zugänglich; ein Balkon oder eine Feuertreppe können weitere Risikofaktoren darstellen.

Im Telefonbuch sollten wir nur unseren Familiennamen und den Anfangsbuchstaben unseres Vornamens eintragen lassen, und am Briefkasten brauchen wir nur den Familiennamen anzubringen. Beides macht alleinlebende Frauen nicht als solche identifizierbar.

Verschlossene Türen und Fenster bieten den größten Schutz gegen Eindringlinge. Es ist sinnvoller, ein einziges gutes und stabiles Schloß zu haben als mehrere schlechte. Es kann immer sein, daß du deine Wohnung schnell verlassen mußt, und viele Schlösser würden dich dabei behindern. Die Wohnungstür sollte aus solidem Holz sein und keine Glaseinsätze haben. Ein 'Spion' in der Tür ermöglicht einen Blick auf jede/n BesucherIn. Ein Kettenschloß ist meist nicht sonderlich stabil und leicht aufzubrechen. Balkontüren und Oberfenster sind besonders bevorzugte Zugangsmöglichkeiten; sie werden oft nachlässig verschlossen oder offengelassen.

Wenn du über Nacht ein Fenster geöffnet läßt, verriegle es mit einer Sondervorrichtung. Plaziere Pflanzen und Windspiele so, daß du jeden Versuch eines Eindringlings, durch das Fenster in die Wohnung zu gelangen, hören kannst.

Wenn du eine neue Wohnung beziehst, wechsele sicherheitshalber die Schlösser aus. Grundsätzlich sind VermieterInnen für entsprechende Sicherheitsvorkehrungen verantwortlich.

Es ist wichtig, einen Raum in deiner Wohnung zu haben, in den du im Fall eines Einbruchs flüchten und dich verstecken kannst. Vorzugsweise sollte das ein Zimmer mit Telefonanschluß sein.

Sorge dafür, daß die Umgebung deiner Wohnung oder deines Hauses gut beleuchtet ist. Wenn du erst spätabends nach Hause kommst, laß das Licht innen und außen brennen, es kann an einen Zeitschalter angeschlossen werden. Büsche und Hecken sollten so geschnitten werden, daß sich niemand darin verstecken kann.

Wenn du abends zu Hause bist, ziehe die Vorhänge zu, oder laß die Rolläden herunter, damit ein Beobachter nicht feststellen kann, ob du alleine zu Hause bist. Stelle fest, ob und wie deine Wohnung von außen einsehbar ist. Wenn jemand, sei es tagsüber oder nachts, an der Tür klingelt, solltest du dich stets vergewissern, ob du die Person kennst. Schaue aus dem Fenster, gehe nach unten, oder benutze deine Gegensprechanlage, bevor du sie in deine Wohnung hereinläßt. Viele Eindringlinge klingeln im ganzen Haus und hoffen, daß ihnen irgend jemand öffnet. Mache mit deinen FreundInnen ein Klingelzeichen aus. Lasse niemanden in ein Mietshaus, wenn du das Haus verläßt oder betrittst, außer wenn du weißt, daß er ebenfalls dort wohnt. Selbst wenn ein Mann, von dem du nicht sicher weißt, ob er auch in diesem Haus wohnt, mit einem Schlüssel in der Hand auf die Eingangstür zugeht, schließe die Tür hinter dir, und lasse ihn selbst aufschließen. Ermutige deine NachbarInnen, ebenfalls derartige Sicherheitsvorkehrungen zu treffen.

Erlaube deinen Kindern nicht, die Wohnungstür zu öffnen oder den Telefonhörer abzunehmen, solange sie nicht alt genug sind, um bestimmte Sicherheitsvorkehrungen zu befolgen. Auch wenn du jemanden erwartest, solltest du vorher immer selbst nachfragen, wer an der Tür ist. Du solltest deine Frage so formulieren: »Wer ist da?« und nicht »Bist du es, Helmut?« Handwerker sollten einen Termin vereinbaren und sich ausweisen können. Du kannst dann die Auftragsfirma anrufen und die Identität eines Handwerkers überprüfen, bevor du ihn hereinläßt. Es genügt nicht, daß der Vermieter im Hauseingang eine Notiz aufhängt, die die MieterInnen darüber informiert, an welchem Tag der Kammerjäger oder Handwerker kommt. Schließlich können Vergewaltiger auch lesen und sich eventuell als Handwerker verkleiden. Ausweise können leicht gefälscht werden. Wenn du dich bei einem Handwerker nicht wohl fühlst, lasse ihn nicht in die Wohnung. Vereinbare einen anderen Termin, und triff Vorkehrungen, daß du zu dem Zeitpunkt nicht alleine in der Wohnung bist.

Wenn du in der Zeitung etwas zum Verkauf oder zur Vermietung angeboten hast, sorge dafür, daß bei den Treffen mit potentiellen KäuferInnen oder MieterInnen ein/e MitbewohnerIn oder ein/e FreundIn mitanwesend ist.

Viele Angriffe finden statt, wenn wir gerade unsere Wohnungstür aufschließen. Die Schlüssel sollten anhand verschiedenfarbiger Schlüsselkappen oder -ringe leicht identifizierbar sein, um schneller aufschließen zu können. Wenn du mit Einkaufstaschen beladen nach Hause kommst, stelle die Sachen schnell in der Wohnung ab, und schließe dann sofort die Tür. Laß deine Schlüssel nie von außen stecken. Wenn du vor deiner Haustür angegriffen wirst, wehre dich sofort, und laß dich vom Angreifer nicht in die Wohnung drängen.

Wenn du nach Hause kommst, solltest du dich immer umsehen und darauf achten, ob sich etwas verändert hat. Falls du jemanden in deiner Wohnung vermutest, gehe sofort zu einer/einem NachbarIn, und rufe von dort aus die Polizei. Wenn du jedoch bereits in der Wohnung bist und dann feststellst, daß etwas nicht stimmt oder dir etwas verdächtig scheint, nimm dein Gefühl ernst, und verlasse die Wohnung sofort. Kehre nur in Begleitung einer Freundin, eines Freundes oder der Polizei zurück.

Wenn du für eine Freundin eine Nachricht an die Tür hängst, gibst du auch potentiellen Tätern Informationen preis.

Laß deinen Ersatzschlüssel nie im Auto liegen, und verstecke ihn nicht in der Nähe deiner Wohnung. Es ist sicherer, den Schlüssel bei einer Nachbarin deines Vertrauens zu hinterlegen. Deinen Schlüsselbund solltest du außerdem nie mit deiner Adresse versehen. Bei Verlust oder Diebstahl deiner Handtasche, deines Ausweises oder deiner Wohnungsschlüssel solltest du sofort die Schlösser auswechseln lassen.

Es kommt öfters vor, daß ein Angreifer versucht, eine Tür von außen gewaltsam aufzudrücken, während die Frau auf der anderen Seite versucht, sie mit aller Kraft zuzuschieben oder abzuschließen. Halte in so einem Fall mit aller Kraft dagegen, warte darauf, daß der Angreifer noch kräftiger drückt, und lasse dann plötzlich nach, damit sich die Tür mit einem Ruck öffnet. Wenn er in den Raum stolpert, schlage ihm deine Faust mit voller Wucht ins Gesicht.

Wenn du in einem Zimmer gefangen bist, das sich nicht abschließen läßt, versuche schwere Möbel vor die Tür zu stellen. Wenn das nicht möglich ist, stelle dich mit einem schweren Gegenstand neben die Tür. Wenn der Angreifer den Raum betritt, schmettere ihm den Gegenstand ins Gesicht.

Wenn du nachts aufwachst und den Verdacht hast, daß jemand im Haus ist, bewege dich so geräuschlos wie möglich. Handelt es sich um einen Einbrecher, wird er meist jede Begegnung mit den HausbewohnerInnen vermeiden wollen. Schließe dich im Schlafzimmer ein, und rufe die Polizei. Mache kein Licht an; da du dich in deiner Wohnung besser auskennst als der Eindringling, kannst du die Dunkelheit zu deinem Vorteil nutzen. Stelle dich niemals zwischen eine Tür und den Angreifer, es sei denn, du bist auf dem Weg nach draußen. Ansonsten solltest du ihm jede Chance zur Flucht lassen.

Wenn der Angreifer bereits in deinem Zimmer ist, kannst du nicht einfach annehmen, daß er 'nur' ein Einbrecher ist. Schiebe die Decke beiseite, damit du die Füße frei hast, ergreife einen Gegenstand,

den du als Waffe benutzen kannst, und schreie und kämpfe, um
dich zu verteidigen. Rufe die Namen anderer Leute, um den Angreifer zu verunsichern.

Mache dich vorher mit jedem Gegenstand in deinem Zimmer vertraut, und denke darüber nach, wie du ihn als Waffe einsetzen
könntest. Gehe durch das Haus, und überlege, wo sich ein Angreifer verstecken könnte. Überlege dir Fluchtwege aus jedem deiner
Zimmer. Es kann sinnvoller sein, in das Bade- oder Schlafzimmer zu
laufen und den Angreifer auszusperren, anstatt zu versuchen, die
Haustür zu erreichen, die weiter entfernt ist. Im Schlaf- oder Badezimmer kannst du dich vielleicht aus dem Fenster lehnen und um
Hilfe rufen oder sogar durchs Fenster entkommen.

Lerne verschiedene Notrufnummern auswendig, und überlege dir,
was du im Notfall sagen wirst. Sei sehr genau in der Angabe deiner Adresse, der Art des Notfalls und deines Namens, und bitte
den/die BeamtIn, deine Adresse zu wiederholen. Gib bei der Polizei an, ob der Einbrecher noch im Haus ist und wo er sich versteckt
hält – es kann sich auch um mehrere Einbrecher handeln. Wenn du
meinst, die Polizei sei da, überprüfe zuerst, ob sie es auch wirklich
ist, und öffne erst dann die Tür.

Die beste Vorsichtsmaßnahme für dein Zuhause ist die Absprache
mit NachbarInnen. Das Wissen, dich im Notfall auf NachbarInnen verlassen zu können, wird dir ermöglichen, dich in deiner
Wohnung sicher zu fühlen.

Vereinbare mit deinen NachbarInnen, daß sie eingreifen sollen,
wenn sie Schreie, laute oder seltsame Geräusche aus deiner Wohnung hören. Es ist eine gegenseitige Vereinbarung: du würdest für
sie dasselbe tun. Ihr solltet auch absprechen, fremden Personen
keine Informationen über einander zu geben. Du kannst mit deinen
NachbarInnen auch ein Notsignal ausmachen: Z.B. könnte eine
bestimmte Lampe oder ein Vorhang, der in einer bestimmten Art
und Weise zurückgezogen ist, signalisieren, daß du Hilfe brauchst.

Wenn du in den Urlaub fährst, bitte eine Nachbarin, regelmäßig
deine Wohnung zu überprüfen, und vereinbare, daß sie z.b. ihr
Auto in deine Einfahrt stellt oder die Rolläden regelmäßig hoch-
und runterläßt, um so den Eindruck zu erwecken, deine Wohnung
sei bewohnt. Zeitungen und andere Warenlieferungen solltest du
für die Zeit, während der du verreist bist, abbestellen.

Schwarze Frauen, Migrantinnen oder Jüdinnen sollten noch zusätzliche Vorkehrungen treffen, um rassistischen Brandanschlägen
auf ihre Häuser oder Wohnungen vorzubeugen: Äußere Schlösser
an Zäunen, Toren und Gebäudeeingangstüren sollten robust und
immer verschlossen sein. Die NachbarInnen sollten aufmerksam
sein und jede verdächtige Aktivität sofort melden.

Jeder Raum, in dem eine Person schläft, sollte mit einem Feuermel-
der ausgestattet werden. Fluchtwege aus den einzelnen Räumen
sollten überlegt und mit der ganzen Familie ausprobiert werden.
Im Brandfall sollte ein sicherer Treffpunkt ausgemacht werden, an
dem sich alle Familienmitglieder treffen. Sonst kann es passieren,
daß jemand noch einmal in das brennende Haus läuft, um eine
Person zu retten, die schon in Sicherheit ist.

Obszöne Anrufe

Einige Männer finden es sexuell besonders erregend, Frauen zu Hause
anzurufen und sie anonym zu belästigen. Das erschreckendste an diesen Anrufen ist, daß der Anrufer in unseren Raum, der uns Ruhe,
Schutz und Sicherheit bieten soll, eindringt und uns angreift. Kein
Sicherheitssystem und kein Schloß kann ihn daran hindern. Obszöne
anonyme Daueranrufe können die Psyche einer Frau stark belasten,
besonders wenn sie alleine lebt.

Telefonterror ist die am häufigsten eingesetzte Form von Gewalt
gegen Frauen. Diese Gewaltakte werden jedoch kaum ernst genommen, und selten wird Anzeige erstattet. Vor einiger Zeit beschwerte
sich eine Frau bei der Polizei über einen anonymen Anrufer, der sie

permanent mit rassistischen Sprüchen beleidigte und bedrohte. Sie wurde ausgelacht. Erst als andere Frauen ihre Partei ergriffen und darauf bestanden, daß diese Anzeige aufgenommen wurde, sahen sich die Polizeibeamten gezwungen, ein Protokoll aufzunehmen.

Frauen, die einen obzsönen Anruf erhalten, werden nicht 'nur' verbal belästigt. Hinter dem Anrufer steht das patriarchale System, das sich auf Vergewaltigung, andere Formen von Gewalt gegen Frauen und Mädchen sowie einen jahrhundertewährenden Rassismus stützt. Der Anruf flößt uns Angst ein, weil er uns daran erinnert, was Männer uns mit ihrer Gewalt antun (können). Damit wird die sonst abstrakte – weil allen Frauen drohende – Gewalt zur Realität: Der Anrufer hat *uns* herausgesucht, um uns zu belästigen.

Eine Untersuchung über obszöne Anrufer in Großbritannien belegt, daß die Hälfte der Männer, die Frauen mit Anrufen belästigten, ihre Opfer kannten.[1] Die Opfer waren in der Regel junge Frauen oder Frauen mittleren Alters, die allein lebten. Obszöne Anrufe von Männern, die die betreffende Frau kennen, sind besonders bedrohlich. Die Anrufer werden der Frau meist vermitteln, daß sie sie kennen und beobachten. Sie beschreiben die äußere Erscheinung der Frau und Einzelheiten über ihre Familie und ihr Leben und – sie wissen, wo sie wohnt.

Viele anonyme Anrufer suchen sich willkürlich eine Telefonnummer aus dem Telefonbuch. Manche benutzen auch Verkaufsinserate von Frauen: Sie fragen dann, ob die Betreffende noch andere Gegenstände zu verkaufen habe, z.B. Sexspielzeug, Peitschen, Handschellen oder Reizwäsche.

Andere Männer geben sich am Telefon als Ärzte, Marktforscher oder Polizeibeamten aus. Sie versuchen damit das Vertrauen der Frauen zu gewinnen und sie so lange wie möglich in ein Gespräch zu verwickeln. Dann drohen sie mit Vergewaltigung oder Mord und behaupten, genau zu wissen, wo und wie die Telefonpartnerin lebe. Auch wenn der Anrufer seine Drohung nicht wahrmacht – zumindest nicht bei dieser Frau –, sollten die Drohungen ernst genommen werden.[2] Hier einige Beispiele aus Zeitungsmeldungen:

Ein Mann rief bei einer Frau an und behauptete, der Therapeut ihres Ehemannes zu sein. Er versuchte auf diese Weise, die Frau in ein Gespräch über ihre sexuellen Praktiken mit ihrem Mann zu verwickeln.

In einem anderen Fall behauptete der Anrufer, die Tochter der betreffenden Frau auf ihrem Weg zur Schule entführt zu haben. Er drohte damit, das Mädchen zu vergewaltigen, wenn die Mutter nicht das tun würde, was er von ihr fordere.

Ein anderer Anrufer behauptete, er sei Arzt und müsse der Frau leider mitteilen, daß ihr Ehemann einen Autounfall gehabt habe und im Genitalbereich verletzt worden sei. Eine Notoperation könne nur dann erfolgreich durchgeführt werden, wenn er Informationen über ihr Sexualleben erhalte.

In solchen Fällen ist die einzig richtige Reaktion, sofort den Hörer aufzulegen.

Einige Anrufer behaupten, daß du die glückliche Gewinnerin eines Preises bist und sie nun deine Adresse bräuchten, damit sie dir den Preis übergeben können. Gib deine Adresse nicht heraus, und schlage vor, daß du den Preis lieber selbst abholen willst. Dabei wird sich herausstellen, ob der Anrufer gelogen hat.

Andere Männer suchen sich für ihre obszönen Anrufe gezielt junge Frauen und Mädchen aus. Der Anrufer fordert das Mädchen dann z.B. auf, sich auszuziehen und sich im Genitalbereich zu berühren. Es kommt auch vor, daß Anrufer Mädchen zu Handlungen ermutigen, die tödlich sein können, so z.B.: Badewasser einzulassen, dann einen Toaster, der an Strom angeschlossen ist, ins Wasser zu werfen und schließlich die Hände ins Badewasser zu tauchen. Kindern muß deshalb eingeschärft werden, bei einem verdächtigen Anruf sofort den Hörer aufzulegen oder eine/n Erwachsene/n zu rufen.

Melde dich am Telefon statt mit deinem Namen nur mit »Hallo« oder »Guten Tag«. Wenn jemand fragt, wer am Apparat sei, bitte ihn, seinen Namen zuerst zu nennen. Du solltest deinen Anrufbeantworter so besprechen, daß eine unbekannte Person auf keinen

Fall Informationen erhalten kann. Gib bei der Bandansage auf keinen Fall an, wann du wieder erreichbar bist, denn dann weiß der
Einbrecher oder Vergewaltiger genau, wann er dich antreffen
kann und wann nicht. Benutze eher eine kurze und neutrale Mittei-
lung, z.B.: »Bitte hinterlassen Sie nach dem Signalton eine Nachricht.«

Wenn dich eine unbekannte Person anruft, ist es besser, keine Fragen am Telefon zu beantworten. Gib weder Informationen über
dich, deine Familie, FreundInnen oder NachbarInnen heraus,
auch wenn der Anrufer behauptet, eine Marktforschungsumfrage
zu machen oder Polizist zu sein.

Obszöne Anrufer erwarten, daß das Opfer mit Angst, Hilflosigkeit
oder Unsicherheit reagiert. Sie versuchen Frauen durch Androhung
von sexueller Gewalt zu manipulieren und zu unterwerfen.

Bei einem obszönen Anruf solltest du einfach auflegen. Versuche
nicht, dich mit dem Anrufer zu unterhalten oder herauszufinden,
wer er ist, denn genau das will er. Wenn eine Frau mit einem obszönen Anrufer spricht, ermöglicht sie ihm, zu masturbieren und
seiner Phantasie freien Lauf zu lassen. Wenn du sofort den Hörer
auflegst, kannst du relativ sicher sein, daß der Täter nicht noch einmal anruft. Tut er es dennoch, lege einfach wieder auf – eine unter-
brochene Leitung wird ihn wohl kaum stimulieren. Nimm den
Hörer dann für kurze Zeit nicht ab, damit du sicher gehen kannst,
daß die Leitung wirklich unterbrochen ist. Plaziere einen Schreialarm oder eine Trillerpfeife neben das Telefon, damit du beim
nächsten derartigen Anruf kräftig in den Hörer schrillen kannst.

Manchmal kommt es auch vor, daß, kurz nachdem du den Hörer
aufgelegt hat, jemand anruft, der angeblich von der Polizei ist. Er
bittet dich, beim nächsten Anruf des Angreifers den Hörer auf keinen Fall aufzulegen, sondern mit dem Mann zu reden. Höre nicht
auf ihn: es ist ein Trick, der dich am Auflegen hindern soll.

Wenn die anonymen Anrufe anhalten, solltest du die Daten und
Uhrzeiten der Anrufe und andere Anhaltspunkte schriftlich festhalten.

Stelle einen Antrag auf eine Fangschaltung, oder lasse dir von der Telekom eine Geheimnummer geben. Ein Anrufbeantworter bietet dir die Möglichkeit, Anrufe auszusortieren, also nicht immer sofort ans Telefon zu gehen, auch wenn du zu Hause bist. Die wenigsten anonymen Anrufer gehen das Risiko ein, entdeckt zu werden, weil sie ihre Obszönitäten auf Band gesprochen haben.

Frauen unterwegs:
Autos und Fahrräder

Sicherheit im Auto

Um Pannen auf Autobahnen oder Landstraßen zu vermeiden, sollte dein Auto regelmäßig gewartet werden und immer genügend Wasser, Öl und Benzin haben. Es sollte mit folgenden Dingen ausgerüstet sein: einer funktionierenden Taschenlampe, einem Ersatzreifen, einem Wagenheber, einem Warndreieck, einer aktuellen Straßenkarte, Handschuhen, Streichhölzern, einer Kerze, einem Fotoapparat, einem Stift, Papier und Kleingeld sowie einem Paar bequemer Schuhe. Im Winter gehören eine Decke, Winterreifen, Schneeketten und eine Schaufel zur Standardausrüstung. Eine Frau, die regelmäßig nachts alleine längere Strecken zurücklegen muß, sollte ein Autotelefon in Erwägung ziehen.

Da es trotz aller Vorkehrungen vorkommt, daß Frauen in ihren eigenen Fahrzeugen angegriffen werden, ist es ratsam, einen Gegenstand, der als Waffe benutzt werden kann, unter dem Fahrerinnensitz zu verstauen. Ein Schraubenzieher kann z.B. zur tödlichen Waffe werden. Wie jede andere Waffe kann er aber nur dann seinen Zweck erfüllen, wenn wir wissen, wie wir uns damit verteidigen können, und uns geistig darauf vorbereiten, ihn im Notfall auch zu benutzen.

Einfache Reparaturen, wie z.B. einen Radwechsel, sollte jede Frau selbst durchführen können. Täter nutzen häufig gerade solche Notsituationen für ihren Angriff aus.

Die Motorhaube und der Einfüllstutzen für das Benzin müssen immer verschlossen sein, damit niemand den Motor funktionsuntüchtig machen kann oder fremdartige Substanzen ins Benzin schüttet. Es kommt immer wieder vor, daß an abgestellten Autos manipuliert wird. Die Fahrerin kommt nicht vom Fleck, und der Täter kann ihr seine Hilfe anbieten. Verlasse dich in solchen Fällen lieber auf die Pannenhilfe, die du über die Notrufsäule erreichen kannst.

Wenn du kleinere Schäden am Auto nicht schnell genug selbst beheben kannst, solltest du auf jeden Fall zur nächsten Notrufsäule gehen und den Pannendienst rufen. Vergewissere dich, daß das Auto abgeschlossen ist, und nimm einen Gegenstand mit, den du als Waffe benutzen kannst (Taschenlampe, Schraubkreuz, Schraubenzieher). Falls weder eine Notrufsäule, eine Tankstelle, ein Telefon noch ein Restaurant in der Nähe sind, solltest du die Warnblinkanlage einschalten, das Warndreieck aufstellen, die Motorhaube öffnen, die Türen verriegeln und so lange im Auto sitzen bleiben, bis jemand kommt, den du darum bitten kannst, den Pannendienst anzurufen.

Wenn du die Reparatur selbst vornimmst und währenddessen ein anderes Auto mit einem oder mehreren Männern anhält, um dir Hilfe anzubieten, ist es wichtig, den eigenen Gefühlen zu vertrauen. Wenn du unsicher bist, setze dich wieder in dein Auto, und verriegle alle Türen. Wenn du zum Auto zurückgehst, nimm den Wagenheber mit, so daß niemand damit deine Autofenster einschlagen kann. Es ist immer besser, übervorsichtig zu sein, als nicht vorsichtig genug. Hupen erregt die Aufmerksamkeit anderer. Zur Not kannst du auch mit einem platten Reifen davonfahren.

In Parkhäusern oder auf Parkplätzen solltest du immer möglichst nahe an der Kasse parken. Sind keine Frauenparkplätze vorhanden, beschwere dich bei der Geschäftsführung. Bei Parkplätzen, wo du deinen Autoschlüssel abgeben mußt, solltest du nur den Zündschlüssel, nicht den ganzen Schlüsselbund dalassen, das gleiche gilt auch bei Abgabe deines Autos in Reparaturwerkstätten.

Merke dir beim Parkhaus, auf welcher Parkebene du das Auto abgestellt hast, und die Nummer des Stellplatzes, damit du dein Auto schnell wiederfinden kannst. Vermeide, neben Kleinbussen oder Lieferfahrzeugen, die keine Heckscheibe haben, zu parken. Im Laderaum könnte sich ein Angreifer versteckt halten. Es sind mehrere Fälle bekannt, in denen Frauen, die neben einem solchen Fahrzeug geparkt hatten und gerade ihre Autotür abschließen wollten, durch die Seitentür des Busses in diesen hereingezerrt wurden. Wenn während deiner Abwesenheit vom Parkplatz ein Kleinbus oder Lieferwagen neben deinem Auto geparkt hat, steige auf der anderen Seite ein.

Achte beim Parken beim Ein- und Aussteigen genau auf die Umgebung. Überprüfe die vorderen und hinteren Sitze, um sicherzugehen, daß sich niemand dort versteckt hält. Es gab Fälle, in denen sich der Angreifer unter dem Auto versteckte und der Frau die Beine wegzog, als sie gerade in ihr Auto steigen wollte.

Vermeide, im Parkhaus zwischen parkenden Autos hindurchzugehen, und bleibe statt dessen in der Mitte des Fahrweges. Du solltest Parkschein und Geld bereithalten, bevor du an den Parkautomaten gehst. Sieh dich am Automaten genau um, damit dich ein Angreifer nicht plötzlich von hinten überraschen kann. Wenn sich verdächtige Personen auf der Parkebene befinden oder du dich aus irgendwelchen Gründen unwohl oder bedroht fühlst, kehre zur Kasse zurück, und benachrichtige das Wachpersonal.

Benutze für deine Einkäufe möglichst einen Einkaufswagen. Wenn du die schweren Einkaufstaschen tragen mußt, bist du leichter anzugreifen. Beim Verladen der Einkäufe in dein Fahrzeug solltest du dich nicht mit dem Rumpf ins Fahrzeug beugen, denn so kann dich jemand unbemerkt von hinten angreifen.

Sei wachsam, wenn ein Autofahrer langsamer fährt oder versucht, neben dir zu parken. Wenn du auch nur den leisesten Verdacht hast, daß etwas nicht stimmt, steige sofort in dein Auto, verriegele die Türen, und drücke auf die Hupe, oder laufe zur Kasse zurück. Laß dich auf keinen Fall zwingen, in dein Auto einzusteigen.

Wenn du Auto fährst, solltest du immer angeschnallt sein und die Türen verriegelt haben. So kann ein Angreifer nicht einfach in dein

Auto springen oder versuchen, dich an einer roten Ampel aus dem Auto zu zerren. Das Fenster sollte nur einen Spalt geöffnet werden, so daß niemand in das Auto hineingreifen und die Tür von innen öffnen kann. An Ampeln solltest du das Auto nicht entkuppeln. Wenn ein Mann versucht, sich gewaltsam Zutritt zu deinem Auto zu verschaffen, hupe, beschleunige, und schalte die Warnblinkanlage ein.

Eine weiße Frau mittleren Alters berichtet: »Als ich am frühen Morgen auf dem Weg zur Arbeit an einer roten Ampel an einer verlassenen Kreuzung anhalten mußte, bemerkte ich zwei Männer, die rechts von mir an der Straßenecke standen. Einer der beiden Männer überquerte auf dem Fußgängerweg die Straße und bewegte sich vor meinem Fahrzeug. Der andere blieb auf der rechten Seite stehen. Im Bruchteil einer Sekunde näherten sich beide Männer aus verschiedenen Richtungen meinem Auto. Der Mann, der von rechts kam, hatte seine Hand schon an der Beifahrertür, um sie zu öffnen, als ich auf das Gaspedal trat und trotz roter Ampel losfuhr. Hätte ich auch nur eine Sekunde gezögert, wären die Männer im Auto gewesen.«

Wenn der Angreifer einmal im Auto ist, wird er dich an einen entlegenen Ort bringen wollen, der für ihn sicher ist. Folge niemals seinen Anweisungen. Warte nicht auf eine 'bessere' Gelegenheit, sondern handle sofort: Gib erst Gas, und tritt dann plötzlich auf die Bremse. Damit erreichst du, daß der Angreifer gegen die Windschutzscheibe geschleudert wird, während dich dein Sicherheitsgurt davor schützt. Jetzt ist er abgelenkt, und du kannst die Gelegenheit nutzen, um aus dem Auto zu steigen und wegzulaufen. Versuche andere Leute auf den Angreifer aufmerksam zu machen. Hupe, und stelle die Warnblinkanlage an. Fahre wie eine Wilde, überfahre rote Ampeln, oder verursache einen kleinen Unfall mit einem anderen Fahrzeug. Versuche ein Auto zu erwischen, in dem viele Leute sitzen – am besten ein Polizeifahrzeug.

Einige Vergewaltiger verursachen absichtlich einen kleineren Unfall und rammen das Fahrzeug ihres beabsichtigen Opfers. Wenn die Frau dann aus ihrem Auto steigt, um den Schaden zu begutachten, greift der Täter an.

Vertraue deinen Gefühlen, und bleibe im Auto, wenn du dich unbehaglich oder bedroht fühlst. Notiere dir die Automarke und den Autotyp sowie das Kennzeichen deines Unfallgegners, und fahre dann zu einem belebten und für dich sicheren Ort. Rufe von dort die Polizei.

Manche Angreifer geben sich auch als Polizisten aus. Mit Blaulicht und Sirene veranlassen sie Autofahreinnen dazu, an entlegenen Autobahnen oder Seitenstraßen anzuhalten.

Wenn du von einem Fahrzeug, das nicht eindeutig als Polizeifahrzeug zu erkennen ist, verfolgt wirst, halte nicht an und fahre an einen sicheren Ort. Falls du von einem anderen Fahrzeug verfolgt wirst, fahre nicht nach Hause, denn oft hat der Täter das Ziel, dich anzugreifen, wenn du gerade versuchst, deine Wohnungstür bzw. Haustür zu öffnen. Versuche nicht, das Verfolgungsauto 'abzuhängen', besonders dann nicht, wenn du dich in der Gegend nicht auskennst. Fahre in eine belebte Gegend oder zu einer Polizeiwache.

Selbstverteidigung für Beifahrerinnen

Einer kürzlich erstellten Polizeistatistik zufolge findet jeder dritte Angriff auf eine Frau in einem Auto statt: 11 Prozent der versuchten und vollzogenen Vergewaltigungen, die in den Jahren 1991/1992 in Hannover registriert wurden, fanden im Auto statt. Keine der Frauen, die passiv blieben, konnte ihre Vergewaltigung verhindern, während *alle* Frauen, die sich heftig gewehrt hatten, entkommen konnten.[1]

Steige nie in ein Auto, in dem mehrere Männer sitzen, die du nicht kennst. Auch wenn du mit einem Mann allein unterwegs bist und er darauf besteht, einen weiteren Mann mitzunehmen, steige sofort aus. Habe keine Angst davor, 'dumm dazustehen', und lasse dich nicht von deiner Entscheidung abbringen. Wenn der Mann ein echter Freund ist und er sich Gedanken um dich macht, wird er deine Reaktion verstehen und respektieren. Wenn er sich aggressiv oder abwertend verhält, weißt du mit Sicherheit, daß du die Entscheidung getroffen hast.

Wenn du mit Frauen und Männern im Auto nach Hause fährst, achte darauf, daß du nicht als letzte Frau nach Hause gebracht wirst und plötzlich nur noch mit Männern im Auto sitzt. Steige gemeinsam mit der letzten Frau aus, und nimm für den Rest des Weges ein Taxi oder ein öffentliches Verkehrsmittel.

Wenn ein Mann dich nicht aussteigen läßt, mache ihm klar, daß du es ernst meinst. Zerstöre sein Auto, reiße das Radio heraus, mache Bandsalat aus seinen Musikkassetten. Vielen Männern bedeutet ihr Auto als Statussymbol sehr viel, daher reichen derartige Aktionen meist schon, um sie zu veranlassen, dich aussteigen zu lassen. Wenn der Mann jedoch entschlossen ist, dich zu vergewaltigen, mußt du kämpfen und aus dem Auto herauskommen, bevor er an seinem Zielort angelangt ist. Solange er sich auf das Fahren konzentrieren muß, kann er dir nicht viel antun.

Versuche sofort andere Leute auf dich aufmerksam zu machen, indem du z.B. die Warnblinkanlage einschaltest oder die Hupe betätigst, und werde laut. Öffne das Seitenfenster, hänge dich heraus, winke mit den Armen, und schreie. Nimm jeden Gegenstand, den du in die Hände bekommen kannst, um ihn entweder als Waffe einzusetzen oder aus dem Fenster zu werfen. Wenn das Auto langsam genug fährt und kein schwerer Unfall passieren kann, ziehe die Handbremse, oder greife nach dem Zündschlüssel, und wirf ihn aus dem Fenster. Dabei wird das Lenkrad einrasten, wodurch höchstwahrscheinlich ein Unfall verursacht wird.

Die letzte aller Möglichkeiten besteht darin, aus dem fahrenden Auto zu springen. Da auch dem Angreifer völlig klar ist, daß die Chance für einen Fluchtversuch an einer roten Ampel oder einem Stopschild am größten ist, solltest du warten, bis er wieder beschleunigt und sich aufs Fahren konzentriert. Wenn du springst, rolle dich zu einer Kugel zusammen, indem du deinen Kopf mit den Armen schützt und das Kinn auf die Brust legst. Wirf dich dann aus dem Auto, und versuche so schnell wie möglich von der Fahrbahn zu kommen.

Fahrräder

Frauen sind auf Fahrrädern relativ ungeschützt und leicht anzugreifen.

Als Radfahrerin ist es besonders wichtig, die Umgebung genau im Auge zu behalten und einen angemessenen Abstand sowohl zu FußgängerInnen als auch zu anderen Rad- oder MotorradfahrerInnen einzuhalten. Wenn du beispielsweise an einer Ampel warten mußt und dir ein Mann in deiner Nähe verdächtig vorkommt, solltest du besser absteigen. Wenn du in einer einsamen Gegend unterwegs bist, solltest du an unübersichtlichen Ecken besonders wachsam sein, da du dort plötzlich von einem Angreifer überrascht werden könntest.

Wenn du zu Boden gestoßen wirst, räume zuerst das Fahrrad so schnell wie möglich aus dem Weg. Wenn der Angreifer direkt vor dir steht, versuche nicht, aufzustehen. Bleibe auf dem Boden, und stütze dich mit den Händen ab, während du die Fersen abwechselnd anziehst und mit einer kräftigen Hüftbewegung durch seine Knie trittst. Wenn er jedoch schon über dir steht, bevor du deine Beine befreien konntest, mußt du die Arme benutzen, um deinen Kopf zu schützen.

Überlege, welche Teile deines Fahrrades du als Waffe benutzen könntest, z.B. die Fahrradpumpe, das Schloß oder die Kette.

Zwei weiße deutsche Frauen waren mit ihren Fahrrädern auf dem Nachhauseweg, als sie Schreie hörten. Als sie sahen, wie eine Schwarze Deutsche von einem Mann verfolgt wurde, stiegen sie sofort von ihren Rädern ab, um der Frau zu helfen. Eine der Frauen benutzte ihr Kettenschloß als Waffe: Als sie den Verfolger eingeholt hatten und nahe genug waren, schleuderte sie das Schloß mit voller Wucht an die Schläfe des Mannes.

Vertraue keinem unbekannten Mann, der dir bei Reparaturen oder bei einem Unfall helfen will, denn manche Männer bereiten ihren Angriff vor, indem sie das Fahrrad einer Frau untüchtig machen oder vorsätzlich einen Unfall verursachen.

Sicherheit rundum:
Hinweise und Selbstverteidigungs-strategien für besondere Situationen

Auf der Straße

Auf der Straße ist eines für unsere Sicherheit immer wieder wichtig: Aufmerksamkeit. Du solltest z.B. keinen Walkman tragen, da das deine Aufmerksamkeit stark einschränkt. Schaue dir die Menschen in deiner näheren Umgebung an, und überlege, wer eine Bedrohung darstellen könnte und wen du im Falle eines Angriffs um Hilfe bitten könntest. Achte auf Gebäude, Geschäfte und Häuser, die dir Schutz bieten könnten. Vergewissere dich, ob sich Taxistände, Telefonzellen oder Restaurants in der Nähe befinden, wo du im Notfall Hilfe rufen könntest. Du solltest dir für den Fall, daß du wegrennen oder fliehen mußt, einen sicheren Fluchtweg überlegen. Suche nach Gegenständen, die du als Waffe oder Schild benutzen könntest: eine Flasche, eine Autoantenne, Steine, Sperrmüll, Mülleimer usw.

Gehe bei Spaziergängen oder anderen Gängen nicht immer dieselben Wege. Wenn du z.B. regelmäßig mit deinem Hund spazierengehst, solltest du deine Routen und die Uhrzeiten in gewissen Abständen ändern, damit sich ein potentieller Angreifer nicht auf deine Gewohnheiten einstellen kann. Wenn dein Hund auf einen Mann, den du unterwegs getroffen hast, aggressiv reagiert, solltest du das als Warnsignal ernst nehmen.

Gehe nachts am äußeren Rand des Fußgängerweges, und meide Orte, die einem potentieller Angreifer ein gutes Versteck bieten: z.B. hinter Bäumen und Büschen, zwischen geparkten Autos, in Gebäudenischen, in Toreinfahrten usw. Wenn du dich auf Nebenstraßen oder Straßen mit geringem Verkehr befindest, laufe mitten auf der Fahrbahn.

Wenn du wartest, z.B. auf FreundInnen, den Bus oder ein Taxi, verliere dich nicht in deinen Gedanken. Vereinbare bei Verabredungen außerdem immer einen sicheren Treffpunkt, wo du keine Belästigungen zu befürchten hast.

Wenn du betrunken, 'high' oder durcheinander bist, solltest du nicht alleine unterwegs sein. Selbst Taxifahrer nutzen die Wehrlosigkeit einer betrunkenen Frau aus, um sie zu vergewaltigen. Laß dich in so einem Fall von FreundInnen, denen du wirklich vertrauen kannst, begleiten.

Häufig wird Frauen der Rat gegeben, sie sollten, wenn sie sich verfolgt glauben, die Straßenseite wechseln. So könnten sie feststellen, ob es sich wirklich um einen Verfolger handelt. Dieses Verhalten signalisiert jedoch, daß wir uns der Gegenwart des Mannes sehr wohl bewußt sind, ihn aber nicht konfrontieren können. Wir müssen sofort und direkt handeln.

Wenn wir von Männern verfolgt werden, haben wir oft Angst und trauen uns nicht, uns umzudrehen. Da wir uns den Angreifer in unserer Phantasie immer als einen riesigen, muskulösen, durchtrainierten, übermächtigen Mann vorstellen, fühlen wir uns vergleichsweise schwach und hilflos. Unsere Körpersprache spiegelt unsere Angst wider und ermutigt den Verfolger.
Nur wenn wir unsere Angst überwinden und uns umdrehen, können wir den Mann hinter uns realistisch einschätzen: Er ist ein Mann, eine Ansammlung von Schwachpunkten. Wenn der Mann uns durch seine Verfolgung testen will, mit dem Ziel, uns später zu vergewaltigen, zeigt allein diese Geste – die Tatsache, daß wir uns herumdrehen und ihn konfrontieren – unsere Entschlossenheit, ihm keinerlei Kontrolle über uns zu überlassen.

Halte Abstand zu dem Verfolger, und sage laut und deutlich: »Hör auf, mich zu verfolgen! Hau ab!« Schreie ihn an, dadurch machst du gleichzeitig andere Leute auf die Situation aufmerksam.

Andere Möglichkeiten, um eine Verfolgungssituation zu beenden, sind folgende:

Du könntest einfach in ein Geschäft oder in ein Haus gehen.

Du kannst einem Passanten oder einer Passantin auf der anderen Straßenseite zuwinken und so tun, als ob du ihn/sie kennst, und ein Stück mit ihm/ihr gehen.

Wenn du dich außerordentlich bedroht fühlst, kannst du schreiend in das nächste Gebäude oder Geschäft rennen. Klingele, hämmere gegen die nächste Tür, oder wirf eine Scheibe ein, um andere auf dich aufmerksam zu machen.

Renne auf die Straße, und halte ein vorbeifahrendes Auto an.

Bitte andere laut darum, die Polizei zu rufen.

Unternimm alles, damit andere auf dich aufmerksam werden.

Viele Frauen zögern, einen Mann direkt zu konfrontieren, weil sie Angst haben, sie könnten sich geirrt haben. Wir suchen nach plausiblen Erklärungen für das Verhalten des Mannes: »Es ist purer Zufall, daß er an der gleichen Bushaltestelle ausgestiegen ist ... Vielleicht wohnt er in der gleichen Straße wie ich und geht deshalb hinter mir her ... Und außerdem ist das ja eine öffentliche Straße ... Er hat dasselbe Recht wie ich, hier entlang zu gehen ... Ich habe nicht das Recht, ihm etwas entgegenzusetzen.« Auch wenn Männer gar nicht vorhaben, Frauen körperlich anzugreifen, ist ihnen ihr Machtgefühl bewußt, wenn sie hinter einer Frau hergehen. Wieso sollten wir uns darüber Gedanken machen, die Gefühle eines Mannes versehentlich zu verletzen, wenn er offensichtlich keinerlei Rücksicht auf das Sicherheitsbedürfnis von Frauen nimmt? Ein Mann, der Frauen respektiert, wird es vermeiden, hinter einer Frau herzugehen, weil ihm bewußt ist, daß er die Frau damit bedrohen kann. Wenn er dir wirklich versehentlich hinterherläuft, wird er sich für sein Verhalten entschuldigen, wenn du ihn konfrontierst.

Wenn wir uns in einer solchen Situation im Zweifel sind, haben wir nichts zu verlieren – aber alles zu gewinnen, wenn wir uns wehren. Da unsere Sicherheit und unser Leben tatsächlich ständig von Männern bedroht werden, können wir gar nicht 'überreagieren'. Wenn wir den Verfolger konfrontieren, sei er nun ein Vergewaltiger oder 'bloß' ein rücksichtsloser Mann, können wir sicher sein, daß er seine Unschuld beteuern wird. Wir sollten uns keine Gedanken über seine Reaktion machen. Ein Vergewaltiger würde nie zugeben, was er vorhatte. Wenn du ihm aber mit Stärke entgegentrittst, wird ihn das von weiterer Gewalt abhalten.

Wenn du zu Fuß unterwegs bist und von einem Auto verfolgt wirst, drehe dich um, und gehe in die entgegengesetzte Richtung. Wiederhole dieses Manöver so oft wie notwendig. Du kannst viel leichter als ein Auto die Richtung wechseln. Versuche das Kennzeichen des Autos zu erkennen, und laufe an einen sicheren Ort.

Wenn ein Autofahrer auf der Straße anhält, um dich etwas zu fragen, gehe nicht zu dem Auto hin, auch wenn die Frage ganz 'unschuldig' klingt. Halte den kritischen Abstand, wenn ein Mann sich dir zu Fuß oder im Auto nähert, und reagiere mit Wachsamkeit und Vorsicht, anstatt auf Höflichkeit zu achten. Wenn ein Mann tatsächlich Interesse daran hat, Frauen und Mädchen nicht in für sie bedrohliche Situationen zu bringen, wird er seine Fragen an einen anderen Mann richten.

Mit unterschiedlichen Tricks versuchen Männer das Vertrauen von Frauen zu gewinnen oder in ihre Nähe zu gelangen:

- Sie bitten um Hilfe, fragen nach dem Weg, nach der Uhrzeit, nach der Notapotheke.
- Sie täuschen einen Herzanfall oder eine Krankheit vor.
- Sie täuschen einen Unfall oder einen Überfall vor.
- Sie behaupten, dich zu kennen.
- Sie suchen nach einem verlorengegangen Kind oder nach einem Haustier.
- Sie täuschen vor, Polizist oder vom Wachschutz zu sein.
- Sie behaupten, dein Auto sei gestohlen oder aufgebrochen worden.
- Sie verursachen einen Unfall.

- Sie behaupten, schwul zu sein, so daß du annimmst, keine sexuellen Übergriffe befürchten zu müssen.
- Sie verschütten 'versehentlich' Essen oder Getränke auf deine Kleider oder lassen ein Paket fallen.
- Sie täuschen eine Behinderung vor.
- Sie führen Kinderspielzeug oder -bücher mit sich, um so das Bild eines fürsorglichen Vaters vorzutäuschen.
- Sie behaupten, daß ihre schwangere Frau oder ihr Kind krank sei.

Kleidung

Deine Kleidung sollte bequem und funktional sein. Kleidung und Schuhe, in denen du dich nicht frei bewegen kannst, solltest du ausrangieren. Wenn du am Arbeitsplatz Schuhe mit hohen Absätzen trägst, laß sie im Büro stehen, und trage auf dem Weg von und zur Arbeit bequeme Schuhe. Wenn du angegriffen wirst und Schuhe mit hohen Absätzen oder lose Sandalen trägst, solltest du sie so schnell wie möglich abstreifen, damit du deine Füße zum Treten und Wegrennen benutzen kannst.

Wenn du dir Jacken und Hosen kaufst, achte darauf, daß sie genügend Taschen haben – eine Handtasche oder ein Rucksack schränken dich in deiner Bewegungsfreiheit unnötig ein. Deine Jacken sollten Innentaschen haben, in denen du deine Wertsachen verstauen kannst. Geld, Ausweis und Schlüssel solltest du in deinen Jackentaschen aufbewahren, *nicht* in einer Handtasche.

Wenn du eine Handtasche, einen kleinen Rucksack oder anderes Gepäck bei dir trägst, solltest du es unter den Arm klemmen und mit einer oder beiden Händen festhalten. Gehe im Geiste durch, wie du in einer Angriffssituation eine Handtasche oder ein anderes Gepäckstück als Schutzschild oder Waffe benutzen könntest. Trage die Handtasche nicht um den Hals, denn du könntest mit dem Tragriemen gewürgt werden. Trage aus demselben Grund auch niemals Lederbänder oder anderen Schmuck, der unter Druck nicht leicht nachgibt, um den Hals.

Wenn du lange Haare hast oder einen Schal trägst, solltest du beides immer in die Jacke oder den Mantel stecken, damit ein Angreifer dich nicht daran ergreifen kann.

Wenn du in einer Angriffssituation wegrennen mußt und einen schweren Mantel trägst, solltest du ihn schnell ablegen oder dem Angreifer entgegenschleudern.

Öffentliche Verkehrsmittel

Du solltest die Abfahrtzeiten und die Fahrstrecke des öffentlichen Verkehrsmittels, das du benutzen willst, kennen und pünktlich an der Haltestelle sein, um unnötige Wartezeiten zu vermeiden. Wenn du dir eine Fahrkarte am Automaten holst, halte das Kleingeld bereit, und sieh dich um, bevor du das Geld einwirfst. Stelle dich beim Warten immer mit dem Rücken an eine Wand. Versuche dich in der Nähe von anderen Menschen aufzuhalten, möglichst in der Nähe einer Frau. Sieh dich nach Notrufsäulen und Ausgängen um. Steige in S- und U-Bahnen nicht in ein leeres Abteil ein, und wechsle das Abteil, wenn der/die letzte PassagierIn außer dir ausgestiegen ist. Steige in ein Abteil, das in der Nähe des Ausgangs deines Zielbahnhofs hält, oder setze dich in den Wagen direkt hinter der/dem FahrerIn. Halte beim Einsteigen deine Tasche fest, setze dich auf einen Gangplatz, nicht zu nahe an der Tür, und merke dir, wo sich die Notbremse befindet. Wenn du an einer Haltestelle aussteigst, schaue dich um. Wenn du dich unsicher fühlst oder dir jemand verdächtig erscheint, gehe zurück, und fahre eine Station weiter. Dasselbe gilt für Fälle, in denen jemand, der dir verdächtig erscheint, mit dir aussteigt. Informiere sofort die/den FahrerIn darüber, daß du verfolgt wirst.

Wenn du in einer fremden Stadt unterwegs bist, kaufe dir als erstes einen Stadtplan. Wenn du mit dem Taxi fahren willst, achte, wenn möglich, darauf, nur bei Taxifahrerinnen mitzufahren. Fährst du mit einem Mann und fühlst dich mit seiner Fahrstrecke oder seinem Fahrstil nicht wohl, fordere ihn auf, dich sofort abzusetzen. Notiere dir das Autokennzeichen, und beschwere dich bei dem Taxiunternehmen oder der Polizei.

Reisen mit der Bahn

Zunächst solltest du bei Bahnreisen deine Wertsachen, deinen Ausweis und das Geld direkt bei dir tragen. Wenn du Gepäckanhänger an deinen Koffern oder am Rucksack angebracht hast, sollten Name und Adresse darauf nicht offen sichtbar sein.

Wenn du einen Platz in einem Zugabteil gefunden hast, versuche durch starken und intensiven Augenkontakt verdächtig erscheinende Männer davon abzuhalten, sich in dein Abteil zu setzen. Falls doch ein Mann versucht, sich zu dir zu setzen, kannst du ihn immer noch bitten, das Abteil zu verlassen. Auch wenn generell für uns gelten sollte, unseren Raum nicht aufzugeben, ist im Notfall unser Rückzug aus einem Abteil einer langen unbehaglichen Zugfahrt vorzuziehen. Für behinderte Frauen ist es wichtig zu wissen, daß sie im voraus ein Abteil für sich reservieren können.

Bevor du den Toilettenraum des Zuges benutzt, öffne die Tür ganz weit, und sieh dich um, da sich ein Angreifer hinter der Tür versteckt halten könnte. Auch beim Verlassen der Toilette solltest du dich aufmerksam umsehen, damit dich niemand in den Raum zurückstoßen kann.

Nimm keine Getränke oder Essen von Mitreisenden an. Oft bieten Angreifer Frauen etwas an, das ein Beruhigungsmittel enthält.

Wenn du dir einen Schlafwagenplatz reservierst hast, bestehe auf ein Frauenabteil. Schließe dein Abteil immer ab, und nimm keine Schlaftabletten oder Beruhigungsmittel, die dir nicht nur Schlaf bringen, sondern auch deine Intuition und Reaktionsfähigkeit einschläfern.

Hotels

Bei Zimmerreservierungen in einem Hotel solltest du generell darauf achten, daß sich dein Zimmer auf einer mittleren Etage befindet, die nicht so leicht zugänglich ist, aber im Brandfall schnell zu verlassen ist. Mache dich mit den Notausgängen, Treppenhäusern, Brandmeldern und Notruftelefonen im Hotel vertraut.

Schließe dein Hotelzimmer von innen ab, und laß den Schlüssel stecken, damit niemand die Tür von außen mit einem Dietrich öffnen kann. Tragbare Reiseschlösser sind relativ billig und gewähren zusätzlichen Schutz. Überprüfe die Fenster und, falls vorhanden, die Balkontür deines Zimmers auf ihre Sicherheit. Öffne niemandem die Tür, bevor du dich nicht erkundigt hast, wer alles zum Zimmerservice gehört (z.B. ein hauseigener Handwerker).

Telefonzellen

Eine große Anzahl von Frauen wird beim Telefonieren in einer Telefonzelle oder beim Verlassen der Zelle angegriffen. Nachts sind solche Angriffe noch häufiger.

Bevor du eine Telefonzelle betrittst, solltest du dich nach verdächtigen Personen umsehen. Telefongeld oder -karte solltest du schon bereithalten. Achte auch, während du wählst, auf deine Umgebung. Wenn der/die gewünschte TeilnehmerIn am anderen Ende abhebt, gib an, wo du dich gerade befindest. Im Falle eines Angriffs kann die andere Person die Polizei benachrichtigen und deinen genauen Standort angeben.

Wenn du in einer Telefonzelle angegriffen wirst, betätige sofort den Notrufhebel, oder wähle die Notrufnummer der Polizei (110). Abends solltest du besonders aufmerksam sein. Beim Verlassen der Telefonzelle brauchen deine Augen etwas Zeit, um sich an die Dunkelheit zu gewöhnen. Sei vorsichtig, wenn dich jemand um Wechselgeld bittet: Es kann ein Trick sein, um möglichst nahe an dich heranzukommen.

Fahrstühle

Männer nutzen, ähnlich wie in öffentlichen Verkehrsmitteln, oft die Enge eines vollen Fahrstuhls aus, um Frauen zu belästigen, und verlassen sich dabei auf unser Schweigen: Wir müssen sie laut und wütend konfrontieren.

Du solltest einen Fahrstuhl nur betreten, wenn er auch in deine gewünschte Fahrtrichtung fährt. Steige auf keinen Fall ein, wenn dir ein oder mehrere der darin anwesenden Männer verdächtig erscheinen. Besonders wenn ein Mann auf deiner Mitfahrt besteht, solltest du nicht einsteigen. Achte darauf, daß du in der richtigen Etage und nicht in der Tiefgarage oder unter dem Dach aussteigst. Verlasse den Fahrstuhl sofort, wenn du alleine bist und ein Mann zusteigt, der dir verdächtig scheint. Bleibe in der Nähe der Tür und der Fahrstuhlknöpfe stehen, mit dem Rücken zur Wand.

Wenn du im Fahrstuhl angegriffen wirst, schreie, kämpfe und drücke auf die Knöpfe aller Stockwerke. Den Notrufknopf solltest du nur drücken, wenn du sicher sein kannst, daß sofort Hilfe kommt. Viele Fahrstühle bleiben beim Betätigen des Notrufknopfes stehen.

Öffentliche Toiletten

Vergewaltiger verstecken sich gerne in einer Toilettenkabine und warten darauf, daß eine Frau sie betritt.

Wenn du auf einer öffentlichen Toilette einem Mann begegnest, laufe sofort weg, und melde es der dafür zuständigen Stelle. Wenn jemand in den Vorraum kommt, während du dich in der Toilette befindest, und du dich bedroht fühlst, bitte diese Person, sich erkenntlich zu machen. Bleibe in der Toilettenkabine, und schreie dir die Seele aus dem Leib. Verlasse deine Kabine nicht, bevor du dir sicher bist, daß der Mann verschwunden ist. Wenn du damit rechnest, daß er dich angreift, versuche eine Waffe zu finden, und achte genau darauf, wo der Angreifer sich befindet. Wenn er versucht, durch den unteren Schlitz der Kabinenwand an dich heranzukommen, tritt und stampfe auf ihn ein. Falls er es von oben versucht, zerschmettere seine Hände, und bereite dich darauf vor, die Tür zu öffnen und wegzulaufen.

Im Schwimmbad, am Strand oder am See

Im Schwimmbad, am Strand oder an Seen bewegen wir uns meist
spärlich oder gar nicht bekleidet. Wenn wir Bikinis tragen oder gar
FKK machen, nutzen Voyeure, Exhibitionisten und andere Männer
die Gelegenheit, uns beim Sonnenbaden zu beobachten und dabei zu
masturbieren.

Um das Risiko einer Belästigung zu reduzieren, solltest du dich
nicht an einsam gelegenen Plätzchen sonnen oder dort schwim-
men gehen – besonders nicht, wenn du allein unterwegs bist.
Wenn du am Strand einschläfst, kann dich ein Mann angreifen,
ohne daß du in irgendeiner Weise vorgewarnt bist.

Im Schwimmbad benutzen Männer den Körperkontakt beim Schwim-
men oder bei Wasserspielen, um uns zu belästigen. Sie greifen uns
z.B. beim Tauchen an die Brust, an den Po oder zwischen die Beine.
Ganz 'aus Versehen' lösen sie ein Bikinioberteil oder ziehen uns die
Badehose herunter.

Jedem ungewollten Körperkontakt solltest du lautstark begegnen.
Ziehe den Mann für sein Verhalten zur Verantwortung, und mache
andere Frauen auf ihn aufmerksam. Melde die Belästigung der/
dem BademeisterIn und der Geschäftsführung.

Ärzte, Therapeuten und Geistliche

Den Zahlen der *Deutschen Gesellschaft für Verhaltenstherapie* zufolge hat jede zwölfte Frau, die sich in therapeutischer Behandlung
befindet, sexuellen Kontakt mit dem Therapeuten.[1] Inzwischen ist
bekannt, daß Ärzte die Krankheit und Verletzlichkeit ihrer Patientinnen ausgenutzt haben, um sie zu vergewaltigen oder zu belästigen, oft
über Jahre hinweg. Es gibt Fälle, in denen Ärzte ihre Patientinnen abhängig machten, um ihre Abhängigkeit dafür auszunutzen, sie in einem
sexuellen Sklavenverhältnis zu halten.

Ein Hals-Nasen-Ohren-Arzt wurde angeklagt, in den Jahren zwischen 1986 und 1992 vierundzwanzig Frauen sexuell mißbraucht und vergewaltigt zu haben. Er hatte ihnen eine Hypnosedroge verabreicht, die sie wehrlos machte und auch ihre Erinnerung an den Mißbrauch löschte.[2]

Auch Priester und Pfarrer haben ein beratend-betreuendes Verhältnis mit den Menschen ihrer Gemeinde. Zahllose Vorfälle belegen, daß sie die emotionale Instabilität und Unsicherheit derer, die sich ihnen anvertrauen, ausgenutzt haben, um sie sexuell zu mißbrauchen.

Ein katholischer Priester aus dem Odenwaldkreis hat in den Jahren 1987 bis 1990 fünf junge Mädchen, die in der kirchlichen Jugendarbeit tätig waren, sexuell mißbraucht. Einem der Mädchen flößte der Priester so lange Alkohol ein, bis sie sich seinen Annäherungsversuchen nicht mehr erwehren konnte. Ein anderes Mädchen wurde durch die Vergewaltigung schwanger.[3]

Um eine Vergewaltigung durch eine Autoritäts- oder Vertrauensperson nachzuweisen, muß die betroffene Frau belegen, daß der Mann Gewalt ausgeübt hat oder sie als Opfer 'unfähig war, Widerstand zu leisten'. Die Rechtsprechung erschwert eine strafrechtliche Verfolgung von Personen, die bestimmte Ämter bekleiden oder bestimmten Berufsständen angehören, wenn sie ihre Machtposition ausnutzen. Hier muß das Gesetz soweit geändert werden, daß die verletzbare Position der Patientinnen und Klientinnen anerkannt wird und Ärzte und Therapeuten u.a. gesetzlich dazu verpflichtet werden, ihre Machtposition und das ihnen entgegengebrachte Vertrauen nicht zum Nachteil ihrer Patientinnen/Klientinnen gereichen zu lassen.[4]

Um einen sexuellen Angriff eines Arztes, Zahnarztes oder Therapeuten zu vermeiden, solltest du dir für deine medizinische/psychologische Betreuung Frauen suchen. Meist sind Ärztinnen/Therapeutinnen deinen medizinischen und psychischen Bedürfnissen gegenüber sensibler als ihre männlichen Kollegen. Falls du dich einer körperlichen Untersuchung unterziehen mußt, achte darauf, daß eine Krankenschwester oder eine Zahnarzthelferin anwesend ist. Wenn der Arzt eine unangebrachte Bemerkung macht oder

dich unangenehm berührt, konfrontiere ihn damit. Wenn beispielsweise ein Zahnarzt 'aus Versehen' mit seiner Hand deine Brust
berührt, kann es sein, daß er dich testet, um herauszufinden, ob du
dich wehrst oder ob er noch weiter gehen kann.

Laura, eine Libanesin mittleren Alters, hatte Grippe und ging auf Emp-
fehlung einer Freundin zu einem älteren Arzt. Nachdem er sie unter-
sucht und die weiteren Behandlungsschritte erklärt hatte, glitt er mit
seinem Handrücken an ihren Brüsten entlang. Als sie ihn sehr irritiert
anschaute, antwortete er ruhig: »*Ich wollte nur dein T-Shirt glatt*
streichen, damit ich lesen kann, was darauf geschrieben steht.« *Laura*
war völlig verunsichert, denn schließlich war der Arzt schon ein älte-
rer Mann und war ihr von der Freundin sehr empfohlen worden.
Zudem hatte er so gelassen auf ihren Blick reagiert, daß sie sich ent-
schloß, nichts zu sagen. Tief in ihrem Inneren wußte sie, daß er sie
sexuell belästigt hatte. Sie ging nie wieder zu diesem Arzt, erzählte
aber auch lange niemandem von diesem Vorfall.

Zögere nicht, etwas zu sagen, wenn du dich unwohl fühlst.

Wenn du beim Arzt/bei einer Ärztin bist, informiere dich über deinen Gesundheitszustand und über die notwendige Behandlungsmethode sowie über alle Nebenwirkungen, die die Medikamente
möglicherweise haben könnten oder ob die Einnahme zur Abhängigkeit führen kann. Wenn du einen Arzttermin vereinbarst, achte
darauf, daß er nicht außerhalb der normalen Sprechzeiten oder
außergewöhnlich früh oder spät liegt. Wenn du für eine Behandlung oder einen operativen Eingriff narkotisiert werden mußt, laß
dich von einer Freundin begleiten, die bei dir bleibt, wenn du wieder
aus der Narkose aufwachst.

Frage deinen Therapeuten immer nach der Behandlungsmethode,
die er bei dir anwenden will. Falls er sich weigert, dir ausreichende
Informationen zu geben oder sich über dein Nachfragen lustig
macht, wechsle den Therapeuten.

Warnsignale für ein mögliches Mißbrauchsverhältnis zwischen Therapeut und Klientin sind z.B.:

- Der Therapeut beginnt, über seine persönlichen, insbesondere sexuellen, Probleme zu sprechen;
- er bietet der Klientin Alkohol oder Drogen an;
- er schlägt vor, die zukünftigen Sitzungen an einem bequemeren Ort fortzuführen - beispielsweise in seiner oder ihrer Wohnung oder in einem Hotel.[5]

Wenn dein Therapeut in einem Gespräch verleugnet, daß sich aus dem sexuellen Kontakt zwischen Therapeut und Klientin ethische, rechtliche und medizinischen Probleme ergeben, und darauf beharrt, daß dieser Kontakt in vielen Fällen – besonders in deinem – eine angebrachte und wirkungsvolle Form der Therapie darstellt, sei besonders mißtrauisch.

Bei den ersten Anzeichen einer sexuellen Annäherung seitens des Therapeuten oder Arztes solltest du sofort die Behandlung abbrechen und Anzeige erstatten. Lege bei der Ärztekammer Beschwerde ein. Männer in diesen Positionen können oft über Jahre hinweg viele ihrer Patientinnen/Klientinnen sexuell belästigen oder angreifen, ohne irgendwelche Konsequenzen befürchten zu müssen.

In Köln erstatteten fünf Frauen gegen einen Hochschulprofessor und Therapeuten Anzeige wegen sexueller Übergriffe. Er hatte seinen Klientinnen erklärt, daß sie große sexuelle Probleme hätten, und sie dann im Rahmen seiner 'Therapie' oder zu 'Studienzwecken' zu sexuellen Handlungen aufgefordert. Zehn weitere Frauen berichteten über ähnliche Erlebnisse mit ihm.

Wenn eine Frau den Mut gefunden hat, sich zu beschweren, werden auch andere dadurch ermutigt, über ihre Gewalterfahrungen mit Ärzten und Therapeuten zu sprechen.

Gewalt im Fürsorgebereich und in Pflegeheimen

Im Rahmen sexueller Gewalt, die von Autoritätspersonen verübt wird, spielt die Gewalt, die Frauen im Fürsorgebereich und in Pflegeheimen erfahren, eine besonders große Rolle.

Ältere Frauen und körperlich oder geistig beeinträchtigte Frauen, die in Pflege- und Altenheimen, psychiatrischen Kliniken und Behindertenheimen leben, sind sehr isoliert und auf die Hilfe anderer angewiesen. In der daraus entstehenden Abhängigkeitssituation können sie sich nur schwer gegen sexuelle Angriffe von Ärzten, Pflegern, Betreuern, Sozialarbeitern und Zivildienstleistenden wehren.

Die Wahrscheinlichkeit, daß Frauen, die in Abhängigkeitssituationen leben, einen Mißbrauch verschweigen, ist sehr hoch. Wenn sie sich entschließen, davon zu erzählen, wird ihnen meist nicht geglaubt.[6] Die meisten Frauen schweigen, weil sie entweder unter Psychopharmaka stehen, Angst vor Vergeltungsmaßnahmen haben oder keinerlei Unterstützung erhalten.

Eine Psychotherapeutin berichtet, daß 69 Prozent der von ihr betreuten geistig behinderten Erwachsenen und 75 Prozent der behinderten Kinder sexuell mißbraucht wurden.[7] Jährlich werden mehr als eintausend geistig behinderte Frauen und Mädchen angeblich zu ihrem eigenen Schutz und ohne ihre Einwilligung zwangssterilisiert.[8] Die Zwangssterilisation ermöglicht es den Pflegern und anderen Betreuern, jederzeit Frauen und Mädchen, die unter ihrer 'Obhut' stehen, zu vergewaltigen, ohne befürchten zu müssen, daß dies durch eine Schwangerschaft bekannt werden könnte. Die Komplizenschaft des gesamten – einschließlich des weiblichen – Pflegepersonals verhindert meist, daß das große Ausmaß von Vergewaltigungen und sexuellem Mißbrauch bekannt wird.

Je abhängiger und verletzbarer Frauen sind, desto mehr Macht haben Männer über sie, und desto wahrscheinlicher ist es, daß sie ihre Macht mißbrauchen. An der Stigmatisierung und Isolation älterer und behinderter Frauen können wir nur gemeinsam etwas ändern, um das Ausmaß an Gewalt gegen Frauen zu verringern und schließlich zu beenden. Frauen, die sich nicht in einer derart isolierten und abhängigen Position befinden, haben an dieser Stelle die Verantwortung, für diejenigen einzutreten, die nicht für sich sprechen können oder zum Schweigen gezwungen werden.

Wie Männer auf Frauen reagieren, die sich verteidigen

Männer fühlen sich schon allein durch die Tatsache, daß eine Frau in der Lage ist, sich zu verteidigen, bedroht. Die Frau stellt nämlich dadurch die 'naturgegebene' Ordnung in Frage. Sie wollen nicht auf ihre Überlegenheit verzichten und können sich nicht vorstellen, daß eine Frau überhaupt eine Chance hätte, gegen sie anzukommen – und dabei spielt die Frage, wie fit und trainiert die Frau ist bzw. wie untrainiert sie selbst sind, für sie nicht die geringste Rolle.
Viele Männer behaupten, daß sie 'ihre' Frauen beschützen wollen. Wären sie aber wirklich um unsere Sicherheit besorgt, wären sie glücklich darüber, daß wir uns selbst wehren können. Eine Frau, die sich gegen einen Angreifer zur Wehr setzen kann, kann sich aber auch gegen ihren 'Beschützer' verteidigen. Für viele Männer ist es sehr schwierig, mit dem Verlust ihrer Kontrolle umzugehen.

Aber nicht nur gewalttätige Männer reagieren aggressiv auf die Stärke und das Selbstvertrauen von Frauen. Viele Männer verunsichert dieses Erscheinungsbild von Frauen.

In meiner Abschlußarbeit in Vergleichendem Recht an der Johann-Wolfgang-Goethe-Universität in Frankfurt befaßte ich mich mit dem Verhalten mißhandelter Frauen, die ihre Ehemänner im Schlaf getötet hatten. Die Tatsache, daß ich Feministin, Kampfkunst- und Selbstverteidigungslehrerin bin, verunsicherte die Doktoranden, Examenskandidaten, wissenschaftlichen Mitarbeiter und Professoren in diesem Fachbereich derart, daß sie tatsächlich untereinander besprachen, unter welchen Umständen sie mich trotz meines Selbstbewußtseins und meiner Ausbildung vergewaltigen könnten. Ein Professor meinte, daß er die besten Chancen hätte, wenn er mich im Schlaf überwältigte. Ein anderer glaubte, daß ein Schlag auf meinen Hinterkopf ausreichend sei. Von dieser Unterhaltung berichtete mir ein Studienkollege, als er eines Abends zuviel getrunken hatte.

Wenn Frauen Selbstverteidigung lernen und wissen, wie sie sich mit Schlägen und Tritten wehren können, werden Männer nervös. Sie haben das Gefühl, daß ihnen ihre 'natürliche' Macht und Autorität entgleitet, und tun alles, um der Frau zu zeigen, daß sie immer noch der 'Boss' sind.

Dana Densmore, eine der ersten feministischen Selbstverteidigungslehrerinnen in den Vereinigten Staaten, beschreibt eine typische Reaktion von Männern.[1] Sie stellen die Frau und ihre Fähigkeiten in Frage: »Glaubst du wirklich, daß du dich gegen einen einhundertfünfzig Kilo schweren Vergewaltiger wehren könntest?« Wenn sie seine Frage bejaht, stellt er den potentiellen Angreifer noch gefährlicher dar und steigert die männliche Übermacht so lange, bis die Frau sich endlich geschlagen gibt: »Was, wenn er ein Messer hat?« »Was ist, wenn dich zwei Riesen angreifen?« »… oder eine Gruppe von Männern mit Gewehren?« Am Ende gewinnt seine Seite, und die Frau wird wieder in die Opferrolle gedrängt. Densmore gibt Frauen den Rat, auf diese Situation folgendermaßen zu reagieren: »Die meisten Männer wiegen nicht einhundertfünfzig Kilo. Die meisten haben deine Größe und dein Gewicht. Und damit kann ich ohne Probleme fertig werden.« Danach sollten sich die Frauen auf keine weitere 'Diskussion' einlassen.

Die meisten 'Diskussionen' mit Männern über Selbstverteidigung sind Machtspiele. Männer versuchen die Fähigkeiten von Frauen herunterzuspielen und verspotten sie mit Sprüchen wie: »Oh, meine Frau ist soooo stark, da muß ich jetzt aufpassen, daß ich mich nicht daneben benehme, sonst wirft sie mich über ihre Schultern. Hahahaha« oder »*Dir* würde ich nicht gerne in einer dunklen Seitenstraße begegnen, hahahaha.« (Als wären es Frauen, die Männer mißhandeln, schlagen und vergewaltigen.) Der Versuch, Frauen zu entmutigen, Selbstverteidigung zu erlernen, ist Bestandteil unserer Konditionierung zu Opfern. Wenn wir von anderen nicht ernst genommen werden, fällt es uns schwer, uns selbst ernst zu nehmen.

Wenn eine Frau an einem Kurs für kreatives Kochen oder an einem Töpferkurs teilnimmt, wird ihr Ehemann oder Freund eher aus Höflichkeit als aus echtem Interesse fragen, wie es denn gewesen sei. Wenn es sich jedoch um Selbstverteidigung handelt, werden die Frauen so lange ausgequetscht, bis sie jede Einzelheit des Kurses preisgegeben haben. Der Grund ist recht offensichtlich: Im Gegensatz zu Selbstverteidigung gefährdet ein Kurs in kreativem Kochen oder in Töpfern nicht das Machtgefüge zwischen Männern und Frauen.

Die Männer wollen genau wissen, welche Techniken ihre Frauen oder Freundinnen erlernt haben. Sie können den Gedanken nicht ertragen, daß wir etwas wissen, was sie nicht wissen – und was vor allem gegen sie verwendet werden könnte.

Obwohl wir als Selbstverteidigungslehrerinnen den Teilnehmerinnen eines Kurses immer besonders ans Herz legen, sich *nicht* auf dieses Machtspiel einzulassen oder mit ihrem Ehemann oder Freund Techniken zu üben, gibt es immer wieder Frauen, die glauben, daß ihr Ehemann ganz anders sei: »Er liebt mich wirklich. Er hat den ganzen Tag auf die Kinder aufgepaßt, damit ich an diesem Kurs teilnehmen kann. Er unterstützt mich wirklich. Er will nur mit mir üben, weil er will, daß ich mich verteidigen kann.« Meistens sind die Frauen später schwer enttäuscht.

Das Machtspiel, das immer wieder von Frauen beschrieben wird, folgt stets dem gleichen Muster und findet immer auf einer spaßigen Ebene statt: »Was würdest du tun, wenn dich jemand auf diese Art und Weise anpacken würde? ... Hahahaha.« Die Ehemänner und Freunde haben offensichtlich kein Problem damit, sich in die Rolle eines Vergewaltigers zu versetzen und ihre Ehefrau oder Freundin anzugreifen. Wenn sich die Frau in dieser Situation zur Wehr setzen kann, wird der Mann versuchen, sie mit einem anderen Griff zu besiegen: »O.k., gut. Was ist, wenn er dich auf diese Art packen würde? ... Hahaha.« »Oder so?«

Mit jedem neuen Angriff steigert der Mann seine Gewalt. Dann können zwei Dinge geschehen: Entweder muß die Frau aufgeben, weil sie noch nicht gelernt hat, sich aus diesem bestimmten Griff zu befreien, oder – was viel wahrscheinlicher ist – sie muß ihm *weh tun*, um herauszukommen. Doch ungeachtet der Tatsache, daß die Frau über ihn und das ganze Machtspiel sehr verärgert ist, wird sie nicht bereit sein, ihren Ehemann oder Freund ernsthaft zu verletzen. Also ist ihre Verteidigung wirkungslos, und er kann sich entspannen. Nur durch diese kleine Übung hat er ihr genau gezeigt, wo ihre Grenzen sind. Egal, was sie bereits erlernt hat, es reicht nicht aus: Er ist immer noch der Boss und hat sie unter Kontrolle. Er hat ihr bewiesen, daß ihr Selbstverteidigungskurs eine reine Zeitverschwendung ist.

Maria hatte in ihrer Kirchengemeinde einen Selbstverteidigungskurs organisiert und dann auch selbst daran teilgenommen. Am Abend nach dem Kurs ging sie mit einigen FreundInnen in eine nahegelegene Bar, um sich eine neue Band anzuhören. Ihre männlichen Freunde ließen Maria keinen Augenblick alleine und versuchten sie ständig wegen ihrer Teilnahme an dem Selbstverteidigungskurs zu provozieren. Obwohl sie sie wiederholt gewarnt hatte, sie in Ruhe zu lassen, griffen ihre Freunde sie 'im Spaß' an. Einer griff ihr von hinten unter die Arme, und ein anderer hielt ihre Füße fest. Reflexartig versuchte Maria, sich umzudrehen, und schlug dem Mann, der sie von hinten hielt, mit dem Ellbogen durch die Nase. Er ließ sie sofort fallen, griff sich an seine Nase und versuchte, das herausströmende Blut aufzufangen. Er war total wütend auf Maria, weil sie so reagiert hatte. Zuerst hatte sie ein schlechtes Gewissen, aber je länger sie über den Vorfall nachdachte, desto klarer wurde ihr, daß er für seine Verletzung die alleinige Verantwortung trug.

Dieses Beispiel ist symptomatisch für die Art und Weise, mit der Männer versuchen, ihre Kontrolle über Frauen, die an einem Selbstverteidigungskurs teilnehmen, zu behalten.

Anfang der siebziger Jahre lebte Nadia mit ihrem Mann und vier kleinen Kindern in einem Haus auf dem Land. Ihr Partner war ein freundlicher, liebender Ehemann, und sie war eine aufopfernde Ehefrau und Mutter. Da Nadias Mann manchmal unterwegs war und sie mit ihren Kindern dann in dieser einsamen Gegend alleine war, entschloß sie sich, an einem Selbstverteidigungskurs teilzunehmen. Es war seit Jahren das erste Mal, daß sie etwas nur für sich alleine tat. In dem Kurs genoß sie es, ihre eigene Macht zu spüren, und sie trainierte fleißig. Ihr Selbstvertrauen und Selbstbewußtsein wuchsen täglich. Eines Abends erzählte sie ihrer Selbstverteidigungslehrerin, daß ihr Mann sie nach der letzten Selbstverteidigungsstunde vergewaltigt hatte. Er war ihr gegenüber niemals zuvor gewalttätig gewesen, fühlte sich aber durch Nadias neues Selbstwertgefühl und ihre Unabhängigkeit derart bedroht, daß er durch eine Vergewaltigung deutlich machen wollte, daß er noch immer Herr im Hause war. Nadia war in der Situation tief erschüttert, verletzt, wie versteinert und unfähig, sich gegen den Mann, den sie liebte, zu verteidigen. Obwohl ihre Lehrerin ihr erklärte, daß es nur eine Frage der Zeit sei, bis er wieder gewalttätig werden würde, war Nadia noch nicht bereit, ihn zu verlassen. Eine Woche darauf schlug er erneut zu. Diesmal setzte Nadia sich jedoch zur Wehr und floh mit ihren Kindern, die völlig unter Schock standen. Für Nadia war dies ein neuer Anfang: Sie ist heute Selbstverteidigungslehrerin und Leiterin eines Notrufs für Frauen, die auf dem Land leben.

Nicht jeder Mann wird körperlich gewalttätig, aber es gibt nur selten Männer, die sich von dem neu erworbenen Selbstwertgefühl der Frauen, die für ihre Unabhängigkeit einstehen, nicht bedroht fühlen. Eine Frau, die sich behauptet, wird unter anderem als 'Partyschreck', 'Feministin', 'Emma', 'Emanze', 'Lesbe', 'Männerhasserin', 'Hexe', 'Mistding' oder als 'frigide' bezeichnet, um sie in die Opferrolle zurückzudrängen.

Viele Frauen befinden sich in einem Dilemma: Einerseits wollen wir für unsere Bedürfnisse und Rechte einstehen, und gleichzeitig treffen wir bei den Männern, die wir am meisten lieben, auf massiven Widerstand. Im Gegensatz zu anderen Freiheitskämpfen gibt es hier keine eindeutige Gruppeneinteilung. Die Männer, die uns unterdrücken, sind sehr oft auch diejenigen, denen wir am nächsten stehen: Ehemänner, Freunde, Söhne, Brüder, Väter, Vorgesetzte.

Müssen wir denn unsere Freiheit und Unabhängigkeit aufgeben, um geliebt zu werden? Was ist eine 'Liebe' wert, die davon abhängt, daß wir unsere Bedürfnisse und Wünsche verleugnen? Wenn die Liebe und Freundschaft einer Person nur dann gewährleistet ist, wenn wir fügsam und abhängig bleiben, ist es kein Verlust, wenn wir auf diese 'Liebe' verzichten müssen. Wenn wir uns selbst nicht genug lieben, um für unsere Rechte einzustehen, wie können wir dann jemals einen anderen Menschen lieben? Schließlich sind Selbstachtung und gegenseitiger Respekt die Voraussetzungen für wirkliche Liebe und FreundInnenschaften.

Wir können uns auf die Männer und Frauen verlassen, die unsere Stärke und Unabhängigkeit unterstützen.

Hinweise für die Auswahl eines Selbstverteidigungskurses

In diesem letzten Kapitel möchte ich einige Hinweise geben, die es interessierten Frauen erleichtern, den für sie richtigen Selbstverteidigungskurs zu finden.

Zunächst einmal müssen wir zwischen Selbstverteidigung und Kampfkunst unterscheiden. Kampfkunstarten sind Systeme von Techniken, die jahrelang trainiert werden können. Die Ziele sind vielfältig: Körperbeherrschung, geistige Entwicklung, die Vervollkommnung des Charakters. Obwohl vieles, was im Kampfsport gelehrt wird, auch für die Selbstverteidigung nützlich sein kann, bildet diese nur einen Teilaspekt des Kampfsports. Die meisten Kampfkunstarten sind von Männern für Männer entwickelt worden. Weil Männer eher aus sportlichen Gründen oder aus Spaß kämpfen, selten jedoch um ihr Leben, hält der männliche Ehrenkodex Techniken, die auf den Unterleib oder die Augen abzielen, für zu brutal oder 'unfair'. Deshalb sind die in Kampfsportarten angebotenen Techniken oftmals ungeeignet für Frauen, die sich in Selbstverteidigung üben wollen.

Zudem reicht die Beherrschung von spezifischen Sporttechniken für Selbstverteidigung nicht aus, wenn, was oft in Sportschulen und -vereinen der Fall ist, die psychische Vorbereitung auf eine ernsthaft bedrohliche Situation fehlt. Der Abbau und die Überwindung der Angst und Passivität, die Frauen und Mädchen eingeimpft werden – eine Voraussetzung, um körperliche Techniken gegen einen Angreifer anzuwenden –, finden nicht allein durch Kampfkunst- oder Kampfsporttraining statt. Obwohl Kampfkunst durchaus zu empfehlen ist, kann sie kein Ersatz für einen frauenspezifischen Selbstverteidigungskurs sein.

In den USA werden Selbstverteidigungskurse von und für Frauen seit zwanzig Jahren angeboten. Ein nationaler Verband für Frauen in der Kampfkunst (National Women's Martial Arts Federation) erleichtert die Kommunikation zwischen Lehrerinnen und organisiert regelmäßige Fortbildungen. Im Vergleich dazu ist die Selbstverteidigungsbewegung in Deutschland relativ unorganisiert, da es keinen Nationalverband gibt.

Nicht alle Selbstverteidigungskurse für Frauen und Mädchen sind empfehlenswert. Oftmals handelt es sich bei sogenannten Selbstverteidigungskursen nur um eine Ableitung von Kampfsporttechniken. Kurse, die besondere Kleidung (wie Judo- oder Karateanzüge) erfordern oder sich zu sehr auf körperliche Techniken und zu wenig auf Prävention und Bewußtseinsänderung konzentrieren, sollten vermieden werden.

Gemischte Kurse für Frauen und Männer halte ich nicht für sinnvoll, weil Frauen neben der Vermittlung körperlicher Techniken auch die Möglichkeit brauchen, ihre durch die weibliche Sozialisation herausgebildete Rolle als Opfer aufzuarbeiten. Kurse, in denen Männer die Angreifer spielen, sind eher schädlich, weil in ihnen genau die Machtverhälnisse und Bilder bzw. Rollen, die wir zerstören wollen (Frauen als Opfer, Männer als starke Angreifer), unterstützt werden.

Die Dauer eines Kurses ist kein Maßstab für seine Qualität. Ein Tagesseminar oder ein Wochenendkurs unter Anleitung einer qualifizierten Lehrerin kann viel sinnvoller sein als langfristiges Training in Kampfkunst, wenn der Schwerpunkt dabei nicht auf der Selbstverteidigung liegt. Eine solide Grundlage in Selbstverteidigung kann in acht bis zehn Doppelstunden erworben werden.

Ansatzpunkt und Konzept des Selbstverteidigungskurses sind von entscheidender Bedeutung. Manchen Kursen liegt der Gedanke zugrunde, Frauen und Mädchen seien schwach, und es wird versucht, dieses 'Defizit' abzutrainieren und durch 'Tricks' auszugleichen. Im Gegensatz dazu lautet der Grundsatz eines guten Kurses, daß jede Frau und jedes Mädchen sich sofort erfolgreich wehren kann. Wir gehen davon aus, daß Frauen und Mädchen stark, kompetent und handlungsfähig

244   Zweiundzwanzigstes Kapitel

sind, und bauen auf dieser Grundlage auf. Alter, körperliche Behinderung oder Untrainiertheit sollten nicht als Hinderniss für eine
effektive Verteidigung betrachtet werden.

Frauenhäuser, Frauenbuchläden, Mädchentreffs, Wildwassergruppen,
Frauennotrufe und -beratungsstellen können Kontakte zu Selbstverteidigungskursen vermitteln. Weil diese Gruppen jedoch oft nicht über
die Kompetenz verfügen, solche Kurse zu beurteilen, ist es wichtig,
daß interessierte Frauen sich genau über die angebotenen Kurse informieren und sich selbst ein Urteil bilden können. Ein guter Selbstverteidigungskurs enthält folgende Elemente:

- *Er wird von einer feministischen, qualifizierten Frau geleitet*

Nur Frauen kennen die Lebensrealität anderer Frauen und Mädchen –
den alltäglichen Umgang mit Bedrohung und Angst sowie die weibliche Sozialisation, die zu passivem Opferverhalten erzieht. Frauen
können die Hemmungen, Unsicherheiten und Ängste anderer Frauen
nachvollziehen. Qualifizierte Frauen kennen die Schritte, die unternommen werden müssen, um aus der Opferrolle auszubrechen, und
können selbst als positive Vorbilder dienen. Männern fehlt sowohl
dieses Enfühlungsvermögen als auch die Bereitschaft, Frauen zu ermutigen, in jeder Situation Widerstand gegen Männergewalt zu leisten.

Die Leiterin sollte sich selbst als Feministin bezeichnen. Feministin-
nen sind die Expertinnnen im Bereich Gewalt gegen Frauen und
Mädchen, nicht, wie so oft behauptet, die Polizei oder sonstige Institutionen. Wir haben Gewalt öffentlich gemacht, diskutiert, analysiert.
Wir haben die Polizei, ÄrztInnen und RichterInnen, die Medien und
die Kampfsportherren gezwungen, Frauen ernst zu nehmen. Aus
unserer eigenen Erfahrung haben wir Strategien gegen Gewalt entwickelt.

Die Lehrerin sollte gründlich in Selbstverteidigung für Frauen und
Mädchen ausgebildet sein. Qualifikation (Gürtelrang) in Kampfkunst
sagt nichts über die Qualifikation einer Frau als Selbstverteidigungslehrerin aus, kann aber eine zusätzliche Indikation sein, daß sie auf
dem Gebiet der körperlichen Techniken kompetent ist. Andererseits

reicht der Wunsch, anderen Frauen zu helfen und Frauen und Mädchen über Selbstverteidigung zu informieren, auch nicht aus. Nur weil ein Kurs sich an Frauen wendet, bedeutet das nicht, daß die Lehrerin qualifiziert ist, zu unterrichten. Es gibt leider noch zu viele Kursleiterinnen, die nicht oder nur unzureichend ausgebildet sind. Wenn eine Frau an einigen Wochenendkursen teilgenommen hat, heißt das noch längst nicht, daß sie in der Lage ist, selbst Kurse zu leiten. Ein Selbstverteidigungskurs soll kein Trainingsfeld für die Lehrerin sein. Es gibt mittlerweile einige intensive Trainingsprogramme, die von angehenden Lehrerinnen wahrgenommen werden sollten.

Ein gutes Trainingsprogramm für Selbstverteidigungslehrerinnen wird von einer erfahrenen Lehrerin geleitet und beinhaltet:

- eine fundierte Ausbildung als Anleiterin
- eine feministische Analyse der Gewalt gegen Frauen und Mädchen
- die Vermittlung von Kenntnissen über Gruppendynamik, über Strategien gegen Rassismus, über den Umgang mit Frauen und Mädchen, die Erfahrung mit Gewalt und sexuellem Mißbrauch haben, über Körpersprache, über Selbstbehauptung, verbale und körperliche Techniken und Erste Hilfe
- eine Schulung in der Lehrmethode des Konfrontationstrainings
- regelmäßiges Training in Selbstverteidigung und/oder Kampfkunst.

Die Länge der Ausbildung hängt von der Intensität des Lehrprogramms und von den Voraussetzungen der Auszubildenden ab; eineinhalb bis zwei Jahre scheinen mir jedoch ein Minimum zu sein.[1]

Bevor du dich für einen Kurs entscheidest, frage die Lehrerin nach ihrer Ausbildung in Frauenselbstverteidigung, nach ihrem Kurskonzept und ihren Kenntnissen über Gewalt. Besuche eine Unterrichtsstunde, und sprich mit den Teilnehmerinnen über ihre Erfahrung.

- *Informationen über Gewalt gegen Frauen und Mädchen*

Es ist wichtig, daß Frauen und Mädchen in einem Selbstverteidigungskurs richtig über Gewalt informiert werden, so daß sie angemessene Verteidigungsstrategien entwickeln können. Das Bild des

fremden Täters, das von den Medien verbreitet wird, ist falsch und
zeigt den Frauen keine Handlungsmöglichkeiten, wenn es sich bei
dem Angreifer um einen Freund, Verwandten oder Vorgesetzten handelt. Die Ergebnisse der Forschung über Selbstverteidigung sowie
einige der Erfolgsgeschichten, die ich in den vorangegangenen Kapiteln erwähnt habe, widersprechen der weitverbreiteten Ansicht, daß
Frauen und Mädchen gewalttätigen Männern hilflos ausgeliefert sind.

• Feministische Analyse der Gewalt gegen Frauen und Mädchen

Um Gewalt gegen Frauen und Mädchen zu bekämpfen, müssen wir
die Rolle verstehen, die Gewalt bei der Erhaltung des Patriarchats
spielt. Obwohl Selbstverteidigung individuellen Frauen und Mädchen
Handlungsmöglichkeiten für unangenehme und gefährliche Situationen bietet, reicht sie allein nicht aus, um die strukturelle Gewalt zu
beenden. Vielmehr muß die Machtstruktur der Gesellschaft durch
einc organisierte Frauenbewegung verändert werden, um die Rechte
jeder Frau und jedes Mädchens auf Freiheit, Sicherheit, Mobilität
und Integrität zu sichern.

• Konfrontationstraining

Es sollen verbale und körperliche Verhaltensweisen vermittelt werden, die gegen die alltägliche 'Anmache' und Belästigungen jeder Art
eingesetzt werden können. Durch Körperspracheübungen und Rollen-
spiele entwickeln Frauen und Mädchen eine starke, selbstsichere
Ausstrahlung und lernen, sich in allen möglichen Situationen wirksam zu wehren. Die Teilnehmerinnen sollten lernen, ihre Gefühle
wahrzunehmen, bedrohliche Situationen so früh wie möglich zu
erkennen, sofort zu handeln und die Situation erfolgreich zu beenden.

• Geistige Übungen

Durch gezielte geistige Übungen wird das Bild der Frau oder des
Mädchens als Opfer durch ein starkes positives Bild ersetzt. Wir
visualisieren unseren Erfolg: Wir stellen uns vor, wie wir angegriffen
werden, wie wir darauf reagieren und dem Angreifer erfolgreich
Widerstand leisten.

● *Diskussionen*

Die Teilnehmerinnen müssen die Chance haben, ihre Ängste und Unsicherheiten auszusprechen und abzubauen. Es sollten Erfahrungen ausgetauscht sowie Angst und Hemmungen durch Mut und Wut ersetzt werden. Die Gruppe sollte gemeinsame Strategien gegen Gewalt entwickeln.

● *Körperliche Techniken*

Körperliche Techniken sollten bewußt auf die Schwachpunkte des Angreifers zielen. Die Techniken sollten möglichst einfach zu erlernen und sofort anwendbar sein. Komplizierte Wurf- , Hebel- und sonstige Befreiungstechniken sollten vermieden werden.

Kampfkunst für Frauen

Wie eingangs erwähnt, dient Kampfkunst in den meisten Schulen nicht in erster Linie der Selbstverteidigung von Frauen. Regelmäßiges Training bringt jedoch Kraft, körperliche Fitness, gute Kondition, schnelle Reaktionen, Gesundheit, Wohlbefinden und Selbstsicherheit. Frauen und Mädchen, die Lust haben, nach einem Selbstverteidigungskurs weiter zu trainieren, sollten auf jeden Fall eine Kampfkunstart ausprobieren.

Die verschiedenen Kampfkunstarten (Taekwondo, Hapkido, Karate, Judo, Jujutsu, Arnis) unterscheiden sich durch ihre Herkunft (japanisch, koreanisch, chinesisch usw.) sowie durch die bevorzugten Techniken (Tritte, Schläge, Wurf- und Hebeltechniken usw.) und die unterschiedliche Betonung des sportlichen Aspekts. Jede Kampfkunstart hat ihre Vorzüge, und jede Frau sollte sich diejenige aussuchen, die ihr am besten liegt. Wichtiger als der Stil selbst ist die Einstellung der LehrerInnen und die Atmosphäre der Schule oder des Vereins.

Frauenkampfkunstschulen, die es in den USA seit zwei Jahrzehnten und inzwischen auch in einigen Großstädten Deutschlands (Berlin, Frankfurt, Hamburg) gibt, haben traditionelles Training erfolgreich

mit Selbstverteidigungstechniken kombiniert. Hier können Frauen
unter sich trainieren, sie werden ernst genommen, finden ihre Stärke,
erleben Unterstützung und Solidarität und haben Spaß. Einige Schulen beschränken sich auf fortlaufendes Selbstverteidigungstraining,
andere bieten traditionelle Kampfkunst mit Kampfanzügen und Gür-
telprüfungen an, wieder andere Kampfkunst, Selbstverteidigung
sowie Training für Selbstverteidigungslehrerinnen.

Frauen, die in Gebieten leben, in denen es keine Frauenschulen gibt,
sollten mehrere traditionelle Schulen besuchen, bevor sie sich für
einen Kurs entscheiden. Kampfkunst ist noch immer hauptsächlich
eine Männerdomäne, und Frauen sind nicht überall willkommen. Als
ich vor knapp zwölf Jahren nach Deutschland kam, habe ich siebzehn
Schulen und Vereine besucht, bevor ich eine Schule fand, in der ich
mich zu Hause fühlte. In traditionellen Schulen, in denen die Betonung auf orientalischer Philosophie liegt und Kampfkunst als ein Weg
zu Harmonie mit sich selbst und der Umwelt gelehrt wird, fühlen
Frauen sich oftmals wesentlich wohler als in Schulen, wo Kampfkunst vorrangig als Sport oder unter dem Wettbewerbsaspekt betrie-
ben wird.

Beobachte einige Unterrichtsstunden und, wenn möglich, mache
mit. Bring eine Freundin mit, um dir den Einstieg zu erleichtern.
Sprich mit den anderen TeilnehmerInnen. Sind viele Frauen dabei?
Haben die LehrerInnen wirklich Interesse an Frauen in ihrer Klasse?
Geben sie sich Mühe, die Namen der Schülerinnen zu lernen, oder
wissen sie nur die Namen der Männer? Gibt es Frauen, die einen
Gürtel hohen Ranges tragen, Frauen, die schon lange trainieren
oder sogar Kampfkunstlehrerinnen sind? Werden Frauen genauso
gefordert und unterstützt wie die Männer? Oder gibt es besondere
'Damentechniken', die den Frauen weniger abverlangen als das
normale Programm? Sind die Frauen in die Klasse integriert, werden sie akzeptiert? Werden sie mit Achtung behandelt? Haben die
Männer Lust, mit Frauen zu trainieren? Wenn PartnerInnen gesucht
werden, bleiben die Frauen immer übrig? Werden die Frauen nur
anderen Frauen oder Kindern als Partnerinnen zugeordnet? Werden Frauen in PartnerInnenübungen ernst genommen oder nur
toleriert? Reagieren die Männer ungeduldig oder mit zu viel Kraft

auf die Frauen? Trainieren die Frauen in erster Linie für sich, oder begleiten sie nur ihren Freund? Müssen sich die Frauen auf den Toiletten umziehen, wogegen die Männer einen Umkleideraum haben? Das alles sind nützliche Kriterien, die dir bei der Entscheidung für eine Schule oder einen Verein und für einen Kurs helfen können.

Wichtig ist, daß Frauen nicht in erster Linie für ihren Platz in der Schule oder dem Verein kämpfen müssen, sondern sich von vornherein willkommen fühlen. Die Einstellung der Lehrerin/des Lehrers ist der wichtigste Faktor einer frauenfreundlichen Schule oder eines frauenfreundlichen Vereins. In der richtigen Umgebung ist Kampfkunst-Training für Frauen eine wundervolle Sache.

Anmerkungen

Kapitel 1

1 Die Selbstverteidigungslehrerin und Umweltschützerin Colleen Gragen gibt zu bedenken, daß dies zwar eine schöne Analogie sei, die Trockenlegung von Sümpfen aus ökologischer Sicht aber ein Problem darstellt.

2 Es ist natürlich kaum möglich, daß eine so verallgemeinernde Äußerung die Lebensrealität von allen Frauen beschreiben kann. Ich kann nicht für jede Frau sprechen und meine Perspektive ist die einer weißen Frau, die in den fünfziger und sechziger Jahren in den USA aufgewachsen ist. – Frauen, die in Europa den Krieg miterlebt haben, insbesondere jüdische Frauen, Kommunistinnen, Lesben und Schwarze Frauen, mußten gezwungenermaßen in kurzer Zeit eine ganze Bandbreite von Überlebensstrategien erlernen. – Schwarze Frauen, die in einer Schwarzen Gemeinschaft in den USA aufwuchsen, haben wahrscheinlich früher gelernt, rassistischen Angriffen mit Selbstbewußtsein entgegenzutreten, als afro-deutsche Frauen, die meist von einer weißen Mutter erzogen wurden. – Bei 'behinderten' Frauen und Mädchen, die von der Fürsorge anderer abhängig sind, wird Passivität noch einmal besonders gefördert.

Kapitel 2

1 Siehe Deb Friedman: »Rape, Racism and Reality«, in: Quest, Vol. V, No. 1, 1979, S. 41.
2 Pauline Bart, Patricia H. O'Brien: *Stopping Rape.* New York 1985, S. 97f.
3 Ray Wyre, Anthony Swift: *Und bist du nicht willig... Die Täter.* Köln 1991, S. 104
4 ebenda, S. 41-46.
5 P. Bart, P. O'Brien (1985), S. 97f.
6 »Angst vor Gewalt wächst«, in: Rhein-Zeitung, 16.1.1992.
7 »Gewalt gegen Frauen nahm in erschreckendem Maße zu: Kripo Offenbach warnt Frauen vor gefährlichem Leichtsinn«, in: Main Echo, 30.1.1988.
8 »Tatort Auto«, in: ADAC Motorwelt, November 1988.
9 P. Bart, P. O'Brien (1985), S. 113.
10 Ebenda, S. 9.
11 Susanne Paul: »Gewalt gegen Frauen: Zum Problem der Gegenwehr bei Vergewaltigung und sexueller Nötigung«, in: *Kriminalstatistik*, November 1993.
12 The Queen's Bench Foundation: *Rape Prevention and Resistance.* San Francisco 1976.
13 Jeanie McIntyre: »Victim Response to Rape: Alternative Outcomes«, in: *Final Report of Grant MH 29045*, National Institute of Mental Health, 1980.
14 14 P. Bart, P. O'Brien (1985).

Kapitel 3

1 Ellen Bass, Laura Davis: *Trotz allem. Wege zur Selbstheilung für sexuell mißbrauchte Frauen.* Berlin 1992.
2 Robin Warshaw: *I never called it rape. The MS. report on recognizing, fighting and surviving date and acquaintance rape.* New York 1988, S. 26.
3 Robin Warshaw (1988), S. 58f.
4 Pauline Bart, Patricia H. O'Brien: *Stopping Rape.* New York 1985, S. 114.
5 Kindersitze und Kinderspielzeug werden bewußt von Vergewaltigern benutzt, um vertrauenserweckend zu erscheinen.

Kapitel 4

1 Karen Lison, Carol Poston: *Weiterleben nach dem Inzest. Traumabewältigung und Selbstheilung.* Frankfurt 1991.

Kapitel 5

1 Denise Caignon, Gail Groves (Hg.): *Schlagfertige Frauen. Erfolgreich wider die alltägliche Gewalt.* Berlin 1991.

Kapitel 6

1 Ray Wyre, Anthony Swift: *Und bist du nicht willig... Die Täter.* Köln 1991, S. 47.

Kapitel 7

1 »Unbekannter schneidet Frauen Haarbüschel ab«, in: Frankfurter Rundschau, 31.8.1993.
2 »Pumps-Räuber überfiel schon dreizehn Frauen«, in: Frankfurter Rundschau, 2.9.1991.

Kapitel 8

1 Pauline Bart, Patricia H. O'Brien: *Stopping Rape.* New York 1985, S. 35.

Kapitel 10

1 Ray Wyre, Anthony Swift: *Und bist du nicht willig... Die Täter.* Köln 1991, S. 31f.
2 »Verräterische Faserspuren: Lebenslange Haft wegen Mordes an zwölfjähriger Schülerin«, in: Frankfurter Rundschau, 21.12.1991.
3 Angela Davis: »The Dialectics of Rape«, zit. n. Deb Friedman: »Rape, Racism and Reality«, in: Quest, Vol. V, No. 1, 1979, S. 41.

4 Charima Reinhardt: »Die meisten berufstätigen Frauen wurden sexuell belästigt«, in: Frankfurter Rundschau, 25.3.1991.
5 Ebenda
6 Birgit Loff: »Koleginnen belästigt: Gericht bestätigt Kündigung ohne Abmahnung/Fristlos möglich«, in: Frankfurter Rundschau, 10.5.1991.
7 »Busengrapscher zu Haft ohne Bewährung verurteilt«, in: Frankfurter Rundschau, 13.1.1989.
8 »Was gegen Grapscher im Büro wirklich hilft!«, in: Brigitte, September 1990, S. 98.
9 Eine Studie über Medizinstudentinnen in den USA belegt, daß 55 Prozent der Studentinnen von Ärzten, Assistenzärzten und anderen Bediensteten in Krankenhäusern sexuell belästigt wurden. In: USA Today, 27.1.1990, S. 9A.
10 »Bett-Schein-Affaire: FH-Dozent wird von Studentin belastet«, in: Frankfurter Rundschau, 15.8.1992.
11 Prof. Dr. Muthgard Hinkelmann-Toewe: »Die Erkenntnisse dieser Forschung - d.h. das Ausmaß an Sexismus - sind unbequem und nicht gewollt«, LeserInnenbrief, in: Frankfurter Rundschau, 3.9.1992.

Kapitel 11

1 »Hätte die Polizei nur einmal laut geschrien…«: Berichte von Ausländern über die Ausschreitungen am Himmelfahrtstag in Magdeburg, zitiert in: Frankfurter Rundschau, 9.7.1994.
2 »Hier stinkt's, jeder merkt es, keiner traut sich: Über Fremdenfeindlichkeit und Zivilcourage in Berliner U-Bahnen. Ein 'Werkstattbericht' von Politikwissenschaftlern.« In: Frankfurter Rundschau, 26.5.1991.

Kapitel 12

1 Pauline Bart, Patricia H. O'Brien: *Stopping Rape*. New York 1985, S. 25 und Susanne Paul: »Gewalt gegen Frauen: Zum Problem der Gegenwehr bei Vergewaltigung und sexueller Nötigung«, in: *Kriminalstatistik*, November 1993, S. 721-724.
2 P. Bart, P. O'Brien (1985), S. 34.
3 Rosetta Smith: »Da wurde ich einfach wütend«, in: Denise Caignon, Gail Groves (Hg.): *Schlagfertige Frauen. Erfolgreich wider die alltägliche Gewalt.* Berlin 1991, S. 122.
4 P. Bart, P. O'Brien (1985), S. 109.

Kapitel 13

1 Susanne Paul: »Gewalt gegen Frauen: Zum Problem der Gegenwehr bei Vergewaltigung und sexueller Nötigung«, in: *Kriminalstatistik*, November 1993, S. 721.
2 Visa, eine Zeitschrift über Rassismus und Eurozentrismus, Heft 2, April 1992. Herausgegeben vom Immigrantenpolitischen Forum IPF, Berlin.
3 Pauline Bart, Patricia H. O'Brien: *Stopping Rape*. New York 1985, S. 29.
4 Aus der US-amerikanischen Forschung geht andeutungsweise hervor, daß Schwarze Frauen zu einem leicht höheren Prozentsatz von einem bewaffneten Vergewaltiger angegriffen werden als weiße Frauen. Außerdem werden Schwarze Frauen eher von

Gruppen angegriffen und bei ihnen hatte die Gegenwart einer Waffe keinen Einfluß darauf, ob sie die Vergewaltigung verhindern konnten oder nicht. Bei weißen Frauen wiederum bedeutete die Gegenwart einer Waffe, vergewaltigt zu werden. Diese Erkenntnisse können nicht direkt auf Schwarze Frauen in Deutschland übertragen werden, denn die meisten Schwarzen Frauen in den USA wurden von Schwarzen Männern angegriffen. Siehe: P. Bart, P. O'Brien (1985), S. 76.

5   28 Prozent der angegriffenen Frauen leisteten überhaupt keinen Widerstand und 47 Prozent nur passive Gegenwehr. Siehe: Susanne Paul (1993), S. 721.

6   »Survival Encounter«, Ein Brief von Py Bateman in: Fighting Woman News, Vol. 9, NO. 4, No. 28, New York 1984.

7   Als Anwältin habe ich einmal einen Jugendlichen verteidigt, der in einem Kampf mit einem Messer auf einen anderen Jungen eingestochen hatte. Obwohl der Junge drei tiefe Schnittwunden hatte und dem Tod ziemlich nahe war, stieg er in sein Auto und fuhr weg, ohne überhaupt wahrzunehmen, daß er verletzt war. Einige Straßenecken weiter bemerkte sein Freund dann, daß er blutete, und erst dann wurde der Verletzte ohnmächtig.

8   »Tear Gas – A Question of Protection«, Glen Winters, Karen Cole Winters, in: ABC News (Fernsehen), 2.7.1981.

9   Dieser Bodyguard wird von der Firma Safe-T-Man Inc., Summerland, angeboten: »Get your own personal travelling and home companion«.

10 »Angst vor Gewalt wächst«, in: Rhein-Zeitung, 16.1.1992.

Kapitel 14

1   Susanne Paul: »Gewalt gegen Frauen: Zum Problem der Gegenwehr bei Vergewaltigung und sexueller Nötigung«, in: *Kriminalstatistik*, November 1993, S. 721-724.

2   Drei PsychologInnen der *Michigan State University* spielten auf der Straße eine Reihe von Kampfszenen, um die Reaktion der PassantInnen zu beobachten. Wurde ein Mann von einem Mann oder einer Frau angegriffen, kamen ihm andere Männer zu Hilfe. Sie griffen ebenfalls ein, wenn eine Frau von einer anderen Frau angegriffen wurde. Jedoch griff kein einziger Mann ein, wenn eine Frau von einem Mann angegriffen wurde. Siehe dazu: Sigrid Metz-Göckel: »Strukturelle und personale Gewalt gegen Frauen und die Schwierigkeit ihrer Aufhebung«, in: *Das Verbrechensopfer*, Bochum 1979, S. 415f.

3   Abby Bee: »Vier harmlose Jungs?«, in: Denise Caignon, Gail Groves (Hg.): *Schlagfertige Frauen. Erfolgreich wider die alltägliche Gewalt.* Berlin 1991, S. 49.

4   Robin Warshaw: *I never called it rape. The MS. report on recognizing, fighting and surviving date and acquaintance rape.* New York 1988, S. 102.

5   Siehe dazu Frankfurter Rundschau, 4.7.1995.

6   Pauline Bart, Patricia H. O'Brien: *Stopping Rape*. New York 1985, S. 114f.

7   E.R. Mahoney: »Male Sexual Access Rights«, in: *Teen Acquaintance Rape*. Herausgegeben von der Gruppe *Alternatives to Fear*. Seattle 1984, S. A-12.

8   So sehr ich dagegen bin, homophobe Vorurteile anzuerkennen, ist es doch eine Tatsache, daß viele heterosexuelle Männer eine derart große Angst vor der für sie stigmatisierenden Bezeichnung 'schwul' haben, daß sie alles dafür tun, ihre Männlichkeit zu beweisen, auch auf Kosten der körperlichen Unversehrtheit von Frauen.

9   R. Warshaw (1988), S. 103.

10 E.R. Mahoney et. al. (1984), S. A-12.

Kapitel 15

1 Frauennamen zu rufen ist wahrscheinlich weniger wirkungsvoll, denn Angreifer sind
   generell noch immer nicht von der Stärke von Frauen überzeugt. Während ich es absolut befürworte, daß wir lernen, uns auf unsere eigenen Kräfte zu verlassen, um uns zu
   verteidigen, sollten wir alles unternehmen, um unsere Chancen zu erhöhen, aus einer
   gefährlichen Situation herauszukommen.

Kapitel 16

1 Jane Caputi, Diana Russell: »Femizid: Das Verbrechen beim Namen nennen«, in:
   Emma, Januar 1991, S. 25.
2 Leonore E. Walker, Roberta K. Thyfault, A. Brown: »Beyond the Juror's Ken: Battered
   Women«, in: Vermont Law Review, Vol. 7, Frühjahr 1982, S. 1-14.
3 Siehe dazu Constance Ohms: *Mehr als das Herz gebrochen. Gewalt in lesbischen
   Beziehungen.* Berlin 1993.
4 »Bis der Tod euch scheide«, in: Emma, Januar 1980, S. 24

Kapitel 17

1 Robin Warshaw: *I never called it rape. The MS. report on recognizing, fighting and surviving date and acquaintance rape.* New York 1988, S. 11.
2 Ebenda.
3 E.R. Mahoney: »Male Sexual Access Rights«, in: *Teen Acquaintance Rape. Alternatives to Fear.* Seattle 1984, S. A-12.

Kapitel 18

1 Diese Studie wurde 1984 von dem Kriminologen Ken Pease an der Universität von
   Manchester durchgeführt. Zitiert in: Ray Wyre, Anthony Swift: *Und bist du nicht willig… Die Täter.* Köln 1991, S. 92.
2 Wyre, Swift (1991), S. 96.

Kapitel 19

1 Susanne Paul: »Gewalt gegen Frauen: Zum Problem der Gegenwehr bei Vergewaltigung und sexueller Nötigung«, in: *Kriminalstatistik*, November 1993, S. 722.

Kapitel 20

1 »Oft auf der Couch verführt«, in: Frankfurter Rundschau, 30.1.1991.
2 »Mißbrauch in Arztpraxis?«, in: Frankfurter Rundschau, 10.3.1993.

3 »Gerne der 'weiblichen Jugendarbeit' gewidmet: Stastsanwaltschaft erhebt gegen katholischen Dekan Anklage wegen sexuellen Mißbrauchs«, in Frankfurter Allgemeine Zeitung, 10.11.1992.
4 Dieses Problem läßt sich nicht nur auf Männer beschränken. Mir persönlich sind einige Fälle bekannt, in denen lesbische Therapeutinnen die ethischen Grenzen der Therapie überschritten und sich auf eine Beziehung zu emotional besonders instabilen Klientinnen einließen.
5 Diese Beispiele stammen aus einer Liste, anhand derer Klientinnen ihren Therapeuten überprüfen können. In: Kenneth S. Pope, Jacqueline C. Bouhoutsos: *Sexual Intimacy Between Therapists and Patients*. New York 1986.
6 Carola Ewinkel, Gisela Hermes (Hg.): *Geschlecht: behindert. Besonderes Merkmal: Frau. Ein Buch von behinderten Frauen*. München 1988.
7 »Geistig Behinderte werden oft sexuell mißbraucht«, in: DAS, Nr. 45, 6. November 1992.
8 »Pro Jahr über 1000 geistig behinderte Frauen sterilisiert«, in Frankfurter Rundschau, 29.11.1990.

Kapitel 21

1 Dana Densmore: »On Self-Defense«, in: Tell a Woman. A Journal of Women's Liberation. Boston 1976.

Kapitel 22

1 Über die Frauenselbstverteidigungs- und Kampfkunstschule in Frankfurt biete ich europaweit eine zweijährige Ausbildung zur Selbstbehauptungs- und Selbstverteidigungslehrerin nach dem von mir entwickelten Konzept *Jede Frau und jedes Mädchen kann sich wehren!* an.

Die Autorin

Sunny Graff (geboren 1951 in Ohio, USA) ist Rechtsanwältin, hat ein Diplom in Psychologie und unterrichtet seit über zwanzig Jahren feministische Selbstverteidigung für Frauen und Mädchen. Sie gründete und leitet heute das Vereinszentrum »Frauen in Bewegung« in Frankfurt am Main sowie das »Institut für Basisgymnastik« in Darmstadt. Seit zehn Jahren bietet sie europaweit eine Ausbildung für Selbstverteidigungslehrerinnen an. Sunny Graff trägt den fünften Dan Schwarzgürtel in Taekwondo, den zweiten Dan Schwarzgürtel in Shin Son Hapkido sowie den ersten Dan in Arnis. Sie hat bereits mehrere Bücher zum Thema Selbstverteidigung und Gewalt gegen Frauen und Mädchen veröffentlicht.

Frauenselbstverteidigungskurse

Frauenselbstverteidigungs- und Kampfkunstschule
Hermann Callies Straße 3
64342 Seeheim-Jugenheim
Telefon/Fax 06257/2103

Großraum: Frankfurt, Darmstadt, Wiesbaden, Limburg, Bad Homburg, Ludwigshafen, Mannheim
Angebot: Ausbildung und Fortbildung von Selbstverteidigungslehrerinnen, Selbstbehauptungs- und Selbstverteidigungskurse für Frauen und Mädchen nach dem von Sunny Graff entwickelten System »Jede Frau und jedes Mädchen kann sich wehren!«, Kurse für Frauen und Mädchen mit körperlichen Behinderungen, Taekwondo, Hapkido, Arnis und Basisgymnastik, Kampfkunstschule, Kampfkunstartikelversand

Sunny Graff
Hermann Calliesstraße 3
64342 Seeheim-Jugenheim
Telefon/Fax 06257/2103

Europaweit
Angebot: Ausbildung und Fortbildung von Selbstverteidigungslehrerinnen, Selbstbehauptung- und Selbstverteidigungskurse für Frauen und Mädchen »Jede Frau und jedes Mädchen kann sich wehren!«, Kurse für Frauen und Mädchen mit körperlichen Behinderungen, Lehrgänge in Selbstverteidigung, Taekwondo, Hapkido, Arnis und Basisgymnastik

Simone Koch
Ippendorfer Allee 38
53127 Bonn
Telefon 0228/281948

Großraum: Bonn
Angebot: Selbstbehauptungs- und Selbstverteidigungskurse für Frauen und Mädchen nach dem von Sunny Graff entwickelten System »Jede Frau und jedes Mädchen kann sich wehren!«, Kampfkunst für Frauen und Mädchen

Verena Kraus
Feyerweg 6
53894 Mechernich-Weyer
Telefon 02484/2553

Großraum: Eifel, Nordrhein-Westfalen, Bayern
Angebot: Selbstverteidigungskurse für Frauen und Mädchen, Kurse für Frauen und Mädchen mit körperlichen Behinderungen

Selbstverteidigung für Frauen e.V.
Sudbrackstraße 36a
33611 Bielefeld
Telefon 0521/122109 Fax 122106

Großraum: Bielefeld, eigene Räume
Angebot: Selbstverteidigung für Frauen und Mädchen

Christiane Lichtardt
Mehringen 7
48351 Everswinkel
Telefon 02582/1691

Großraum: Bundesweit
Angebot: Selbstverteidigung und Kampfkunst (Ju-Jutsu) für Frauen und Mädchen
ab sechs Jahren

FSV – Frauen und Mädchen
Selbstverteidigung und Sport Münster e.V.
c/o schwarze Witwe
Achtermannstraße 10
48143 Münster

Großraum: Münster, eigene Räume
Angebot: Selbstverteidigung und Kampfkunst (Ju-Jutsu, Judo) für Frauen
undMädchen ab sechs Jahren und Senorinnen, u.a. nach dem System »Jede Frau
und jedes Mädchen kann sich wehren!«,

Frauen, Lesben, Mädchen Selbstverteidigung e.V.
Postfach 2153
35009 Marburg

Großraum: Marburg (nach Absprache andernorts)
Angebot: Selbstverteidigung und Selbstbehauptung, Kampfkunst für Frauen und
Mädchen, auch mit körperlichen Behinderungen, städtische Sporthalle, zugäng-
lich für Rollstuhlfahrerinnen

Unvergeßlich Weiblich e.V.
Bahnhofstraße 38
35390 Gießen
Telefon 0641/73 788

Großraum: Mittelhessen, eigene Räume
Angebot: Wen Do, Selbstverteidigung und Selbstbehauptung für Frauen und
Mädchen, auch mit körperlichen Behinderungen

Frauen in Bewegung
Taekwondo und Selbstverteidigung e.V.
Gaußstraße 12
60316 Frankfurt am Main
Telefon 069/49 50 710

Großraum: Frankfurt, eigene Räume, Kinderbetreuung nach Bedarf
Angebot: Selbstbehauptung/Selbstverteidigung nach dem von Sunny Graff entwickelten System »Jede Frau und jedes Mädchen kann sich wehren«, Kurse für Frauen und Mädchen mit körperlichen Behinderungen, Taekwondo und Basisgymnastik

Wen-Do-Gruppe Hamburg c/o Frauenbuchladen
Bismarckstraße 98
20258 Hamburg

Großraum: Norddeutscher Raum, eigene Räume
Angebot: Selbstverteidigung, Wen-Do für Frauen und Mädchen auch mit körperlichen Behinderungen

Selbstverteidigung für Frauen e.V.
Hauptstraße 9, 2. HH, 5. Etage
10827 Berlin
Telefon 030/781 94 32

Großraum: Berlin, eigene Räume
Angebot: Wendo, Karate, Selbstverteidigung/Selbstbehauptung, All Style, Ji Jitsu, Taekwondo, Selbstverteidigung für Mädchen, Workshops für Frauen und Mädchen mit Behinderung. Zugänglich für Rollstuhlfahrerinnen

Jede Frau und jedes Mädchen kann sich wehren

von Sunny Graff ausgebildete Trainerinnen im Großraum Karlsruhe-Heidelberg

Regina Speulta
Fichtenweg 13, 76149 Karlsruhe
Telefon 0721/78 47 52 – Fax 0721/78 47 53

Annette Heck
58, rue principale, F-67630 Niederlauterbach
Telefon 0033/88 94 34 08

Ingrid Hertrich
Schwetzinger Straße 107, 69168 Wiesloch
Telefon/Fax 06222/88 54

Beate Mathias
Fichtenweg 13, 76149 Karlsruhe
Telefon 0721/78 47 52 – Fax: 0721/78 47 53

Katrin Schmidt-Sailer
76137 Karlsruhe, Rankestraße 22
Telefon 0271/37 76 00

ENTSPANNT DURCHS LEBEN GEHEN

Maria Schäfgen (Hg.)

Streß beiseite
Ein Ratgeber

Entspannt durchs Leben gehen und Streß als positiven Ansporn erfahren — so würden wir es uns wünschen. In diesem Ratgeber werden aus verschiedenen Perspektiven Streßursachen, darunter auch Diskriminierung jeglicher Form, und die Möglichkeiten zur Bewältigung von Streß dargestellt: Homöopathie, Körpertherapie, Psychotherapie, Ernährung sowie naturheilkundliche Krebsbehandlung.

Im Mittelpunkt steht immer die Frage, was in konkreten Streßsituationen unternommen werden kann: Das Buch enthält viele praktische Hinweise, die die notwendigen gesellschaftlichen Veränderungen nicht außer acht lassen.

Autorinnen:
Ute Smentek
Maria Schäfgen
Aiha Zemp
Dorisa Schadow
May Ayim
Gabie Gerbeth
Hamindokht Klein
Manfred D. Kuno

Orlanda Frauenverlag
Großgörschenstraße 40 · 10827 Berlin

EINE VON UNS WIRD STERBEN

Shirley Shea

Eine von uns wird sterben
Kriminalroman

Toronto: Ein Mordprozeß geht durch die
Presse. Der einflußreiche Dr. Andrew Roberts
hat auf offener Straße seine Frau erschossen.
Staranwalt David Jenning vertritt ihn – mit
einer Verurteilung ist kaum zu rechnen.

Immer mehr Fälle werden bekannt, in denen
Männer Frauen über lange Zeit verfolgen,
um sie zu töten. Die geheimnisvolle Sylvia
Jenning sowie Rechtsanwältin Harriet
Fordham Croft und ihre Freundin, die Fern-
sehjournalistin Leslie Taylor, rufen zur Gegenwehr auf.

Orlanda Frauenverlag
Großgörschenstraße 40 · 10827 Berlin